本书是国家社会科学基金青年项目"'单独二孩'政策实施后学校布局调整研究"（课题批准号：14CSH067）的最终成果。

国家社科基金丛书
GUOJIA SHEKE JIJIN CONGSHU

人口变动与学校布局调整研究

Research on Population Change and
Adjustment of School Layout

刘善槐　等著

人民出版社

序 一

义务教育学校布局调整关涉千万民众的切身教育利益。随着生育政策的调整，学龄人口变动又有了新的影响变量。"如何调整义务教育学校布局"以使教育资源的配置能够吻合学龄人口的分布是当前需要直面的重大研究课题。该书围绕这一课题，进行了学术探索。

基于历史文献资料，作者系统梳理了中华人民共和国成立以来生育政策的演变与中小学布局调整的历程。全书从五个历史阶段来分析不同生育时期的义务教育学校布局调整，阶段划分合理，历史主线清晰，据此可以准确判断我们义务教育学龄人口的变化趋势和学校布局调整的演进脉络。

运用人口预测模型和宏观数据，作者预测了未来学龄人口的变动规律。在生育政策调整、人口迁移和居住空间结构优化三重因素的综合作用下，义务教育学龄人口将呈现出区域间学龄人口密度分布高度不均，区域内学龄人口密度分布相对集中和纵向上学龄人口密度分布呈波动态势等特征，这为义务教育学校布局调整提供了判断依据。

通过调查研究，作者全面分析了当前城市、县镇和乡村在学校布局调整的过程中分别面临的各类问题。城市、县镇主要面临义务教育资源调配速度难以赶上新增教育需求的问题，而乡村需要面对学龄人口过于分散与教育资源总量有限之间的矛盾。

为了回应义务教育学校布局调整的问题和挑战，作者提出了学校布局调整应具有多重价值观照，包括遵循科学理念、注重教育效益、关注社会效益和兼顾经济效率。系统化的保障体系是实现布局调整科学化和人本化的前提。为此，作者提出了布局调整保障体系的改革思路，包括资源保障机制、组织保障机制、督导问责机制。

难能可贵的是，基于学校布局调整促进教育公平、提升教育质量和提高教育资源配置效率三维目标，综合考虑地理因素、经济因素、人口因素、文化因素和教育因素等，系统分析教育、经济和社会损益，科学设置教育用地规划标准、学校服务半径标准、学位供给标准、学校和班级规模标准、资源配置标准等底线标准，作者构建了学校布局调整决策的理论模型，能够为布局调整实践提供理论指导。此外，以 Y 县为个案，作者运用 GIS 检验了其学校布局的合理性并给出了优化建议，能够为各地学校布局调整提供借鉴。

该书有历史梳理、有趋势预测、有问题分析、有国际比较、有改革建议、有模型构建、有实例研究，是一本系统研究人口变动背景下学校布局调整的书，值得农村教育研究领域相关学者阅读参考。

2022 年 8 月于东北师范大学数学与统计学院

序 二

在生育政策调整和人口迁移的交互影响下，我国义务教育学龄人口呈持续变化特征，即规模呈现波动态势、分布呈现密疏不均。学龄人口变动给我国基本公共教育服务体系建设带来系列新挑战。原有的教育资源配置方式难以适应学龄人口的频繁变动，成为义务教育学校布局调整亟待解决的课题。

作者长期关注义务教育学校布局调整问题，在全国许多省份开展过深入的实地调研，积累了丰富的一手数据资料，形成了系列化的研究成果，具有扎实的研究基础。

本书沿着"历程回顾-趋势预测-现实诊断-模型构建"的主线进行阐述，运用了文献法、比较法、调查法、预测法、模型构建法、GIS 系统检验法等多种研究方法，系统性回应了"如何对义务教育学校布局进行调整以实现学龄人口分布与教育资源配置耦合"这一重大命题。

基于丰富的文献资料、宏观统计数据和实地调研数据，作者进行了历史演进、现实状况、国际比较等分析，提出并论证了"实现社会、教育和经济综合效用最大化"的布局调整理念。在社会效用上，布局调整应有利于推进新型城镇化；在教育效用上，布局调整应有利于提高义务教育质量和促进义务教育公平；在经济效用上，布局调整应有利于提升教育资源的利用效率。在明确的学校布局调整理念下，作者提出了学校布局调整体制机制改革的思路并构建了学校布局调整的决策模型。

该书有理论、有方法、有创新，相关结论对于研制合理的学校布局调整政策、优化教育资源空间布局具有重要意义，是青年学者从事课题研究的优秀范本，可供青年学者参考借鉴。该书可读性强，适合教育学专业的本科生和研究生阅读，也可供教育领域的专家学者和从事教育政策研究的相关人员阅读参考。

该书的出版既标志着一项研究的终结，更意味着一项新研究的开启。衷心希望作者能再接再厉，持续关注农村学校布局调整相关学术问题并产出高质量的研究成果！

是为序。

2022 年 8 月于东北师范大学田家炳教育书院

目　录

导　言

一、研究缘起

在多种因素的交互影响下，我国义务教育学龄人口剧烈变动。义务教育学龄人口分布密度的变化导致教育资源的供需矛盾凸显，引发了诸多现实问题。

在城镇化的进程中，各地的产业分布格局发生了变化，区域间、城乡间、城市间和乡镇之间人口的流动愈加频繁。人口的迁移使义务教育学龄人口的分布密度发生变化，原有的学校布局难以与之匹配。在学龄人口的流入端，学龄人口总量增速过快、分布过于集中，原有的教育资源供给不足或供给不及时，导致"大班大校"现象突出，公办校"入学门槛"升高等问题；而在学龄人口的流出端，学龄人口逐渐稀疏化，小规模学校数量连年增长，导致教育资源的配置效率低下，教育资源存在浪费风险等问题。

除城镇化带来的大规模人口流动以外，生育政策调整也对学龄人口变动产生重要影响。2015年10月29日，中共十八届五中全会决定，坚持计划生育的基本国策，完善人口发展战略，全面实施一对夫妇可生育两个孩子的政策，积极开展应对人口老龄化行动。同年12月，全国人大常委会表决通过了《人口与计划生育法修正案》，并于2016年1月正式启动实施"全面二孩"政策。这是"单独二孩"政策实施两年之后的又一次生育政策调整。至此，延续 35 年的独生子女政策宣告结束。2021 年 5 月 31 日，中共中央政治局会议审议了《关于优化生育政策促进人口长期均衡发展的决定》，提出进一步优化生育政策，实施一对夫妻可以生育三个子女政策及配套支持措施。生育政策的调整带来了新的人口增长预期。这些新增人口在达到入学年龄后，将会对学龄人口的分布产生重要影响，与城镇化背景下人口的大规模流动交织在一起，给我国义务教育公共服务体系带来新的挑战。"如何优化义务教育学校布局"成为我国当前及未来必须面对的重大教育命题。

二、 学术史回顾

20 世纪末，随着城镇化的不断推进和计划生育政策的严厉执行，农村人口在不断外流及出生率逐渐降低的影响下出现下滑趋势，农村出现大量小规模学校。为了更合理地利用资源，学校布局调整的重心放在农村地区，且以撤并为主。随着城镇化的进一步推进，大量外来人口涌入城镇，而生育政策的逐步宽松也使得学龄人口有了新的增长预期。学龄人口变动有了新的规律：城镇学龄人口高密化特征日益凸显而农村学龄人口依然在减少。在此背景下，城镇义务教育资源承载力面临巨大挑战，而农村学校布局调整在经历了十多年的反思与调整之后，已经较为成熟。学校布局调整重心已经由农村延伸至城镇。

与学校布局调整的现实发展状况同步，学术界对学校布局调整的关注也经历了由农村地区延展至城镇地区的过程。梳理发现，对国内学校布局调整的研究主要集中于两个方面：一是对学龄人口大量外流背景下的农村学校布局调整的相关研究，这一方面的内容主要涉及农村学校布局调整的执行效果与问题、政策反思与评价以及决策标准与模型；二是对学龄人口快速聚集条件下的城镇学校布局调整的相关研究，就这一方面，学者们主要研究了城镇地区教育资源承载力、城市教育扩容、城镇学校布局调整的设计与策略等内容。近年来，也有学者综合分析了人口变动背景下的城乡义务教育资源布局与优化。此外，还有部分学者从国际比较的视角对美国和日本的学校布局调整进行了研究，并就其对我国学校布局调整的启示进行了简要分析。

（一）我国农村学校布局调整研究

在农村学校布局调整的已有研究中，学者们主要关注了以下几个方面的内容。

1. 农村学校布局调整的执行效果与问题

2012 年 9 月，国务院办公厅发布的《关于规范农村义务教育学校布局调整的意见》要求："农村义务教育学校布局，要适应城镇化深入发展和社会主义新农村建设的新形势，统筹考虑城乡人口流动、学龄人口变化，以及当地农村地理环境及交通状况、教育条件保障能力、学生家庭经济负担等因素，充分考虑学生的年龄特点和成长规律，处理好提高教育质量和方便学生就近上学的关系，努力满足农村适龄儿童少年就近接受良好义务教育需求。"这进一步规范了农村义务教育学校布局调整，对其规划方案、操作程序、保障措施以及监督机制有了更加详细可操作化的规定。此后，农村学校布局调整逐渐规范。但是，仍然有不少学者发现，在新一轮农村义务教育学校布局调整过程中，政策执行出现了偏差，学校布局调整实施依然存在诸多问题。

学校布局政策的执行效果并没有达到预期。有学者对宁夏回族自治区的调查研究发现，在经历过学校布局调整的学生中，大部分小学生对学校撤并持反对态度。[①] 之所以没有达到预期效果，是因为政策出现了执行偏差。有学者指出，农村义务教育学校布局调整存在配套资源配置滞后、农民参与机制缺乏、监管评估机制缺失以及新的教育公平问题出现等问题。[②] 有学者通

[①] 刘静、解光穆：《基于中小学生视角的学校布局调整的实证分析与建议——以宁夏回族自治区为例》，《现代中小学教育》2014 年第 1 期。

[②] 党志平：《关于农村义务教育阶段学校布局调整问题的思考》，《教学与管理》2016 年第 15 期。

过个案研究发现，地方政府在政策执行过程中，简单的采用以完善中心完小取代村小建设的方式进行"撤点并校"，这一行为偏离了"教育均衡发展"的目标理念。① 关于政策执行偏差的原因，学者们持有不同的观点。有学者运用多源流理论分析了农村学校布局调整的政策转型过程，结果发现，农村学校布局调整政策在形成过程中存在着问题源流、政策源流及政治源流，而触发三种源流耦合的"政策之窗"是校车安全事故。② 有学者认为，政策信息的不对称与不完全、政策多重价值取向失序以及政策执行成本分担机制不合理使得农村学校布局调整政策执行出现偏差。③ 也有学者指出，学校布局调整过程中中央政府、地方政府、家长之间的利益博弈是导致地方政府在布局调整实施中出现诸多偏差的原因。④

2. 农村学校布局调整政策的反思与评价

诸多学者通过调查研究发现，农村学校布局调整虽然在一定程度上提高了硬件设施的规模效益和中小学课程的开齐率，但部分地区政府偏向于追求规模效益、采用"一刀切"的决策模式也引发了一些问题。有学者对河南中小学的调查发现，农村大规模的学校布局调整加大了县级政府的财政投入压力，使得区域内教育资源配置不均、农村寄宿制学校条件较差、大部分学校陷入财政危机，此外还引发了部分农村贫困学生上学难、远离父母等问题。⑤ 有学者对中西部地区 6 省（自治区）38 县市的调查显示，农村学校撤并增加了教师的工作负担和学校的工作难度，加大了学生的上学距离及其家庭的

---

① 单丽卿、王春光：《"撤点并校"的政策逻辑》，《浙江社会科学》2015 年第 3 期。

② 姚松：《农村教育布局调整政策转型的多源流理论探究》，《教育科学研究》2017 年第 8 期。

③ 郭凯：《我国农村学校布局调整政策执行偏差的主要原因及对策》，《广东第二师范学院学报》2017 年第 4 期。

④ 段茹宏：《农村义务教育学校布局调整标准之理性思考》，《教学与管理》2017 年第 15 期。

⑤ 熊向明：《对当前农村中小学布局调整的反思——河南中原地区农村中小学布局调整调查分析》，《教育与经济》2007 年第 2 期。

经济负担，加重了学生的生活压力。① 有学者对山东省的研究发现，农村中小学学校布局调整的实施，使得学校治安人员配备不足、校车问题频现、部分学校出现饮食安全问题，学生的安全存在隐患。② 有学者指出，学生的人身安全、健康安全问题给社会造成了诸多不良影响，因此在学校布局调整过程中应关注学生的安全问题。③ 有学者基于陕西省的数据分析，发现合理配置教育资源、提高教育质量与促进教育均衡发展的教育布局目的均未达成。④ 也有学者运用 GIS 技术对广东省某县学校布局调整进行分析，结果表明，该县部分地区学校布局规划存在急功近利倾向，且由于未充分考虑山区特殊地形，部分农村学生面临上学远问题。⑤

3. 农村学校布局调整的决策标准与模型

学者们就学校布局调整的影响因素和决策标准进行了研究，得出学校布局调整的模型。有学者通过实证研究得出，建立学校布局调整标准问题是一个多目标线性规划问题，基于约束条件理论，可以构建"底线＋弹性"的学校布局调整标准。⑥ 有学者从农村学校布局调整政策所包含的主要指标、调整方式和实际效果三个层次分析，指出布局是否合理的标准应包含上学距离、学校规模、调整方式、资源均衡等维度。⑦ 有学者把学校布局调整作为一项公共决策，基于教育、经济、社会和文化的效用分析及底线约束条件，

---

① 范先佐、郭清扬：《我国农村中小学布局调整的成效、问题及对策——基于中西部地区 6 省区的调查与分析》，《教育研究》2009 年第 1 期。

② 杨玉春：《山东省农村义务教育学校布局调整的实证调查分析》，《当代教育科学》2010 年第 13 期。

③ 何双梅：《农村学校布局调整要关注学生安全问题》，《中国教育学刊》2009 年第 5 期。

④ 范铭、郝文武：《对农村学校布局调整三个"目的"的反思——以陕西为例》，《北京大学教育评论》2011 年第 9 期。

⑤ 赵丹：《农村学校布局调整的过程、问题及结论——基于 GIS 的分析》，《教育与经济》2012 年第 1 期。

⑥ 邬志辉：《中国农村学校布局调整标准问题探讨》，《东北师大学报（哲学社会科学版）》2010 年第 5 期。

⑦ 吴宏超、赵丹：《农村学校合理布局标准探析——基于河南省的调查分析》，《教育发展研究》2008 年第 17 期。

构建了学校布局调整的决策模型。① 也有学者通过建立多元回归模型，发现在校生数量是影响学校布局的主要因素，同时，上学距离、班级规模、区域环境和地区经济社会发展水平也制约学校布局调整。②

（二）我国城镇学校布局调整研究

在城镇化快速推进的过程中，学龄人口迅速向城镇学校聚集。部分学者将研究方向转向了城镇，开始关注城镇学校在学龄人口剧增的情况下应当如何进行布局调整。对城镇学校布局调整的研究主题包括城镇教育资源承载力与城镇学校资源扩容、城镇学校布局调整的影响因素以及城镇学校布局调整的标准与策略等。

1. 城镇教育资源承载力与教育扩容

人口增多引发城镇教育资源紧张，如何客观评估城镇现有资源承载力成为关注的重点。在关于城镇义务教育资源承载力的研究中，有学者结合教育资源与承载力的研究，提出了义务教育资源承载力作为一种学术概念应具备的内涵为"有效容纳、状态均衡"。③ 有学者指出，当前各个规模的城市，包括北上广等特大、超大城市、人口流入快的中小型城市，甚至一些县镇，都存在义务教育承载力不足的问题，这些地区普遍表现出学位紧张的局面。④ 有学者建立了基于系统论观点的大城市义务教育资源承载力人口、教育、社会、资源四要素 PRES 理论分析模型，并通过对东莞市全样本数据分析，发现具有先发优势区域的义务教育资源承载能力相对更高，且普通公办校、高

① 刘善槐：《科学化·民主化·道义化——论农村学校布局调整决策模型的三重向度》，《教育研究》2012 年第 9 期。

② 雷万鹏：《义务教育学校布局：影响因素与政策选择》，《华中师范大学学报（人文社会科学版）》2010 年第 5 期。

③ 丁学森、邬志辉：《新型城镇化下对城市义务教育资源承载力的省思》，《现代教育管理》2015 年第 3 期。

④ 杨卫安：《当前我国城市义务教育承载力现状与解困之策》，《现代教育管理》2016 年第 4 期。

端公办校、普通民办校的教育资源承载能力成降序排列。① 有学者结合教育资源的类别、实际资料获取的难易程度以及真实反映问题的需要，设置了由14 个以学生人数为衡量的绝对指标、14 个以能力指数和承载力指数为衡量的相对指标构成的教育资源承载力指标体系。②

在城镇学校资源扩容的问题上，有学者基于城镇教育承载量等供给侧信息与城镇学龄人口数量及变动趋势等需求侧信息，根据国家不同类型城镇发展战略定位，探索出超大特大城市、大中型城市、县域以及乡镇等不同类型城镇教育扩容的思路。③ 有学者以长沙市岳麓区为例，介绍了其城市扩容以解决学前教育普及问题的方法。④

2. 城镇学校布局调整的驱动因素

有学者认为，学校布局调整源于城市经济社会发展及人口变化对学校布局结构提出新要求以及城市中小学布局结构亟待改进，前期预测不足和政策执行偏差使得现实中教育布局和资源配置存在较多问题。⑤ 有学者指出，学校布局调整重心已经由偏远农村地区延伸至大中型城市，这种调整重心的偏移主要由新城镇化背景下学龄人口的向城性流动、生育政策调整带来的城镇地区户籍学龄人口的增长预期以及新增学龄人口对教育资源的新增需求等因素引起。⑥ 也有学者提出，在校生数量是影响学校布局的最主要因素，21 世纪以前，"自然型调整"是影响义务教育学校布局的主导力量，但 2001 年之

---

① 丁学森：《大城市义务教育资源承载能力指标体系建构及应用研究》，博士学位论文，东北师范大学，2017 年。

② 吴培乐：《教育资源承载力及其测评研究》，《陕西教育学院学报》2010 年第 3 期。

③ 秦玉友：《中国城镇教育扩容压力传递机制与应对策略研究》，《教育研究》2017 年第 1 期。

④ 赖斯捷、李新宇：《与城市扩容同频共振——长沙市岳麓区普及普惠学前教育》，《湖南教育（C 版）》2017 年第 10 期。

⑤ 马佳宏、王贤：《城市中小学布局结构调整问题探讨——以桂林市为例》，《教育发展研究》2008 年第 21 期。

⑥ 刘善槐：《新城镇化、"单独二孩"政策与学校布局调整新走向》，《东北师大学报（哲学社会科学版）》2015 年第 4 期。

后，"政策型调整"的作用力日益凸显。①

3. 城镇学校布局调整的标准与建议

在对城镇学校布局调整标准与策略的研究中，国内学者主要探讨了学校布局调整的价值目标、类型与模式、标准与原则以及设计与策略等方面的内容。

在关于城镇学校布局调整的价值目标方面，有学者提出，学校布局调整的价值追求由经济效益追求、课程多样性追求和教师质量追求组成。② 有学者认为，城镇化学校布局调整目标是优化城乡基础教育结构，整合城乡教育设施资源，实现城乡优质教育资源均衡布局，以达到推动城镇化进程，提高资源利用率以及促进教育公平的最终目的。③ 也有学者指出，城镇学校布局调整应具有科学化和人本化价值观照，在价值目标上，有利于实现人的城镇化，全面提升教育质量，促进教育公平，提高教育资源利用效率。④ 还有学者表示，在城乡社会快速城镇化的背景中，社会意识对于城乡发展关系的判断出现了偏差，延伸到教育领域认为城镇化趋势必将会造成城镇教育替代农村教育，从而导致城乡义务教育学校布局统筹政策的价值路向出现了教育城镇化异化的问题。⑤

对于学校布局调整的类型与模式，有学者认为，改革开放以来基础教育学校布局调整存在四种主要的调整类型：即办学积极性高涨时的应激式调整、为完成行政任务的应急式调整、为提高资源使用效率的逐利式调整以及

---

① 雷万鹏：《义务教育学校布局：影响因素与政策选择》，《华中师范大学学报（人文社会科学版）》2010 年第 5 期。

② 秦玉友、孙颖：《学校布局调整：追求与限度》，《教育研究》2011 年第 6 期。

③ 赵新亮、张彦通：《新型城镇化进程中城乡学校均衡布局的战略研究》，《教育理论与实践》2015 年第 11 期。

④ 刘善槐：《我国城镇义务教育学校布局调整研究》，《教育研究》2015 年第 11 期。

⑤ 白亮：《城乡义务教育学校布局统筹政策三十年：价值路向与定位》，《社会科学战线》2018 年第 6 期。

针对现实问题的诊断式调整。① 有学者指出，学校布局调整模式为集聚点轴式（据点式或集中式）、多极点群式（适度集中式或适度分散式）、交叉网络式（分散式），这三种模式解决如何从现有松散、无序、低效、高投入的布局向紧凑、有秩、高效、可持续的布局转变的问题。② 也有学者建议，城区中小学布局调整可以采用"腾笼换鸟"模式，即在学校校园、校舍不动的情况下，将某两所或几所城乡学校的学生、教师、器材等进行整体置换，以优化学校布局，实现学校间资源的合理配置，消除城区大班额、巨型校问题，均衡城区基础教育发展。③

　　部分学者对于城镇学校布局调整的标准与原则进行了讨论，并在此基础上提出了相关调整策略。有学者表明，构建公正的学校撤并程序需要在制度和技术两个维度进行变革：制度性变革包括转换政府职能、扩大民众参与，完善弱势群体的利益表达机制，建立规范化、制度化学校撤并程序等；技术性变革是指应用现代化评价技术手段，在操作层面上实施公正、科学、民主的学校撤并程序。④ 有学者指出，学校布局调整过程中，应科学预测城乡人口规模、结构、密度和分布的变动趋势，严格定位班额、生师比及学校规模底线标准，充分尊重本区域内的经济社会条件和民意基础。⑤ 有学者认为，学校布局调整推动城乡义务教育一体化发展，优化县域义务教育学校布局，应在"公平和效率并重""均衡与优质协同"两大原则的引领下，遵循学校

---

　　① 杨清溪、王燕敏：《基础教育学校布局调整的合理性审视》，《东北师大学报（哲学社会科学版）》2014年第6期。

　　② 刘冬：《县域中小学校布局调整模式的构建性研究》，《现代教育管理》2015年第3期。

　　③ 李汉学：《"腾笼换鸟"：城区中小学布局调整的一种模式探索》，《教育理论与实践》2016年第7期。

　　④ 雷万鹏、张婧梅：《构建公正的学校撤并程序——对民众参与度和满意度的实证调查》，《全球教育展望》2011年第7期。

　　⑤ 赵新亮、张彦通：《新型城镇化进程中城乡学校均衡布局的战略研究》，《教育理论与实践》2015年第11期。

位置选择和学校规模与班级规模的基本标准。① 有学者则表示，学校布局调整的基本原则是公平与效率并重；普及与提高并重；当前与长远兼顾；多数与少数兼顾；综合统筹、均衡发展；三教统筹、协调发展；分类指导、因地制宜；科学规划、稳步推进；政府主导、民间参与；思想引领、制度保障。②

在厘清学校布局调整标准与原则的基础上，不少学者提出了具有参考价值的建议。有学者表示，新城镇化与生育政策的调整使得当前的人口变动有了新的趋势，这促使学校布局调整重心由偏远农村地区逐渐过渡到大中型城市，为此，应科学预测学龄人口数量和分布变化。③ 有学者指出，城镇义务教育学校布局调整面临空间结构优化、外来学龄人口涌入与计划生育调整的三重挑战，城镇学校布局调整应体现科学化和人本化，基于多重价值目标的协调，建立以学校服务半径、班级规模与学校规模、师资与硬件设施配置为核心指标的布局调整底线标准体系。④ 有学者认为，从人口波动、城镇化发展及城乡教育一体化发展趋势看，我国义务教育学校布局调整政策应实现战略转型，遏制"一刀切"式撤点并校行为、实施"小规模学校建设工程"、建立多元参与、民主决策的机制是学校布局调整政策改革的重点。⑤ 有学者立足于义务教育学校布局调整实践，从学校布局调整内涵、影响因素、实践方式、实践效果和难题破解等方面进行了必要的观念澄清，探讨了学校布局调整的价值选择和知识基础。⑥ 有学者基于浦东新区的调查数据，分析了教

---

① 白亮、万明钢：《城乡义务教育一体化发展中县域学校布局优化的原则与路径》，《教育研究》2018 年第 5 期。

② 廖其发：《论我国基础教育学校布局调整的基本原则与主要策略》，《河北师范大学学报（教育科学版）》2018 年第 1 期。

③ 刘善槐：《新城镇化、"单独二孩"政策与学校布局调整新走向》，《东北师大学报（哲学社会科学版）》2015 年第 4 期。

④ 刘善槐：《我国城镇义务教育学校布局调整研究》，《教育研究》2015 年第 11 期。

⑤ 雷万鹏：《义务教育学校布局：影响因素与政策选择》，《华中师范大学学报（人文社会科学版）》2010 年第 5 期。

⑥ 雷万鹏：《义务教育学校布局调整——研究进展与难题破解》，《华中师范大学学报（人文社会科学版）》2014 年第 5 期。

育成本、规模效益对中小学学校布局结构调整的影响，并指出通过优化学校布局调整可提高规模效益，节约教育成本。① 也有学者指出，搞好城市中小学布局结构调整的规划，必须对市区人口的现状与发展趋势进行准确的把握，根据社会对教育的"有效需求"提供规模适度和结构合理的教育；处理好改造、撤并和新建中出现的问题，学校建设和发展用地的控制工作，避免和防止学校的建设规划用地被占用；对于撤销、搬迁的学校，原有校舍场地应由政府处置，资源合理利用；多渠道筹措中小学布局结构调整所需资金，给予一定的优惠政策；做好师资的培养、储备、分流、共享等工作；城市中小学布局结构调整必须具有适度的超前性，确保可持续发展。② 还有学者认为，布局调整的程序要科学、规范：在实施布局调整前，科学论证分析并考虑相关政策，在此基础上，结合城镇化进程、地理地貌、交通网络、行政区划和学校存量等因素，将资源优化配置与教育民生、教育质量统一起来，对学龄人口、学校规模和班级规模、学校网点布局进行科学的预测和论证，以防止资源浪费或调整过度。③

近年来，随着城乡教育一体化的统筹推进，学校布局的研究也将城乡作为统一体。受学龄人口变动的影响，当前的学校布局面临着多重挑战，即规模波动使教育资源配置面临当下紧缺与未来过剩的矛盾，密疏分化使资源配置难以保障不同地区的学生享有均等的教育服务，跨区迁移使属地化教育资源管理体制困境凸显。④

---

① 申美云、张秀琴：《教育成本、规模效益与中小学布局结构调整研究》，《教育发展研究》2004 年第 12 期。

② 马佳宏、王贤：《城市中小学布局结构调整问题探讨——以桂林市为例》，《教育发展研究》2008 年第 21 期。

③ 刘蓉、李建荣、符丽园：《城乡结合部学校布局调整与资源配置研究——以湖南省株洲县为例》，《中国教育学刊》2010 年第 4 期。

④ 刘善槐、王爽：《我国义务教育资源空间布局优化研究》，《教育研究》2019 年第 12 期。

（三）学校布局调整的国际比较

部分学者从国际比较的视角对美国和日本的学校布局调整进行了研究。

美国学校布局调整的研究主题有历程梳理、调整方式、影响因素及启示。有学者对美国农村学校布局调整的历史进程进行了梳理，发现美国学校布局调整的主要方式是学校合并，共经历了两次合并浪潮：第一次是在1919—1929年间，美国南部农村地区一师学校数量减少37%，西部地区减少32%，东部地区减少23%，形成了学校合并的第一个高峰；第二次是在20世纪50年代到60年代，美国在经济复苏和苏联卫星上天的内外因素作用下，再一次掀起学校合并的浪潮。① 有学者表示，除合并与重组学区外，美国学校布局调整的方式还包括设立专项基金，解决学生家庭的教育负担以及留住和新聘教师。② 有学者指出，美国学校布局合理性的影响因素包括自然地理条件（地形地貌、学校位置、学校距离），社会文化条件（人口、经济、文化）及学校自身规定（学校面积、学校规模）三个方面。③ 学者分析了美国农村学校布局调整对我国学校布局调整的启示。有学者认为，中小学校布局调整中应当考虑学生的上学距离，防止学生因布局调整而辍学，同时，要保留特殊的教学组织形式，如"一师一校""复式教学"等。④ 有学者总结，美国学校布局调整是以学校的规模、课程提供的全面性、当地的自然条件、学校（学区）间距离以及经济发展水平为标准进行的。⑤ 为此，我国在进行学校布局调整时，应当考虑当地的实际条件（是否可以照搬与借鉴国外经验，如校车制度）；要加强学校与社区的联系（有利于社区居民理解

---

① 石人炳：《国外关于学校布局调整的研究及启示》，《比较教育研究》2004年第12期。

② 姚琳、张亚楠：《美国学校布局调整的制度保障及经验启示》，《外国中小学教育》2015年第4期。

③ 杨颖、孙亚玲：《国外学校布局合理性研究综述》，《外国中小学教育》2017年第7期。

④ 石人炳：《国外关于学校布局调整的研究及启示》，《比较教育研究》2004年第12期。

⑤ 张源源、邬志辉：《美国学校布局调整的标准、结果及其改进原则》，《外国教育研究》2011年第3期。

与帮助学校布局调整的设计和执行）；要对学校布局调整中利益受损方进行一定的利益补偿，以减少其对学校布局调整的抵触情绪；此外，还应加强关于学校布局调整的相关辅助性研究，使布局调整方案更加科学合理。①

其他国家也经历了历时较长的学校布局调整。二战以后，日本在全国范围内先后在 20 世纪 50 年代的市町村合并时期、70 年代经济高速增长时期以及 90 年代人口出生率下降导致的学龄人口减少时期进行了三次义务教育学校布局调整。此后，日本于 2018 年 7 月就新问题专门研讨，重新出台《中小学布局调整与运营基本方针》，这给我国学校布局调整带来了重要的启示：一是强化村级主导决定权，二是合理调控学校规模与就学距离，三是加强小规模学校师资建设并取消复式班级，四是开展实地调研工作与推进合理布局调整。②

（四）简要评述

从已有的学术研究来看，学者们对学校布局调整的研究还有进一步拓展的空间。首先，学校布局调整研究多是在出生率下降或人口迁移的单向背景下进行的，以反思性的研究为主。随着生育政策的逐步放开，新增学龄人口必定成为一个重要的影响变量，而人口的迁移规律、城镇居住空间结构特征正在不断发生变化，这些因素共同影响人口变动。为此，在此后的研究中，应将人口变动作为重要的因素加以考虑，加强对学龄人口变化的预测。其次，以往关于学校布局调整的研究多探讨的是农村学校布局调整的政策实施本身及其后续效应，也有部分学者开始将学术焦点转向城镇地区，主要内容聚焦于学龄人口逐渐增加的背景下如何扩容学校资源的问题。在当下及未来的研究中，需要继续深入研究城镇学校布局调整面临的挑战及其破解策略，

---

① 张源源、邬志辉：《美国学校布局调整的标准、结果及其改进原则》，《外国教育研究》2011 年第 3 期。

② 熊淳、魏体丽：《日本义务教育学校布局调整的背景、特点及其启示》，《教育与经济》2012 年第 2 期。

同时加强政策引导和未来规划，以应对新时代学龄人口变动及教育改革需求变化。

三、 研究思路与方法

（一） 研究思路

本课题的研究遵循"理论研究先行、注重调查与预测、构建决策模型、进行 GIS 检验"的研究路线开展。（见图 0-1）第一条路线为文献研究和理论探索。基于历史文献与教育统计数据等原始资料，系统梳理我国生育政策演变与学校布局调整的历史变迁，分析其他国家在特定的历史时期学校布局调整的相关经验，建构学龄人口变化与学校布局的基本理论关系。第二条路线为大规模抽样调查研究和科学预测研究。秉持尊重客观事实的研究理路，组织调查团队开展大规模实地调研，全面分析了城市、县镇、乡村等不同地区学校布局调整中面临的现实问题和挑战。通过预测新增人口数量、分析人口迁移规律和空间分布特征来预判人口的变化趋势，科学测算土地、教师、经费等义务教育资源的需求缺口。第三条路线为决策模型建构。基于历史演进、现实问题、国际比较的系统分析，重构学校布局调整的多重价值理念，明确了学校布局调整体制机制改革的路径，构建了学校布局调整决策的理论模型。最后，以 Y 县为例，运用 GIS 分析方法呈现了学校布局的现状，并基于构建的理论模型对该地学校布局提出建议。

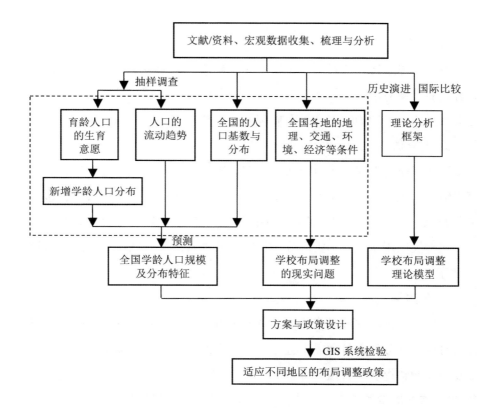

图 0-1　研究思路

（二）研究方法

为了保证研究的科学性和严谨性，本课题综合运用多种方法开展研究。

1. 文献法

文献法贯穿本课题整个研究过程。导语部分梳理了学校布局研究的学术史。第一章所用文献资料主要是中华人民共和国成立以来关于人口变动与学校布局调整的历史资料，包括编年史、大事记、教育年鉴、报纸、相关的政策文件及统计数据、学术论文与专著等原始资料。在用所搜集的历史资料对学校布局调整发展脉络进行梳理和归纳的过程中，对相关资料进行简要评论与解释，以加深读者对此段历史的理解。

2. 比较法

本课题采用比较法对美国学校布局调整的历史经验进行总结，分析其在教育发展中面对学龄人口变动产生的学校布局调整问题时所做出的成功解决方案和措施，以期为我国学校布局调整提供参考。

3. 调查法

课题组研究期间采用自行研发的调研工具，包括调查问卷、调查表、访谈提纲等，先后进行多次实地调研，调研点涵盖东中西部多个省份，包括广东、湖南、宁夏等，样本量累积达四万多个。调研内容包括育龄妇女生育意愿、教师发展现状、教师资源分布状况、教育资源配置状况、学龄人口流动情况等。

4. 预测法

利用人口预测软件对未来学龄人口数量及分布进行简单的预测与分析，进而对城乡义务教育教师需求进行预测，为做好教育资源储备奠定基础，为学校布局调整提前规划做好准备。

5. 模型构建法

通过实地考察和文献分析，构建学校布局调整的理论决策模型。再根据调研搜集的抽样数据，遴选学校布局调整的主要影响因素，最后运用模型构建法，构建具有现实表达意义的学校布局调整决策模型。

第一章　生育政策演变与中小学
布局调整的历程

　　学校布局调整受多种因素影响，其中学龄人口变动是主要因素。随着生育政策的不断调整，学龄人口的数量和分布也在不断变化，而学校布局调整需要适应学龄人口的变动。因此，生育政策能够对学校布局调整产生重要影响。由于从生育政策出台到产生效应，再到新生人口成长为学龄人口，往往要经过若干年的时间，因而生育政策对学校布局调整的影响也具有一定的滞后性。中华人民共和国成立以来，我国生育政策对学校布局调整的影响总体上经历了由弱到强的变化，学校布局调整越来越需要适应由生育政策变动引发的学龄人口变动。了解中华人民共和国成立以来不同时期生育政策与学校布局调整状况，对于分析当前学校布局调整的相关问题具有重要意义。

　　从学校布局调整的历史演进来看，我国的学校布局调整经历了与生育政策越来越密切相关的五个阶段：第一阶段是鼓励生育期，以接办、改造私立学校为主；第二阶段是限制生育期，鼓励群众办学，大力普及小学，学校数量迅速扩充；第三阶段是严控生育期，紧跟经济发展步伐，大力发展城镇学校，"效率优先"取向下农村学校被大规模撤并；第四阶段是低生育水平稳定期，全国开展以农村学校撤并为主的大规模学校布局调整运动；第五阶段是逐步放宽生育政策时期，这一时期，在"提高教育质量与促进公平"理念下，学校布局调整另创新局。本研究涉及的学段是小学和初中，于1986年

《中华人民共和国义务教育法》（以下简称《义务教育法》）颁布后统称为义务教育。

第一节　鼓励生育期的学校布局调整（1949—1953年）

中华人民共和国成立后，国家为实现普及教育的目标，亟须解决广大学龄儿童"有学上"的问题，为他们提供充足的受教育机会。同时，随着国民经济逐渐恢复，农民也迫切希望送孩子上学。然而，旧的学校分布格局已无法满足新形势下广大学龄儿童的受教育需求。在这种情况下，普及教育面临的一个重要问题就是学校如何布局，即一方面如何接管和改造旧政权下的学校，另一方面如何增设新学校。这就迈出了中华人民共和国成立以来中小学布局调整的第一步：鼓励生育期的学校布局调整。

一、　鼓励生育政策的实施

据记载，早在夏朝以前，即距今五千年左右的原始社会末期，我国已出现了学校的萌芽成均和庠，为以后专门教育机构的产生奠定了基础。[①] 然而我国教育史上最早的学校教育仅为少数贵族子弟享有，整个五千年间的教育发展史中，受教育机会几乎都被统治者所垄断。中华人民共和国成立后，国家对教育的重视为教育事业发展创造了良好的环境，中小学布局调整有了新的方向，学校教育不再是少数人的福利。1949—1953年，我国人口数量与学校数量在社会环境的影响下同时扩张，为普及教育，国家开始大规模地接办和改造私立学校，并有计划地增设各式学校，初步确立了崭新的学校分布格局。

这一时期，国民经济处在恢复时期，百业待兴，各项建设都需要劳动

---

① 孙培青主编：《中国教育史》，华东师范大学出版社2000年版，第9—10页。

力。而当时，苏联大力鼓励人口增长和奖励多子女母亲，中国政务院卫生部也开始宣传和支持这样的人口政策。[①] 为此，政府陆续出台了一系列鼓励生育的政策。1950 年，卫生部颁布《机关部队妇女干部打胎限制的办法》，规定"禁止非法打胎"；1952 年，卫生部出台《限制节育及人工流产暂行办法》，规定"非疾病不得进行绝育手术及人工流产；手术要经指定医生诊断和当地卫生行政机关核准；私自绝育和人工流产者，以非法堕胎论罪；因病使用节育用具，须经妇产科医生证明；未经批准商店不得出售节育用具"。

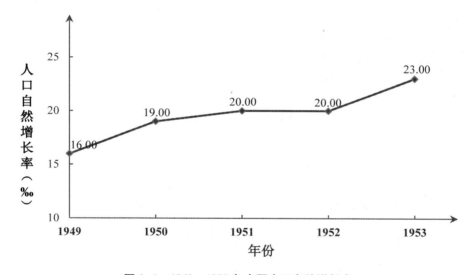

图 1-1　1949—1953 年全国人口自然增长率

数据来源：《中国统计年鉴 1984》。

　　在鼓励生育政策的影响下，人口出生率迅速提高。同时，随着社会生产力的发展，人民生活水平和医疗卫生条件得到迅速改善，人口死亡率大大降低，人口进入快速增长的阶段。1949—1953 年，全国总人口由 54167 万人增至 58796 万人，全国人口自然增长率从 16‰增长到 23‰。（见图 1-1）每年

---

　　① 王广州、胡耀岭：《我国生育政策的历史沿革及发展方向》，《中国党政干部论坛》2012 年第 11 期。

平均增加 1157.25 万人，市镇人口从 5765 万人增至 7826 万人，乡村人口从 48402 万人增至 50970 万人。① （见图 1-2）

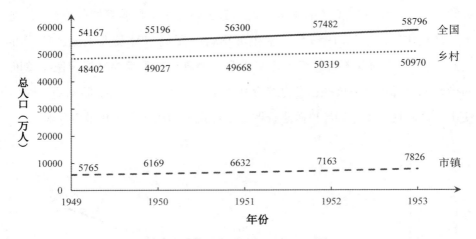

图 1-2　1949—1953 年全国、乡村、市镇人口

数据来源：《中国统计年鉴 1984》。

二、　以改造和新建学校为主的学校布局调整

中华人民共和国成立前，国民教育普及程度低下，文盲人口数量庞大。1949 年，全国仅有 346769 所小学，学龄人口数为 12195 万人，招生数为 680 万人，在校学生数为 2439 万人。② 据相关调查显示，1949 年的中国，文盲人数占人口总数的 80% 以上，小学入学率仅有 20% 左右，初中入学率则更低。而在广大的农村地区，大多数人都不识字，简单的读、写、算都不会。③

中华人民共和国成立以后，为了提高国民素质，国家开始重视发展教育

---

① 中华人民共和国国家统计局编：《中国统计年鉴 1984》，中国统计出版社 1984 年版，第 83 页。

② 《中国教育年鉴》编辑部编：《中国教育年鉴 1949—1981》，中国大百科全书出版社 1984 年版，第 1021 页。

③ 石鸥主编：《中国基础教育 60 年（1949—2009）》，湖南师范大学出版社 2009 年版，第 19 页。

事业，并采取一系列举措普及和发展义务教育。1949 年 9 月，中国人民政治协商会议第一届会议通过的《中国人民政治协商会议共同纲领》规定："要有计划有步骤地实行普及教育。"1951 年 8 月，教育部召开的第一次全国初等教育和全国师范教育会议明确提出："从 1952 到 1957 年争取全国平均有 80% 的学龄儿童入学，其中东北、华北、华东、中南四个地区争取 85%—90% 的学龄儿童入学；西北和西南争取 65%—75% 的学龄儿童入学。"

国家政权刚刚稳定，学校秩序亟须整顿。在陆续接管各类私立学校之后，国家的办学主权也逐步收回。这一时期，国家制定了一系列与学校整顿与建设相关的政策，并倡导多种形式办学，学校布局调整政策体现出政府统一管理、办学形式多样以及城市优先发展等特征。

（一）收回教育主权，政府统一管理

中华人民共和国成立初，国家开始实施大规模地接办和改造私立学校、收回教育主权的政策措施。1950 年 12 月，政务院第 65 次政务会议通过《关于处理接受美国津贴的文化教育救济机关及宗教团体的方针的决定》。1951 年马叙伦在《关于 1950 年全国教育工作总结和 1951 年全国教育工作的方针和任务的报告》中指出："一年以来，新区学校着重恢复与安定，并开始实行整顿和改造，老区学校则着重在巩固和提高，并作适当的发展。"1952 年 9 月，教育部按照中共中央指示，宣布自 1952 年下半年开始，逐步将全国私立中小学全部由政府接办，改为公立，初等教育老区着重巩固和提高，并作适当的发展，新区则着重恢复与安定，并开始实行整顿和改造。

此后，中小学布局调整在政府的统一领导下进行的倾向越来越明显。1952 年 3 月教育部颁发试行的《小学暂行规程（草案）》对各级教育行政部门的职权做了以下规定："市、县教育行政部门决定市、县所办小学的设立、变更、停办；核定由区、乡、镇、街、村人民代表大会决议的群众办小学的设立、变更、停办；统一领导公办或私办的小学；教育部编制小学教学大纲，编辑课本，规定小学生活指导标准，规定小学建筑和设备标准；省市按照本地情况确定编制标准和小学经费开支标准。"1952 年 3 月，教育部颁发试行的《中学暂行规程（草案）》中规定，中学由省、市文教厅、局遵照中央和大行政区的规定实行统一领导，其设立、变更和停办，由省、市人民政府决定，报大行政区人民政府（军政委员会）文教部备案并转报中央人民政府教育部备查；省文教厅于必要时得委托专员公署、省属市或县人民政府领导所辖地区内的中学，中央和大行政区人民政府（军政委员会）各业务部门、各省、市人民政府业务部门设立的中学，其日常行政工作由各主管业务部门领导，有关教育方针、政策、学制、教学计划、教导工作等事项，由所在省、市文教厅、局领导，高等学校附设的中学由高等学校和省、市文教厅、局双重领导。

（二）多种形式办学，适当发展公立学校

中华人民共和国成立初期，国家提倡多种形式办学，有计划地增设公立小学，有条件地发展民办小学。1952 年 11 月，教育部发布《关于整顿和发展民办小学的指示》（以下简称《指示》）。《指示》提出："今后几年内发展小学教育的方针是政府有计划地增设公立小学，同时允许群众在完全自愿的基础上出钱出力，有条件地发展民办小学，以满足群众送子女入学的要求。"《指示》规定，贫苦小村由政府设公立小学。此后，民办小学在整顿中减少很多。在一段时间内，为适应广大群众子女学习的需要，还出现过"戴帽子"中学，即在民办小学上附设中学班，保证广大小学毕业生能有机会继续学习和深造。1952 年，国家颁发试行的《小学暂行规程（草案）》中规定，各地为适应特殊需要，得举办二部制的小学、季节性的小学、半日制的小学和巡回制的小学，或者酌设早、晚班。1952 年 7 月，毛主席、周总理批准中央军委"1952 年在各地创办子弟学校 19 所，以解决 11800 名部队儿童入学问题，巩固和适当地发展民办小学"。习仲勋在《第一个五年计划

时期（1953—1957）的教育事业计划工作》会议总结报告中提出："小学生的数目控制在 5 千万，经费上要绝对控制，人数上要相对控制，在群众自愿的条件下，允许民办小学。"1953 年，《中央人民政府政务院关于整顿和改进小学教育的指示》进一步强调多种形式办学，要求"今后应首先着重办好城市小学、工矿区小学、乡村完全小学和中心小学。在农村，则除办集中的正规的小学外，还可以办分散的不正规的小学，如半日班、早学、夜校之类"。1954 年 4 月，《中央人民政府政务院关于改进和发展中学教育的指示》规定："中学教育的发展，是着重发展高级中学，初级中学依据可能条件作适当发展。"这个时期，普通中学的发展基本是稳步进行的。

（三）城市发展公办小学，农村提倡民办小学

1953 年 6 月，教育部在北京召开的第二次全国教育工作会议提出，在工矿区、城市、少数民族地区适当发展公立小学，农村提倡民办小学（包括完全小学）。

城市发展公立小学。1953 年，《中央人民政府政务院关于整顿和改进小学教育的指示》提出："由于国家逐步工业化，城市人口增加较快，而过去几年内城市小学增加的比例一般地较乡村为小，因此，在工矿区、城市，特别是大城市，公立小学应作适当发展。"

农村提倡民办小学，大部分公立学校不作发展。1953 年，《中央人民政府政务院关于整顿和改进小学教育的指示》提出："在农村，为适当解决农民子女入学的问题，应根据需要与自愿的原则，提倡民办小学（包括完全小学），充分发挥群众自己办学的积极性。各地人民政府对此必须有足够的重视，加强指导，帮助解决师资、教材等问题。对乡村公立小学，除在学校较少的少数民族地区和老革命根据地应作适当发展外，其他地区均应以整顿提高为主，一般不作发展。"

三、 鼓励生育期学校布局调整的实施状况

随着国家政权的逐渐稳定，国家对教育的重视力度愈加凸显，出台了一系列以基础扫除文盲、逐步普及初等教育为目标的教育发展政策。在政府的统一管理下，教育政策逐步完善，私立学校基本改造完毕，学校的数量和规模持续增加，学校布局调整初见雏形。

第一，私立学校基本改造完毕。中华人民共和国成立前，私立学校占的比重较大。据相关统计显示，仅京、津、沪、宁、武汉5个市就有私立小学1452所，占小学总数的56%；私立小学学生307400余人，占44%。① 另外，解放初，在广大村镇，还存在大量私塾。皖南地区刚解放时，全区共有私塾3768所，相当于正规小学总数的2倍以上；塾生45327人，相当于小学人数的1/3。②

中华人民共和国成立后，国家开始大范围接办和改造私立学校，逐步收回教育主权，并建立了政府统一领导的国家办学体制。1950年12月，政务院第65次政务会议通过《关于处理接受美国津贴的文化教育救济机关及宗教团体的方针的决定》，按照这一决定，1951年初，全国接受外国津贴的中等学校共514所，接受外国津贴的初等学校共1133所，收回了我国的教育主权。③ 1953年，教育部决定："1955年内接办完私立完全中学，1957年内基本上接办完所有的私立中学……第一个五年计划内基本上不接办私立小学，个别经费困难确实办不下去的可接办。"④ 实际上到1956年，私立中小学已基本改造完毕了。

第二，学校数量和规模持续增加。1951年5月，教育部长马叙伦在政务

① 毛礼锐、沈灌群主编：《中国教育通史》，山东教育出版社1989年版，第25页。
② 毛礼锐、沈灌群主编：《中国教育通史》，山东教育出版社1989年版，第31页。
③ 毛礼锐、沈灌群主编：《中国教育通史》，山东教育出版社1989年版，第35页。
④ 毛礼锐、沈灌群主编：《中国教育通史》，山东教育出版社1989年版，第30页。

院政务会议上所作《关于 1950 年全国教育工作总结和 1951 年全国教育工作的方针和任务的报告》中指出："1950 年在农村实行鼓励群众办学的政策，大大提高了群众办学的积极性，该年民办小学在校生 662.3 万人，占全国小学在校生总数的 22.9%。"

1949—1953 年，全国小学和初中学校数、在校学生数呈现总体增长趋势。其中，全国小学学校数从 34.68 万所增至 51.21 万所，增幅为 47.66%；全国初中学校数从 2448 所增至 3227 所，增幅为 31.82%；全国小学学生数从 2439.1 万人增至 5166.4 万人，增幅为 111.82%；全国初中学生数从 83.18 万人增至 257.26 万人，增幅为 209.28%，增长了 2 倍。（见表 1-1）

表 1-1　全国小学和初中的学校数、学生数

年份	小学				初中			
	学校数（万所）	增幅（%）	学生数（万人）	增幅（%）	学校数（所）	增幅（%）	学生数（万人）	增幅（%）
1949	34.68		2439.1		2448		83.18	
1950	38.36	10.61	2892.4	18.58	2472	0.98	106.69	28.26
1951	50.11	30.63	4315.4	49.20	2673	8.13	138.37	29.69
1952	52.70	5.17	5110.0	18.41	3117	16.61	222.99	61.15
1953	51.21	-2.83	5166.4	1.10	3227	3.53	257.26	15.37

数据来源：《中国教育年鉴（1949—1981）》。

第二节　限制生育期的学校布局调整（1954—1977 年）

鼓励生育期间，人口数量飞速增加。1953 年，我国人口规模超过 6 亿，人口自然增长率高达 23‰，而物质资源的匮乏越发凸显出"人多"成为经济与社会发展的阻碍，实施"放任生育"政策的合理性受到质疑。1954 年，节育思想初步形成，限制生育正式成为解决中国人口问题的主要措施。经过二十多年的反复调整与实施，节育政策逐步稳定，政策红利初见成效。

1954—1977 年，人口自然增长率从 1954 年的 24.79‰降至 12.06‰。[①] 而这一期间，学校数量扩张与新建仍然是教育布局调整的主要方向，教育的重点还是继续大力普及农村小学五年教育，与此同时有计划有步骤地普及农村七年教育和城市十年教育。与前期稍微不同的是，这一期间比较注重学校规模的有效控制与教育质量的提升。

一、 节制生育思想的形成

中华人民共和国成立初期，国家实施鼓励生育政策，完全放任国民生育。人口堆积与物质缺乏之间的矛盾愈发激烈，经济与社会发展相对缓慢，政府开始质疑鼓励生育政策的合理性，节育思想开始形成。1955—1977 年，政府一直在酝酿限制生育政策，这一阶段的限制生育政策经历了由最初的波动与反复调整，到形成比较稳定的"晚、稀、少"政策的变化过程。

（一）前期限制生育政策的实行与反复

为了加快经济与社会发展速度，缓解人口过度增长带来的物质紧缺问题，1954 年，卫生部宣布全面取消"避孕节育"限制，此后的十几年里，国家逐渐确立了节制生育、控制人口增长的政策。然而，在最初几年限制生育政策的具体实行过程中，节育政策的实施反复受到复杂社会环境的干扰。1955 年 3 月 1 日，《中共中央对卫生部党组关于节制生育问题的报告的批示》明确指出："节制生育是关系广大人民生活的一项重大政策性的问题。在当前的历史条件下，为了国家、家庭和新生一代的利益，我们党是赞成适当地节制生育的。"1956 年初，毛泽东在《全国农业发展纲要》中指出："除了少数民族地区外，在一切人口稠密的地方宣传和推广节制生育，提倡有计划地生育子女。"1957 年 3 月，毛泽东在最高国务会议第十一次会议上要求政府

---

① 中华人民共和国国家统计局编：《中国统计年鉴 1984》，中国统计出版社 1984 年版，第 81—83 页。

"设一个节育委员会""三年试点，三年推广，四年普遍实行"。

此后，受"大跃进"和"文化大革命"等政治运动的影响，限制生育政策的实施受到干扰。1958—1959 年，控制人口思想一度被搁置；1960—1965 年，计划生育思想复苏。1962 年，党中央、国务院把节制生育、控制人口增长作为"我国社会主义建设中既定的政策"予以确认。1964 年，国务院成立了计划生育委员会，各省、自治区和直辖市亦相继建立机构。1966—1969 年，社会一度处于无领导状态，一些计划生育机构名存实亡，有的甚至被"革命委员会"取消，节制生育的实际工作再次被迫停顿，人口又处于盲目发展的状态。①

（二）"晚、稀、少"生育政策的实施

1969 年，全国总人口突破八亿大关，使得人口与经济发展之间本来已尖锐的矛盾更加突出，这种客观现实迫使党和国家领导人在国民经济恢复后不得不重申控制人口的重要性。② 1970 年 6 月，周恩来在接见卫生部军管会全体人员时指出："计划生育属于国家计划问题，不是卫生问题，而是计划问题。你连人口增加都计划不了，还搞什么国家计划！"③ 同年 9 月，《第四个五年国民经济计划纲要（草案）》指出"要继续提倡晚婚和计划生育"。④

1971 年以后，计划生育政策在全国范围内全面铺开实施，地方性的计划生育政策也相继出台，我国开始进入控制人口增长的阶段。1971 年《关于做好计划生育工作的报告》（国发〔1971〕51 号）指出："除人口稀少的少数民族地区和其他地区外，都要加强对这项工作的领导，深入开展宣传教育，使晚婚和计划生育变成城乡群众的自觉行动。"同时，在当年制定的

---

① 张纯元：《中国人口生育政策的演变历程》，《市场与人口分析》2000 年第 1 期。
② 张翼：《中国人口控制政策的历史变化与改革趋势》，《广州大学学报（社会科学版）》2006 年第 8 期。
③ 彭佩云主编：《中国计划生育全书》，中国人口出版社 1997 年版，第 136 页。
④ 彭佩云主编：《中国计划生育全书》，中国人口出版社 1997 年版，第 64 页。

"四五"计划中提出"一个不少，两个正好，三个多了"的要求。1973年12月，第一次全国计划生育工作汇报会确定了"晚、稀、少"方针，计划生育工作全面推行。1974年12月，中共中央转发上海市《关于上海开展计划生育和提倡晚婚工作的情况报告》及河北省《关于召开全省计划生育会议的情况报告》，并指出上海、河北等5个省份提前完成了"四五"人口规划指标，肯定了其实施"晚、稀、少"的工作经验。其中，上海按照"晚、稀、少"的要求，采用自下而上、上下结合、自报互评的方法，制定生育规划；河北按"晚、稀、少"的要求结婚和生育的人越来越多。1976年12月，国务院计划生育领导小组在全国计划生育工作汇报会上所作的《关于全国计划生育工作汇报会的报告》指出，在人口稀少的少数民族地区，采取有利于发展人口的政策。

（三）节制生育政策下的人口波动

受生育政策调整影响，1954—1977年，全国人口自然增长率经历了先下降再急速上升后稳定下降的过程。具体表现为：1954—1957年人口自然增长率先小幅下降后上升至23.23‰，后开始急速下降，至1960年达到最低值-4.57‰；1961年开始经过3年快速回升后于1963年达到峰值33.33‰；此后的5年间人口增长率忽增忽降，直到1968年，我国人口自然增长率开始稳定下降，到1977年降至12.06‰。整体来看，这一阶段的相关措施为此后人口生育政策的稳步实施奠定了基础，在一定程度上控制了人口数量增长，我国人口自然增长率从1954年到1977年大幅下降，这一时期的后几年，人口自然增长率甚至低于中华人民共和国成立初期。（见图1-3）

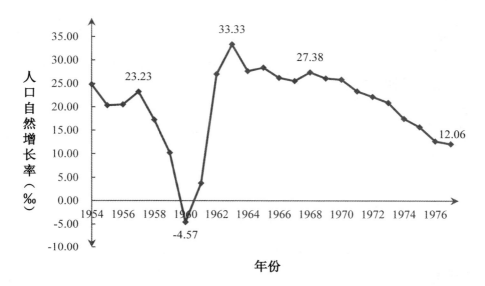

图 1-3　1954—1977 年全国人口自然增长率

数据来源：《中国统计年鉴 1984》。

　　人口自然增长率的变化牵动着人口总量的变化速度。从全国来看，1954—1977 年间，我国人口总数除 1960 年出现过负增长以外，一直保持增长趋势，但增长幅度在逐步减小。到 1977 年，我国总人口已从 1954 年的 60266 万人增加到 94974 万人，市镇和乡村人口增长规律与全国相似。其中，市镇人口从 1954 年的 8249 万人增长至 16669 万人，乡村人口从 1954 年的 52017 万人增长至 78305 万人。从人口分布来看，我国大部分人口依然分布在乡村，乡村人口数始终占据总人口数量的 80% 以上。（见图 1-4）

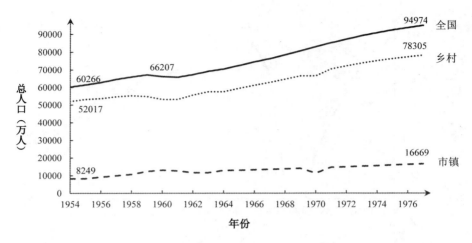

图 1-4　1954—1977 年全国、乡村、市镇人口

数据来源：《中国统计年鉴 1984》。

二、 以大力普及小学教育为主的学校布局调整

（一）以普及小学教育为主要发展目标

鼓励生育期义务教育尚未普及，旧文盲尚未消除，新文盲大量产生，因此这一阶段的教育工作重点仍然围绕如何普及义务教育和消除文盲开展。1954 年 9 月，一届全国人大一次会议通过的《中华人民共和国宪法》（以下简称《宪法》）第九十四条规定："中华人民共和国公民有受教育的权利。"这意味着我国公民的受教育权首次在法律上得以保障。

1973 年 6 月修定的《第四个五年国民经济计划纲要》指出："争取在第四个五年计划期间，农村普及小学五年教育，有条件的地方普及七年教育。城市积极发展中等教育，认真办好中等专业学校和技工学校。同时要广泛开展业余教育，大力扫除文盲。"[①] 随后，1972 年、1974 年、1975 年的教育事

---

① 《中国教育年鉴》编辑部编：《中国教育年鉴（1949—1981）》，中国大百科全书出版社 1984 年版，第 94 页。

业计划均把普及小学教育列为重点。"五五"期间，教育事业计划安排的重点是，在巩固农村普及小学五年教育的基础上，有计划有步骤地普及农村七年教育和城市十年教育。"五五"计划（草案）要求，对于已基本普及小学五年教育的地区，要着重抓好巩固提高工作，争取95%的适龄儿童学完5年。①

（二）倡导因地制宜，大力发展义务教育

1. 制定教育事业管理规定，鼓励大力普及义务教育

1956年，国家制定了《十二年国民教育事业规划纲要（草稿）》，要求"普及义务教育，使新生一代人人受到国民必须受的教育，成为社会主义社会全面发展的成员，同时在普及义务教育的基础上大力发展中学，以进一步提高青年一代的文化水平"；并要求"7年内在全国基本上普及义务教育：在一般的城镇和条件较好的农村普及完全小学教育，在条件较差的农村先普及初级小学教育，在直辖市、省会和主要工业城市基本上普及初中教育"。同年，最高国务会议通过的《1956~1967年全国农业发展纲要（草案）》规定："从1956年开始，按照各地情况，分别在7年或者12年内普及小学义务教育。"② 与此同时，教育部要求："普通中学，大量发展，增加高中和初级中学的学生。小学教育，加速发展，对实施小学义务教育积极进行准备，在生产发展较快、入学率已达到80%以上、又可能解决师资的地区，1956年就可以开始实施小学义务教育。"1961年2月中共中央批转中央文教小组《关于一九六一年和今后一个时期文化教育工作安排的报告》中提出："要区别城乡和根据各地区的不同情况，有计划地积极地普及适龄儿童的教育，通过多种形式逐步发展中等学校；积极地又有控制地办好业余教育。"

---

① 《中国教育年鉴》编辑部编：《中国教育年鉴（1949—1981）》，中国大百科全书出版社1984年版，第95页。

② 《中国教育年鉴》编辑部编：《中国教育年鉴（1949—1981）》，中国大百科全书出版社1984年版，第123页。

　　这一时期，地方政府的教育事业管理权力也得到了国家很大的支持。1958 年 8 月，中共中央、国务院发布《关于教育事业管理权力下放问题的规定》，要求加强地方对教育事业的领导管理，扩大了地方管理教育的权限。该《规定》指出："小学、普通中学、职业中学、一般的中等专业学校和各级业余学校的设置和发展，无论公办或民办，由地方自行决定。"1959 年广东省委、省政府出台的《关于加强人民公社对教育工作的领导和管理的几项规定》指出："公办的一般全日制小学由公社直接管理，民办小学由生产大队直接管理。"同年 11 月，财政、教育、卫生和文化部制定"统一领导、分级管理、条块结合、块块为主"的管理原则。1963 年 3 月，中共中央发布《关于讨论试行全日制中小学工作条例草案和对当前中小学教育工作几个问题的指示》中又进一步明确："国家举办的全日制中小学是中小学教育的主体。"

　　1963 年，国家在总结领导体制方面处理中央与地方、"条条"与"块块"关系的经验教训后，在中共中央转发各地讨论试行的《全日制小学暂行工作条例（草案）》中，加强了条条的领导作用，将某些权限适当上收。全日制小学的设置和停办，由县（市）人民委员会批准。1963 年 3 月，中共中央印发的《全日制中学暂行工作条例（草案）》规定："国家举办的全日制中学，实行分级管理，全日制初级中学一般由县、市教育行政部门管理。"1968 年，各地农村普遍将小学下放到大队管理，取消公社中心小学，城镇小学由工厂接办。山东省嘉祥县两名教师写信至《人民日报》建议，所有农村公办小学下放到大队工作，国家不再投资或减少小学教育经费，教师都回本大队工作，不发工资，改记工分。此后，大批农村公办小学教师被强行下放回原籍，改拿工分，本人及其子女被转为农业户，乡镇中小学由工厂接办，北京、上海、沈阳等一些大中城市将小学改为由街道办事处管理。

　　此外，国家对教育经费的投入也在逐步合理化。1971 年 7 月，周恩来在接见出席教育、出版等 7 个专业会议的代表时指出："小学教育的经费，年年还要增长一点。"① 国家计划委员会、财政部根据周总理指示，决定追加当年教育事业费 3.3 亿元，并决定从 1972 年起，中央在安排下达国家财政预算时，把教育事业费单列一款，"带帽下达"，专款专用。②

2. 提倡国家办学为主、多种办学主体并存的办学体制

为了更好地推进义务教育的普及进程，国家以政策为导向，鼓励多方主体共同办学，并倡导城乡要因地制宜、有步骤地普及义务教育。

1957 年，教育部召开的第三次全国教育行政会议提出："小学教育的发展必须打破由国家包下来的思想，在城市里，要提倡街道、机关、厂矿企业办学；在农村，要提倡群众集体办学，允许私人办学。"③ 1957 年 10 月，中共中央公布的《一九五六年到一九六七年全国农业发展纲要（修正草案）》提出："农村小学应当采取多种形式，除了国家办学以外，必须大力提倡群众集体办学，允许私人办学，以便逐步普及小学教育。"这一时期的办学主体不仅包括国家，还包括厂矿、企业、大队、公社等主体，其中群众办学的主要目的在于普及小学。1958 年 9 月，《人民日报》发表的《中共中央 国务院关于教育工作的指示》指出："办学的形式应该是多样性的，即国家办学与厂矿、企业、农业合作社办学并举。"1971 年的《全国教育工作会议纪要》提出，除国家办学外，必须提倡群众办学，采取多种形式办学，把学校办到家门口，让农民子女就近上学方便。④

这一时期，党和国家要求城市和农村要遵循地方客观条件与发展规律，有重点、分步骤地发展教育。1957 年，教育部召开的第三次全国教育行政会

---

① 中央教育科学研究所编：《中华人民共和国教育大事记（1949—1982）》，教育科学出版社 1983 年版，第 439 页。

② 《中国教育年鉴》编辑部编：《中国教育年鉴（1949—1981）》，中国大百科全书出版社 1984 年版，第 97 页。

③ 中华人民共和国国家统计局编：《中国统计年鉴 1984》，中国统计出版社 1984 年版，第 91 页。

④ 张乐天等：《新中国成立以来农村教育政策的回顾与反思》，北京师范大学出版社 2016 年版，第 29—30 页。

议提出："中学的设置，应适当分散，改变过去规模过大、过分集中在城市的缺点，初中的发展，要面向农村，农村初中在教学质量上不能强求和城市一律。"同年 11 月，中共中央文教小组召开了省、市文教听证会议，会议指出："采取办全日制、二部制、简易小学等各种学校的办法，力争在第二个五年计划期间普及小学教育。在第三个五年计划期间，通过办全日制、二部制、农业中学、业余中学、广播学校等各种各样的途径，力争普及中学教育。在教育事业的发展上要抓两头，一头是办重点学校，另一头是抓好普及教育，并要制定教育发展的长远计划。"1971 年 7 月，周恩来在接见出席教育、出版等 7 个专业会议的代表时指出："小学教育要求在第四个五年计划期间能够普及，主要是在农村；初中、高中在农村要因地制宜，凡能办的就办，师资不够的也不要勉强。"①《1972 年教育事业计划》提出，1972 年的重点是抓好农村小学教育，因地制宜地采取多种办学形式，使更多的学龄儿童就学；适当发展中学教育，城市中学要扩大招生，以适应小学毕业生升学要求；农村有条件的地区要办好初中或七年制学校。②

3. 政策重心转向"控制规模，提升质量"

1954 年以后，我国走上了普及教育的快车道。1958 年 9 月，《人民日报》发表《中共中央 国务院关于教育工作的指示》，确立了教育事业"大跃进"的发展目标："全国应在三年到五年的时间内，基本上完成扫除文盲、普及小学教育、农业合作社社社有中学和使学龄前儿童大多数都能入托儿所和幼儿园的任务。""文化大革命"中不少地方提出"上小学不出村，上初中不出队，上高中不出社"的口号，后来又不切实际地提出要逐步在大中城市普及十年教育，农村有条件的地区普及七年教育。

在经历了第一个和第二个五年计划提出的"全国应在三年到五年时间内

---

① 中央教育科学研究所编：《中华人民共和国教育大事记（1949—1982）》，教育科学出版社 1983 年版，第 439 页。

② 《中国教育年鉴》编辑部编：《中国教育年鉴（1949—1981）》中国大百科全书出版社 1984 年版，第 94 页。

普及小学教育，农业合作社社社有中学""适龄儿童入学率达到95%以上"等不符合实际情况的发展目标之后，我国初中和小学的发展速度飞快提升，学校数量大大增加，但学校质量仍然低下。为此，从第三个五年计划开始，国家的教育目标由数量扩张转移到"控制规模，提升质量"。

1960年冬，鉴于"大跃进"运动带来的严重后果，中央政府开始纠正农村工作中出现的"左"倾错误，并且决定实行"调整、巩固、充实、提高"的国民经济方针。在此背景下，农村教育工作也开始进行调整。1960年，中央文教小组向中共中央呈报的《关于一九六一年和今后一个时期文化教育工作安排的报告》提出："节约劳动力，支援农业生产，今后三、五年内，农村十六岁以上的在校学生占农村全部劳动力的比率，应控制在百分之二左右；要区别城乡和根据各地区的不同情况，有计划地积极地普及小学教育。"1961年2月，中共中央批转的中央文教小组《关于一九六一年和今后一个时期文化教育工作安排的报告》中指出，文化教育事业存在着多占用了农村一部分劳动力，质量的提高跟不上数量发展的状况，与此同时，要求农村全日制中小学要适当压缩规模、调整布局。同年6月，中共中央书记处举行的会议认为少办些学校，把它办好，高中44.5万，初中200多万，控制这个比例。同年7月，教育部召开了全国高等学校和中等学校调整工作会议，国务院文教办公室主任张际春在会上报告提出："全日制普通中学的发展速度，1961年应当放慢一点，要采取多种形式普及初中，全日制初中不可能办得过多。"会议在《关于当前文化教育工作的意见》的文件指出："在全日制初中发展较大的地区，更应该侧重发展半日制的农业中学或职业中学；为了适应节约农村劳动力的需要，可以酌量把一部分全日制初中改为农业中学或职业中学。"1962年12月发布的《关于有重点地办好一批全日制中、小学校的通知》规定，各省确定重点学校名单（领导力强，教师、校舍、设备等条件好的全日制小学），每县一至多所，基础好的可以多一些，总数不宜过多。

三、 限制生育期学校布局调整的实施状况

受中华人民共和国成立初期鼓励生育政策的影响，我国学龄人口数量在一段时间内持续增长。1974 年后，限制生育政策开始发挥作用，小学学龄人口数量逐年减少。这一时期，义务教育尚未完全普及，学校布局调整方向依然主要受教育政策的引导。在教育政策和社会环境的综合影响下，1954—1977 年，我国的学校布局调整呈现出学校数量快速增长但教育质量整体低下的特点。

（一） 学校教育网基本形成，农村学校数量远超城镇

为了完成消除文盲的历史任务，各地因地制宜，在农村和城镇地区普及小学教育，大力兴办学校，力求使学校的布局和办学形式能够适应群众生产生活，方便学生就近入学。部分地区提出"上小学不出村，上初中不出队，上高中不出社"的口号。① 在国家政策的大力倡导下，各地纷纷兴办中小学，中小学学校数量一度猛增。1957 年，全国掀起了群众办学的热潮。据山西、江苏、吉林、北京等 15 个省、市的统计，1955 年民办小学约有学生 88.2 万多人，1957 年民办小学约有学生 161 万多人，1957 年同 1955 年相比，增加了 82.5%。② 至此，学校教育网逐步成型。

据统计，我国小学学校数量从 1954 年的 50.61 万所增至 1977 年的 98.23 万所，学校数量翻了将近一番。这一时期的小学学校数量大致经历了先缓慢上升后下降、再急剧上升后急剧下降、最后平缓上升的变化过程。其中，1965 年我国小学学校数量达到峰值 168.19 万所。（见图 1-5）。

---

① 石鸥主编：《中国基础教育 60 年（1949—2009）》，湖南师范大学出版社 2009 年版，第26 页。
② 毛礼锐、沈灌群主编：《中国教育通史》，山东教育出版社 1989 年版，第 145 页。

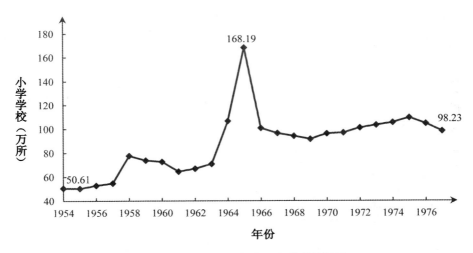

图 1-5 1954—1977 年全国小学学校数量

数据来源:《中国教育年鉴（1949—1981）》。

全国小学在校生数从 1954 年的 5121.8 万人增至 1977 年的 14617.6 万人,增长了将近两倍。这一时期的小学在校生数量经历了三个波动幅度较大的阶段。其中,第一个阶段为 1954—1962 年,全国小学在校生数先快速上升,至 1960 年达到此阶段最高值 9379.1 万人,之后三年快速下降,到 1962 年仅有 6923.9 万人在读;第二阶段为 1963—1969 年,小学在校生数先急速上升后缓慢下降;第三阶段为 1970—1977 年,全国小学在校生数以较快的速度增长至 1975 年达到整个时期的最高值 15094.1 万人后平缓下降。(见图 1-6)

这一时期我国农村地区小学学校数量和在校生数明显增加。到 1977 年,农村地区的小学学校数量远多于城市和县镇,占全国小学数量的 96.64%。1965 年,全国已经有半工半读、半耕半读小学 84.9 万所,在校生 2518.1 万人,占全国小学在校生总数的 21.67%。[①] 民办小学在校生数为 4752 万人,

---

① 《中国教育年鉴》编辑部编:《中国教育年鉴 1949—1981》,中国大百科全书出版社 1984 年版,第 124 页。

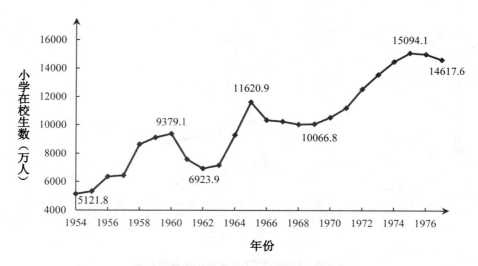

图1-6 1954—1977年全国小学在校生数量

数据来源：《中国教育年鉴（1949—1981）》。

占小学在校生总数的40.9%。[1] 与此同时，农村初中学校数也远高于城市与县镇。1962—1977年，我国农村初中学校数量先缓慢减少，此后于"文化大革命"期间快速增长；而城市与县镇的初中学校数量在这期间则是呈现先上升后下降的变化规律，初中学校数量绝大部分分布在农村地区。（见表1-2）自此，我国的学校开始走出庙堂，逐渐遍布乡野。1965年，贵州省小学在校学生达258.49万人（其中，耕读小学在校学生74万人，占全省在校小学生总数的28.6%）。全省学龄儿童入学率达78.3%。[2] 1965年，山东省初中学校数为1257所，在校学生数为57.15万人。[3]

---

① 刘英杰主编：《中国教育大事典（1949—1990）（上）》，浙江教育出版社1993年版，第329页。

② 《中国教育年鉴》编辑部编：《中国教育年鉴（地方教育）1949—1984》，湖南教育出版社，第1052页。

③ 《中国教育年鉴》编辑部编：《中国教育年鉴（地方教育）1949—1984》，湖南教育出版社，第479页。

表 1-2　1962—1977 年城乡小学、初中学校数

年份	小学学校数（万所）				初中学校数（所）			
	全国	城市	县镇	农村	全国	城市	县镇	农村
1962	66.8	1.8	1.3	63.7	15081	2346	2718	10017
1963	70.8	1.9	1.4	67.5	15290	2594	2899	9797
1964	106.6	2.0	1.5	103.1	15058	2791	2562	9705
1965	168.2	3.3	2.4	162.5	13986	3080	2278	8628
1971	96.9	2.3	1.5	93.1	80604	4884	3528	72192
1972	100.9	2.1	1.5	97.3	64937	2553	3090	59294
1973	103.2	2.0	1.6	99.6	67959	1927	2174	63858
1974	105.3	2.0	1.7	101.6	69032	1566	2147	65319
1975	109.3	1.9	1.7	105.7	84385	1809	2450	80126
1976	104.4	1.9	1.7	100.8	131617	1941	3670	126006
1977	98.2	1.8	1.5	94.9	136365	1883	3217	131265

数据来源：《中国教育年鉴（1949—1981）》。

注：1966—1970 年数据缺失。后同。

从义务教育学生数的分布情况来看，城市、县镇及农村的小学在校生数在这二十几年都大致呈现先增长后下降的趋势。其中，城市地区小学在校生数至 1972 年开始下降；县镇地区小学在校生数至 1974 年开始下降；而农村小学在校生数从 1962—1976 年持续增长，直至 1977 年才稍有所下降。（见表 1-3）从学生的分布比例来看，农村地区的小学在校生数占据全国小学在校生数的绝大比例。

表1-3 1962—1977年小学在校学生数

年份	小学学龄儿童入学率	小学在校学生数（万人）			
		全国	城市	县镇	农村
1962	56.1%	6923.9	1033.4	546.1	5344.4
1963	57.0%	7157.5	1126.7	584.6	5446.2
1964	71.1%	9294.5	1238.8	621.6	7434.1
1965	84.7%	11620.9	1475.5	745.5	9399.9
1971	–	11211.1	1236.2	608.4	9366.5
1972	–	12549.2	1224.7	703.5	10621.0
1973	–	13570.4	1195.9	776.8	11597.7
1974	93.0%	14481.4	1124.7	804.4	12552.3
1975	95.0%	15094.1	1061.1	786.9	13246.1
1976	96.0%	15005.5	955.3	764.9	13285.3
1977	95.5%	14617.6	915.1	737.4	12965.1

数据来源：《中国教育年鉴（1949—1981）》。

在这一时期，农村地区初中在校生数也远远高于城市地区和县镇地区。从初中在校生数的变化情况来看，1962—1972年，我国城市地区、县镇地区以及农村地区的初中在校生数量整体呈现上升趋势，且均在1972年微降后持续增长至1977年达到阶段最高值。（见表1-4）

表1-4 1962—1977年初中在校学生数

年份	初中在校学生数（万人）			
	全国	城市	县镇	农村
1962	618.8	217.5	171.6	229.7
1963	638.0	249.1	175.0	213.9
1964	729.3	292.3	182.9	254.1

续表

年份	初中在校学生数（万人）			
	全国	城市	县镇	农村
1965	802.9	338.1	194.5	270.3
1971	2568.9	488.4	206.3	1874.8
1972	2724.4	565.1	254.6	1904.7
1973	2523.1	549.6	250.5	1723.0
1974	2647.6	551.2	283.1	1813.3
1975	3302.4	591.1	334.0	2377.3
1976	4352.9	676.3	401.7	3274.9
1977	4979.9	701.8	420.0	3858.1

数据来源：《中国教育年鉴（1949—1981）》。

　　我国的义务教育事业费投入总体呈现增长的趋势。1954—1977 年，我国教育事业费支出从 13.77 亿元增至 53.04 亿元，增长了 285.19%。这一数据足以证明国家对普及义务教育做了非常大的努力。但是教育事业费的投入在 1960—1962 年和 1966—1969 年两个阶段出现了短期下滑。（见图 1-7）

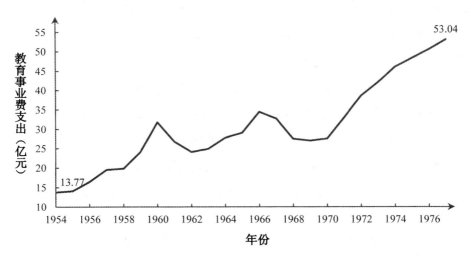

图 1-7　1954—1977 年义务教育教育事业费支出

数据来源：《中国教育年鉴（1949—1981）》。

（二）学校数量过度扩张，教育质量难以保障

第三和第四个五年计划时期，普通中学和小学不顾客观条件而过度扩张，且速度过快，导致教育质量普遍下降。据 1958 年 10 月 1 日《光明日报》报道："我国教育事业以空前速度获得巨大发展，我国的科学文化面貌正飞跃变化。全国入学率已达 93.9%，87% 的县市基本普及了小学教育，本年新建中学 26000 余所，全国中学生已达 924 万，比 1957 年增长 47%。"①单从数量的角度看，1000 所学校强于 100 所学校。然而，虽然让更多的人能够上学，学生获得的教育质量却令人担忧。

学校教育质量低下的很大一部分原因是，"文化大革命"之后，教师数量严重不足，教师素质普遍低下。1966—1969 年，师范院校被迫停止招生，学校学制和课程压缩，导致中小学教师数量不足，质量不高。据统计，到 1969 年，全国中等师范学校虽有 373 所，只比 1965 年时减少 59 所，但学生数只有 1.5 万人，仅为 1965 年学生数 15.5 万人的 9.67%。②而这些数量本来就很少的师范毕业生却还不能如数分配到教师岗位。《国务院批转〈教育部关于加强中小学教师队伍管理工作的意见〉的通知》（国发〔1978〕1 号）中提到，浙江省近几年高师毕业生只有 20%—30% 被分到教育战线；河北省 1977 年只有一半左右的高师毕业生被分到教育战线。师范院校的停办中断了学校的合格师资来源，大批小学骨干教师被抽调至中学，各地只能从社会上招收不合格者担任小学教师，结果是"层层拔骨干、层层无骨干"。③

针对师资缺乏的现状，国家不得不从社会上招聘教师进行补充以完成教

---

① 朱永辉、周雅婷、周婷婷：《新中国义务教育发展历程及其评价》，《现代教育科学》2004 年第 2 期。

② 石鸥主编：《中国基础教育 60 年（1949—2009）》，湖南师范大学出版社 2009 年版，第 130 页。

③ 石鸥主编：《中国基础教育 60 年（1949—2009）》，湖南师范大学出版社 2009 年版，第 27 页。

学任务。"文化大革命"后期，全国各地补充了400万中小学教师，大多数是"文革"期间的高中、初中毕业生，不具备当教师的合格学历，有的地方出现了小学毕业教小学、初中毕业教初中的现象。① 1977年年底的统计数据显示，我国小学教师学历合格率为47.1%，初中教师仅为9.8%；据估计，当时大约有30%左右的教师不能胜任教育教学工作。②

第三节　生育政策严控期的学校布局调整（1978—2000年）

改革开放以来，为减小新增人口给经济发展带来的压力，我国进一步控制生育。1978年，计划生育首次以法律形式被载入宪法，1982年被确定为基本国策，此后又进行了多次调整。在此期间，随着生育率的变化和城镇化发展的深入，我国人口数量和流动方向的变化导致了学龄人口分布呈现出城市和县镇逐年增多、农村先增后减等特点。与此同时，《义务教育法》的颁布和分税制改革的实施也使得我国的义务教育发展理念开始逐渐向城市中心的价值取向过渡。理念的变化与学龄人口分布的现实特点共同决定着这一时期学校布局调整的思路和方向。

一、计划生育政策的严格执行

20世纪六七十年代，已有国家领导人和学者提出要实施计划生育政策。1982年计划生育确定为基本国策后，人口自然增长率出现自中华人民共和国成立以来的首次下降。随着生育政策的几次调整和城镇化步伐的推进，城乡人口结构呈现出新的特点，间接导致了学龄人口分布的变化。

---

①　石鸥主编：《中国基础教育60年（1949—2009）》，湖南师范大学出版社2009年版，第135页。

②　苏林、张贵新主编：《中国师范教育十五年》，东北师范大学出版社1996年版，第7页。

（一）计划生育政策的颁布与调整

改革开放至 20 世纪末，大力发展经济成为时代发展的主要命题。与此同时，随着医疗卫生水平的提高，人口逐步进入高出生率、低死亡率、高自然增长率的阶段。在人口基数较大的条件下，人口快速增长，给中国现代化发展带来了巨大压力。为此，邓小平等国家领导人和一些学者考虑到国民经济和社会发展的全局，开始呼吁控制人口。

1978 年 3 月，宪法规定"国家提倡和推行计划生育"，这是计划生育第一次以法律形式被载入宪法。1980 年 9 月，国务院在第五届全国人大三次会议上指出，除了在人口稀少的少数民族地区以外，要普遍提倡一对夫妇只生育一个孩子，以便把人口增长率尽快控制起来；同年，中共中央发表了《关于控制我国人口增长问题致全体共产党员、共青团员的公开信》，号召党员、团员带头执行新的计划生育政策；1981 年，第五届全国人大四次会议的《政府工作报告》中提出，限制人口数量，提高人口素质。

1982 年 9 月，党的十二大正式把实行计划生育确立为我国的一项基本国策。同年 12 月，全国人大通过的《中华人民共和国宪法》明确规定，国家推行计划生育，使人口的增长同经济和社会发展计划相适应。至此，计划生育的法律地位在我国正式确立。此后，计划生育政策又先后在 1984 年、1988 年和 1991 年进行了三次调整。

（二）人口变动基本状况

经历几次调整后，计划生育的人口政策基本确立并在一定时期内保持稳定，1978—2000 年间的人口变动也随政策的变化呈现出以下特点。

第一，生育率在经历波动后开始稳步下降。（见图 1-8）20 世纪 80 年代和 90 年代的人口增长率自中华人民共和国成立以来达到最低。有学者统计，1950—1980 年，每 10 年的年均人口增长率分别是 1.82‰、2.26‰ 和

1.73‰；到了 80 年代，年均人口增长率下降到 1.46‰，90 年代仅为
1.02‰。[1] 1978—2000 年，随着计划生育的实施，我国人口的自然增长率也
发生了一系列变化，可以将其分为五个阶段。

图 1-8　1978—2000 年全国人口自然增长率

数据来源：根据 2001 年、2002 年《中国统计年鉴》的数据整理。

　　第一阶段，计划生育政策全面实施前，人口自然增长率不规律波动。
1978 年 10 月，中共中央批转《关于国务院计划生育领导小组第一次会议的
报告》，明确了"晚婚年龄，农村提倡女 23 周岁、男 25 周岁，城市略高于
农村；提倡一对夫妇生育子女数最好一个最多两个；生育间隔三年以上"等
具体规定。1979 年底，国务院计划生育领导小组办公室在《计划生育法》
修改稿中提出了"晚、少、优"的计划生育政策。[2] 计划生育自 1978 年被
写入宪法后，我国人口自然增长率持续三年下降，但在 1981 年又出现反弹。

---

　　① 王丰、安德鲁·梅森、沈可：《中国经济转型过程中的人口因素》，《中国人口科学》
2006 年第 3 期。

　　② 史成礼、王健：《我国计划生育政策变化过程的探讨》，《西北人口》1983 年第 3 期。

1981 年的人口自然增长率为 14.55‰，超过了 1978 年的 12‰，并于 1982 年增至 15.68‰。

第二阶段，计划生育政策正式出台并全面实施后初见成效，人口自然增长率明显下降。1982 年 3 月，中共中央、国务院发布《关于进一步做好计划生育工作的指示》（中发〔1982〕11 号），要求国家干部和职工、城镇居民，除特殊情况经过批准外，一对夫妇只生育一个孩子，农村普遍提倡一对夫妇只生育一个孩子，某些群众确有实际困难要求生育两胎的，经过审批可以有计划地安排，同时实行必要的奖励和限制，保证计划生育工作的顺利开展。在计划生育国策的要求下，1982—1984 年，全国人口自然增长率由 15.68‰迅速下降至 13.08‰。

第三阶段，对农村和少数民族放宽二胎政策，人口自然增长率短期回升。1984 年 4 月，中共中央批转国家计划生育委员会党组《关于计划生育工作情况的汇报》（中发〔1984〕7 号），对生育政策进行了调整，文件规定：在农村适当放宽生育二胎的条件，严禁超计划外二胎和多胎；人口在一千万以下的少数民族允许一对夫妇生育二胎，个别可生育三胎，不准生四胎。生育政策的放宽导致我国人口自然增长率从 1984 年的 13.08‰迅速上升至 1987 年的 16.61‰，甚至超过了 1982 年政策颁布前的人口自然增长率。

第四阶段，计划生育政策再次收紧，人口自然增长率迅速降低。1988 年 3 月，中央政治局召开常委专门会议，讨论并原则同意国家计生委的《计划生育工作汇报提纲》，会议规定了现行计划生育人口政策的具体内容：提倡晚婚晚育、少生优生，提倡一对夫妇只生育一个孩子；国家干部和职工、城镇居民除特殊情况经过批准外，一对夫妇只生育一个孩子；农村某些群众确有实际困难，包括独女户，要求生二胎的，经过批准可以间隔几年以后生第二胎；不论哪种情况都不能生三胎；少数民族地区也要提倡计划生育，具体要求和做法可由有关省、自治区根据当地实际情况制定。① 此后，我国人口自然增长率迅速从 1987 年的 16.61‰下降至 1992 年的 11.60‰。

第五阶段，计划生育政策适度放宽后，政策内容在一段时期内保持不变，人口自然增长率开始保持缓慢下降态势。1991 年 5 月，中共中央、国务院从实际出发颁布了《关于加强计划生育工作严格控制人口增长的决定》（中发〔1991〕9 号），对人口生育政策进行了微调，允许符合条件的夫妇生育二胎，并将 2000 年的人口控制目标由原来的 12 亿调整为 13 亿。2000 年 3 月，中共中央、国务院作出了《关于加强人口与计划生育工作稳定低生育水平的决定》（中发〔2000〕8 号），提出稳定低生育水平的人口政策，保证了人口政策的连续性和稳定性。此后很长一段时间内，我国人口自然增长率都保持着稳中有降的趋势。

第二，全国总人口数量持续增加，城镇化导致人口数量呈现城镇增长速度高于农村的态势。（见表 1-5）生育率降低后，人口增速开始趋于平缓，但人口总数仍持续增加。1995 年前，城乡总体呈缓慢增长的态势且城镇人口的增速远高于农村。其中农村人口由 1978 年的 79014 万人增至 2000 年的 80739 万人，增幅仅为 2.18%；而城镇人口由 1978 年的 17245 万人增加至 2000 年的 45844 万人，增幅高达 165.84%。

---

① 汤兆云：《建国以来中国共产党人口政策的演变与创新》，《科学社会主义》2010 年第 3 期。

表 1-5　1978—2000 年全国、城镇、农村人口数量变化（万人）

年份	全国	城镇	农村
1978	96259	17245	79014
1979	97542	18495	79047
1980	98705	19140	79565
1981	100072	20171	79901
1982	101654	21480	80174
1983	103008	22274	80734
1984	104357	24017	80340
1985	105851	25094	80757
1986	107507	26366	81141
1987	109300	27674	81626
1988	111026	28661	82365
1989	112704	29540	83164
1990	114333	30191	84142
1991	115823	30543	85280
1992	117171	32372	84799
1993	118517	33351	85166
1994	119850	34301	85549
1995	121121	35174	85947
1996	122389	35950	86439
1997	123626	36989	86637
1998	124810	37942	86868
1999	125909	38892	87017
2000	126583	45844	80739

数据来源：根据 2001 年《中国人口统计年鉴》的数据整理。

城镇化率逐年攀升使得城镇人口增速相对较快，但是城镇化对农村人口增速的影响在很长一段时间是比较微弱的。1995—2000 年，城镇化率在 5 年内由 29.04% 增长至 36.22%，城市人口的增长势头迅猛，到 2000 年已经达到 45844 万人，是 1982 年的两倍。

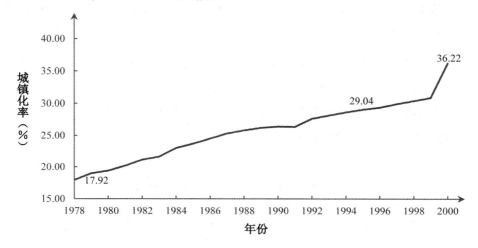

图 1-9　1978—2000 年我国城镇化率变化趋势图

数据来源：根据 2001 年《中国统计年鉴》的数据整理。

城镇化率的增长除了由我国经济社会发展推动，还与 20 世纪 90 年代中期放开对人口流动的限制有关。1987 年的"小普查"中，全国仅有 1520 万流动人口，2000 年的普查中流动人口就已经达到了约 1.2 亿（含在非户籍所在地不到六个月的短期移民）。[1] 人口流动带来了城市人口数量的大幅增长，尤其是在 20 世纪 90 年代，中国城市人口增长幅度史无前例，在这 10 年中，城市人口净增加 1.75 亿，几乎等于之前 40 年城市人口数量增加的总和。[2]

---

[1]　王丰、安德鲁·梅森、沈可：《中国经济转型过程中的人口因素》，《中国人口科学》2006 年第 3 期。

[2]　王丰、安德鲁·梅森、沈可：《中国经济转型过程中的人口因素》，《中国人口科学》2006 年第 3 期。

（三）学龄人口的分布状况

从小学学龄人口的分布情况来看，1991—2000 年城市和县镇的小学学龄人口数量呈持续上升趋势，而农村小学学龄人口在经历了 1993—1994 年的陡增后，从 1994 年开始趋于平稳，在 1997 年达到峰值后迅速下降。自此，学龄人口的分布开始呈现出城镇增加而农村减少的特点。从全国来看，小学学龄人口在 1997 年达到峰值，而后的下降是受 1991 年生育政策、人口迁移和城镇化的影响。（见表 1-6）

表 1-6　1991—2000 年的小学学龄人口数量变化（人）

年份	全国	城市	县镇	农村
1991	98031815	11290108	12314434	74427273
1992	99662733	11798625	14061607	73802501
1993	102436201	12468352	15836044	74131805
1994	119495619	15322648	19424328	84748643
1995	123753644	16274345	20422808	87056491
1996	128765252	16911391	22230707	89623154
1997	133466545	17564430	24729571	91172544
1998	133693116	17751766	25371431	90569919
1999	129913742	17552470	25151330	87209942
2000	124452795	17255750	25549037	81648008

数据来源：根据 1991—2000 年《中国教育统计年鉴》的数据整理。

二、 以普及九年义务教育为主的学校布局调整

改革开放以来，发展经济成为我国的主要目标，这一阶段的教育发展也要与经济发展的目标相适应。基于社会发展目标对人才的需求和经济发展实

际水平的滞后，我国的义务教育发展理念也在不断发生变化，这种理念变化引导着学校布局政策的变迁。

（一）"人民教育人民办"

改革开放之后，中国经济进入迅速发展阶段，经济增长本身要求教育部门输送大批有一定技术文化水平的、适应经济增长需要的劳动者，来保证经济持续稳定的增长。[①] 基于经济发展对人力资本越来越强的依赖，普及九年义务教育、提升全民平均受教育年限势在必行。

1978 年以后，党和政府高度重视普及小学教育的工作，分别于 1978 年、1979 年、1980 年出台了《关于扫除文盲的指示》、《关于继续切实抓紧普及农村小学五年教育的通知》和《关于普及小学教育若干问题的决定》，使小学教育逐渐走向了正常的轨道。1985 年，《中共中央关于教育体制改革的决定》（中发〔1985〕12 号）指出："教育必须为社会主义建设服务，社会主义建设必须依靠教育。"基于此，1986 年颁布的《义务教育法》（主席令第三十八号）规定，所有适龄儿童、少年必须接受义务教育，并把"普九"定为这一阶段的教育目标。此后，1993 年出台的《中国教育改革和发展纲要》（中发〔1993〕3 号）明确提出"两基"、"两重"、"两全"和"三个增长"的目标。

为提高义务教育普及率，中央出台了一系列政策鼓励多种形式办学，以推进学校网点向农村延伸、分散办学，促进学生就近入学。1983 年 5 月，中共中央、国务院发布的《关于加强和改革农村学校教育若干问题的通知》（中发〔1983〕16 号）强调，我国农村情况千差万别，农村教育一定要从实际出发，因地制宜，办学应当坚持多层次、多种规格和多种形式。1986 年，国家教委等部门出台《关于实施〈义务教育法〉若干问题的发布意见》重

---

① 厉以宁：《论教育在经济增长中的作用》，《北京大学学报（哲学社会科学版）》1980年第 6 期。

申采取多种形式办学的要求，指出可在贫困边远、居住分散的地区举办适当减少课程门类、适当调整教学要求的村办小学或简易小学。1986 年的《义务教育法》第九条直接规定，地方各级人民政府应当合理设置小学、初级中等学校，使儿童、少年就近入学。以湖南省为例，1983 年 10 月，《中共湖南省委、湖南省人民政府关于加强和改革普通教育的决定》（湘政发〔1983〕63 号）要求，办学形式和教学要求可以多样化，克服"一刀切"的做法，小学的办学形式和教学要因地制宜：城市、县镇和农村的一般地区应办全日制小学；边远山区、少数民族地区和水上船民等，可办只开语、数、常三科的简易小学或教学班。

基础教育地方负责的分级管理体制和多渠道筹措教育经费的分级办学模式，推进了农村学校的分散布局。经济体制决定了这一阶段的教育发展目标实现要依靠"人民教育人民办"，原因在于我国特殊的社会主义公有制形式，城市是全民所有的公有制，而农村是集体所有制。所有制导致实施家庭联产承包责任制、统分结合的农村集体财产难以上收至国家和集体，大多留在农民自己手里。① 这一阶段实施的"人民教育人民办"主要体现为城市的教育经费由国家统筹，农村的教育经费则由农民承担一部分。这种经费分担的方式，使得农村学校的布局较为分散，便于学生就近入学。20 世纪 80 年代后期至 90 年代初，中国农村出现了改革开放以来集资办学的新热潮，农村教育费附加和教育集资成为农村义务教育经费的主要来源。1984 年 12 月，国务院发布的《关于筹措农村学校办学经费的通知》（国发〔1984〕174 号）要求，开辟多种渠道筹措农村学校办学经费，除国家拨给的教育事业费外，乡人民政府可以征收教育事业费附加，并鼓励社会各方面和个人自愿投资在农村办学。1985 年《中共中央关于教育体制改革的决定》提出了"实行基础教育由地方负责，分级管理的原则"，极大地调动了地方各级政府，尤其是县、乡两级政府办学的积极性。1986 年，国务院发布的《征收教育费附

① 张玉盛：《浅谈"人民教育人民办"》，《教育理论与实践》1990 年第 5 期。

加的暂行规定》规定教育费附加率为1%，农村教育费附加一般通过纳入提留统筹的方式来缴纳，提留统筹数额不超过农民人均收入的5%，1990年6月又发文将教育费附加率提升为2%。①

（二）"人民教育农民办"

中华人民共和国成立后，为了实现赶超目标，我国集中资源试图在较短时间内建成现代化的工业体系。为服从和服务于这一战略意图，逐步建立起了城乡分割的二元体制。② 城乡二元体制下，国家遵循以发展城市教育为中心的价值取向，将教育管理权上移，加大对教育的投入力度。

1980年，大多数地区进行了财政体制改革，按照中央对教育工作的有关方针政策，结合本地教育事业发展的实际情况，增拨了一些教育经费。③ 同年出台的《关于普及小学教育若干问题的决定》规定："必须逐步地提高教育投资的比重，改变教育经费过少的状况……一定要拿出一部分钱来办教育。国家补助给经济条件较差的省份的经费，也应拿出一部分来办小学教育。"

1985年，中共中央《关于教育体制改革的决定》提出改革义务教育管理体制，将基础教育管理权划归地方，并指出为了保证地方发展教育事业，除了国家拨款以外，地方机动财力中应有适当比例用于教育，同时规定乡财政收入应主要用于教育。1993年3月，中共中央、国务院发布《关于切实减轻农民负担的紧急通知》，将农村教育集资的审批权从县级提高到省级政府。由于缺乏固定的国拨经费，农村中小学校舍修建和危房改造难以维持，学校正常运转严重依赖集资办学。1994年国务院发布的《关于〈中国教育改革

① 王帅，王祈然：《农村学校布局调整政策：背景、形成、实施与启示》，《湖南师范大学教育科学学报》2015年第3期。
② 国务院发展研究中心农村部课题组、叶兴庆、徐小青：《从城乡二元到城乡一体——我国城乡二元体制的突出矛盾与未来走向》，《管理世界》2014年第9期。
③ 《中国教育年鉴》编辑部编：《中国教育年鉴（1949—1981）》，中国大百科全书出版社1984年版，第97页。

和发展纲要〉的实施意见》（国发〔1994〕39 号）也强调，县级政府在组织义务教育实施方面负有主要责任，包括筹措教育经费、调配和管理中小学校长、教师、指导中小学教育教学工作等。此后，县乡财政收入逐渐减少，至90 年代末农村多渠道筹措教育经费的机制已到了无法继续运转的临界点。

这种城市取向的教育政策和财政政策，把经费集中到了城市，一定程度上阻碍了农村教育的发展，使得大量农村学校减少。教育管理体制相应变化后，城市的教育投入主要由县级以上政府承担，而农村教育经费则主要落到了县级以下政府和农民的身上，所谓的"人民教育人民办"，实际上变成了"人民教育农民办"。[①] 1999 年《全国人大常委会执法检查组关于〈义务教育法〉实施情况的检查报告》称，1998 年农村教育费附加的征收率只有50% 左右，有的县只能征到 20%，农村教育集资不能依法进行，由于经费严重不足，学校危房比例在中西部地区有的地方达到 10%—15% 以上。

（三）"人民教育政府办"

随着义务教育的普及和财税改革背景下农村教育经费的短缺，义务教育无论是从办学成本上还是质量提升上，都需要理念和标准的创新。对此，国家出台了一系列政策，从学校空间布局、办学数量标准和班级规模等方面对义务教育进行系统的规划，提升教育质量的同时也提高了资金的使用效益。国家开始有了统筹调控教育布局的意识，注重规划义务教育普及路线。1992年 8 月出台的《国家教委、国家计委、人事部、财政部关于进一步改善和加强民办教师工作若干问题的意见》（教人〔1992〕41 号）规定，调整、整顿民办教师的工作要同合理调整学校布局等相结合，要根据就近上学原则，在保证农村小学合理的服务半径的前提下，精简人员，提高办学效益。

首先，体现在中小学空间布局方面。80 年代开始，国家就根据实际对初中、小学采取了不同的布局标准，初中始终是集中分片入学的思路，但是与

---

① 谈松华：《农村教育：现状、困难与对策》，《北京大学教育评论》2003 年第 1 期。

小学布局相关的政策调整经历了一个从整体分散到部分地区高年级逐渐集中再到适当撤并的过程，理念也由小学就近入学逐渐转变为适度就近。1987 年 7 月，国家教委发布了《基础教育（中小学）规划、统计用综合指标（试行）》（国发〔87〕教规字 002 号），在学校网点布局上要求小学一般应以走读、就近入学为原则，在少数特殊地区，也可考虑用寄宿制适当集中办学；中学布局应适当集中、分片入学，以利于提高办学效益，保证教育质量。1988 年 9 月，国家教委办公厅印发《困难地区普及初等教育研讨会纪要》，提出在小学布局上一般以就近入学为原则，但在居住分散的山区和牧区，小学也可以按四、二分段设置，即 3 年或 4 年的初小就近上学，2 年的高小相对集中设置。1992 年 3 月国家教委发布的《中华人民共和国义务教育法实施细则》（委员会令第 19 号）规定，寄宿制小学可适当集中设置，初中应当相对集中设置。1995 年 6 月，财政部、国家教委发布《中央义务教育专款（增量部分）使用管理办法》（财文字〔1995〕332 号），规定该专款用于实施义务教育工程，要求工程的项目建设"始终以完成普及义务教育任务为目标，贯彻教育资源优化配置，合理调整学校布局的原则"。1997 年 3 月，国家教委、财政部在广西百色地区田东县召开会议，指出要结合义务教育工程调整学校布局，在地广人稀、交通不便的地区，应集中办好一批寄宿制学校。[1] 1997 年 8 月，国家教委、财政部在新疆伊宁召开会议，也提出要撤并过于分散的校点，在地广人稀、交通不便的地区办寄宿制学校。[2] 1999 年 1 月，甘肃省教育工作会议要求，中小学要结合义务教育工程建设，对布局不合理的，该撤的要撤，该并的要并；就近入学不能过于分散，不能不考虑师生比问题，要适度就近、相对就近。[3]

---

[1]　周祖臣：《义务教育工程向西部推进》，《中国教育报》1997 年 3 月 28 日。
[2]　毕全忠，李曜明：《国家教育扶贫工程向"三片"地区推进》，《中国教育报》1997 年 8 月 19 日。
[3]　甘肃省教育委员会办公室编：《甘肃教育年鉴 2000》，甘肃文化出版社 2000 年版，第 108 页。

其次，体现在城市规定办学数量标准方面。1993 年，《城市居住区规划设计规范》（建标〔1993〕542 号）要求，配套设施必须与居住人口规模相适应，小区应配建小学、居住区应配建中学。那么，根据小区和居住区人口规模控制相关规定，相当于每 1—1.5 万人至少配套一所小学，每 3—5 万人至少配套一所中学。

再次，体现在城市中小学班级规模方面。1982 年颁发《中等师范学校及城市一般中小学校舍规划面积定额（试行）》（〔82〕教基字 023 号）规定，一般中小学的定额依据是，完全中学为 18、24、30 班，初级中学为 18、24 班，每班学生名额近期为 50 人，远期为 45 人，小学为 18、24 班，每班学生名额近期为 45 人，远期为 40 人。

三、 严厉生育政策下学校布局调整的实施状况

党和国家对教育的重视，提高了各地办学的积极性，农村一度形成了校点广布分散的义务教育办学格局。受生育政策带来的学龄人口绝对数量减少的影响，这一阶段，我国小学学校数从 880516 所减少至 553622 所，小学在校生数从 13972 万人减少至 13013 万人。全国与农村小学学校数变化趋势相似，均呈现大幅下降趋势，城市与县镇小学学校数量由于学生数增加而呈增长态势。在这种整体变化的背后，城乡的学校布局在不同阶段又各自呈现出不同特点。

（一）"普九"目标导向下农村教学点大举兴办

计划生育政策颁布实施后，从 20 世纪 80 年代起我国农村小学学龄人口数量持续减少，农村学校数量也呈现逐年递减趋势。然而受《义务教育法》中"普九"目标和提倡"就近入学"原则的影响，农村地区兴办学校的热情有增无减。数据显示，1990—1995 年间，在农村小学数量连年减少的同时，农村教学点数量从 142313 个增加到 193614 个，六年间农村教学点数量

增加了 51301 个。（见表 1-7）

表 1-7 1990—1995 年农村小学及教学点数量变化情况

年份	农村小学（所）	农村教学点（个）
1990	697228	142313
1991	640718	173728
1992	612681	175730
1993	584480	178330
1994	571712	188679
1995	558615	193614

数据来源：根据 1990—1995 年《中国教育事业统计年鉴》的数据整理。

教学点的大举兴办，为广大农村尤其是偏远山区、牧区的低龄儿童接受义务教育提供了就近入学的便利条件，有效地提升了农村小学学龄儿童的入学率。1989—2000 年，城市和县镇的小学学龄儿童入学率均呈现波动式上升的不稳定态势，但农村同期的入学率则连续 12 年只增不减，12 年累计增幅为 2.15%；到 2000 年，我国农村小学学龄儿童入学率已达 98.94%。农村入学率的提升也促进了全国入学率的整体提升，截至 2000 年，我国小学学龄儿童入学率已达 99.11%。（见表 1-8）

表 1-8 1989—2000 年小学学龄儿童入学率

年份	全国（%）	城市（%）	县镇（%）	农村（%）
1989	97.44	99.84	99.78	96.79
1990	97.83	99.77	99.71	97.29
1991	97.87	99.86	99.09	97.37
1992	97.95	99.20	98.89	97.57
1993	98.31	99.57	99.07	97.94

续表

年份	全国（%）	城市（%）	县镇（%）	农村（%）
1994	98.40	99.09	98.81	98.18
1995	98.52	99.31	99.19	98.22
1996	98.81	99.40	99.42	98.55
1997	98.92	99.51	99.36	98.69
1998	98.93	99.38	99.43	98.71
1999	99.09	99.55	99.38	98.91
2000	99.11	99.54	99.32	98.94

数据来源：根据 1989—2000 年《中国教育统计年鉴》的数据整理。

（二）财税体制改革后农村学校数量锐减

分税制改革实施后，财权上收导致县以下财政乏力，义务教育发展经费短缺，许多学校难以为继，被迫关停。1991 年 7 月，财政部、国家教委发布《关于对教育补助专款实行项目管理的通知》，规定"八五"期间中央教育专款的项目选择原则要有利于合理调整学校布局，投资后能提高教育质量并产生较好的效益。随后，效率优先、集中办学的理念在"普九"进程中不断深化。从 1985 年开始，农村小学学校数量呈现出减少的趋势。数据显示，1985 年我国农村小学阶段学校尚有 765829 所，截至 2000 年农村小学仅剩 440284 所，15 年的时间学校数量减少了 325545 所，减幅高达 42.51%。（见表 1-9）

表 1-9　1985—2000 年我国小学学校数量变化（所）

年份	全国	城市	县镇	农村
1985	832309	24011	42469	765829
1986	820846	24814	33054	762978

续表

年份	全国	城市	县镇	农村
1987	807406	24716	38715	743975
1988	793261	26841	41098	725322
1989	777244	28671	43476	705097
1990	766072	26565	42279	697228
1991	729158	28105	60335	640718
1992	712973	27823	72469	612681
1993	696681	29203	82998	584480
1994	682588	30194	80682	571712
1995	668685	32377	77693	558615
1996	645983	31610	79121	535252
1997	628840	31547	84300	512993
1998	609626	32632	83842	493152
1999	582291	32602	81162	468527
2000	553622	32154	81184	440284

数据来源：根据 1985—2000 年《中国教育统计年鉴》的数据整理。

　　1992 年 3 月国家教委发布的《中华人民共和国义务教育法实施细则》中规定初中应当相对集中设置。受政策影响，农村初中学校数量也呈现出逐年减少趋势。1985 年我国农村初中数量为 63641 所，到 2000 年已经减少到 39313 所，减幅高达 38.23%。（见图 1-10）

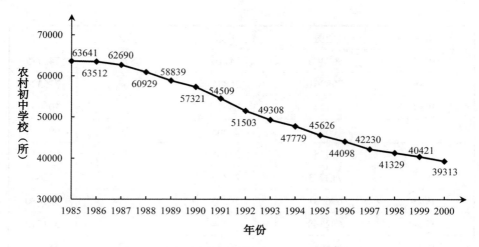

图 1-10　1985—2000 年我国农村初中学校数量

数据来源：根据 1985—2000 年《中国教育统计年鉴》的数据整理。

（三）城市中心取向下城镇学校数量持续增加

20 世纪 90 年代，伴随着城乡人口流动的放开，城镇化发展程度逐步加深，出于社会经济发展需求，我国在这一时期采取了以城市为中心的教育发展模式。城市和县镇义务教育学校数量连年增加，而同期内农村学校数量减少。

据统计，1985 至 2000 年我国城市小学、初中数量分别增加了 8143 所和 3583 所，县镇小学、初中数量分别增加了 38715 所和 7546 所，而农村小学、初中数量分别减少了 325545 所和 24328 所。（见表 1-10）从数据不难看出，县镇中小学数量增加幅度分别为 91.16% 和 105.80%，涨幅达到 1985 年学校数量的一倍左右，相较而言明显大于城市。

表 1-10　1985—2000 年我国义务教育阶段学校数量（所）

年份	小学				初中			
	全国	城市	县镇	农村	全国	城市	县镇	农村
1985	832309	24011	42469	765829	75903	5130	7132	63641
1986	820846	24814	33054	762978	75856	5336	7008	63512
1987	807406	24716	38715	743975	75927	5617	7620	62690
1988	793261	26841	41098	725322	74968	6171	7868	60929
1989	777244	28671	43476	705097	73525	6469	8217	58839
1990	766072	26565	42279	697228	71953	6425	8207	57321
1991	729158	28105	60335	640718	70608	6701	9308	54599
1992	712973	27823	72469	612681	69171	6885	10783	51503
1993	696681	29203	82998	584480	68415	7384	11723	49308
1994	682588	30194	80682	571712	68116	7771	12566	47779
1995	668685	32377	77693	558615	67029	8283	13120	45626
1996	645983	31610	79121	535252	66092	8390	13604	44098
1997	628840	31547	84300	512993	64762	8465	14067	42230
1998	609626	32632	83842	493152	63940	8609	14002	41329
1999	582291	32602	81162	468527	63086	8702	13963	40421
2000	553622	32154	81184	440284	62704	8713	14678	39313

数据来源：根据 1985—2000 年《中国教育统计年鉴》的数据整理。

第四节　低生育水平稳定期的学校布局调整(2001—2012 年)

进入 21 世纪，计划生育政策效果逐渐显现，育龄妇女生育率逐年降低，新增人口数量得到控制，我国正式步入低生育水平时期。伴随着城镇化进程加速，人口大规模向城性流动使城乡学龄人口分布格局急剧变化，合理利用农村相对过剩的教育资源、提高农村义务教育质量成为这一时期学校布局调整的重点。在国家一系列政策的积极倡导下，全国开展了以农村学校撤并为主的大规模学校布局调整运动。然而，由于地方政府"一刀切"式的撤点并校引发诸多问题，农村学校布局调整在经历国家政策推动、支持、鼓励后，不得不以纠偏、叫停等方式宣告终结。

一、"后计划生育期" 学校布局调整的背景

农村学校布局调整是使农村学校分布适应人口变动的必然途径，也是影响和推动农村教育发展的重要动力。在生育政策调整和城镇化的双重因素作用下，我国农村学龄人口数量及其分布急剧变化，这为当时开展农村学校布局调整提供了客观环境。随着"以县为主"的义务教育管理体制改革，地方政府亟待通过整合教育资源提高办学效益，这一外部推力与提升农村教育质量的内驱动力共同为全面实施农村学校布局调整提供了初始动力。

（一）农村学龄人口分布格局变化

自 20 世纪 80 年代计划生育政策实施以来，计划生育政策对我国人口控制的作用逐渐显现，直接表现为学龄人口数量不断减少。1970 年，我国妇女总和生育率高达 5.7，1980 年降到 2.3，1995—2000 年又进一步降到 1.8 左右，低于更替水平，进入世界低生育国家行列。[①] 2001 年，《中华人民共和国人口与计划生育法》提出"国家稳定现行生育政策，鼓励公民晚婚晚育，提倡一对夫妻生育一个子女；符合法律、法规规定条件的，可以要求安排生育第二个子女"，这标志着我国计划生育政策以国家法律的形式予以实施。面对新时期人口素质总体水平不高、劳动年龄人口数量庞大、人口老龄化日益加重等问题，2006 年 12 月，中共中央、国务院发布的《关于全面加强人口和计划生育工作统筹解决人口问题的决定》（中发〔2006〕22 号）强调，"必须坚持统筹城乡经济社会发展，把农村作为稳定低生育水平、统筹解决

---

① 石人炳：《我国人口变动对教育发展的影响及对策》，《人口研究》2003 年第 1 期。

人口问题的重中之重，将农村人口和计划生育工作纳入建设社会主义新农村的总体部署，进一步开创我国人口和计划生育工作新局面。"在新时期人口政策引领下，2001—2012 年，我国人口自然增长率由 6.95‰ 下降至 4.95‰，总人口数由 127627 万人小幅增长至 135404 万人，其中农村人口总数由 79563 万人减少至 64222 万人，城市人口总数由 48064 万人增加至 71182 万人。城市人口数量在 2010 年首次超过农村人口数量。（见图 1-11）

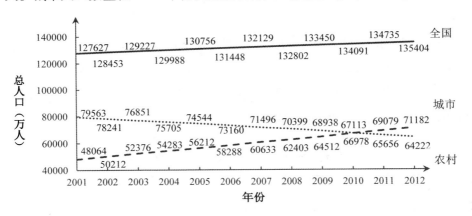

图 1-11　2001—2012 年城乡人口变化趋势

数据来源：根据 2013 年《中国统计年鉴》的数据整理。

城镇化快速发展也使农村学龄人口大幅减少。2000 年 7 月，中共中央、国务院出台的《关于促进小城镇健康发展的若干意见》（中发〔2000〕11号）指出，"当前加快城镇化进程的时机和条件已经成熟。抓住机遇，适时引导小城镇健康发展，应当作为当前和今后较长时期农村改革与发展的一项重要任务。"之后各地掀起了乡镇撤并的浪潮，到 2004 年 9 月 30 日，全国乡镇总数为 37166 个，比 1998 年减少 8296 个，平均每天撤并 3 个乡镇以上。① 自 2001—2012 年，我国城镇化率由 37.66% 增长至 52.57%，年均提高 1.36 个百分点。城镇化的快速推进使农村人口加速向城镇聚集，农村生源持

———————————

① 鲁静芳、左停：《乡镇撤并的城镇化效应的实证研究——以苏北地区的城镇化改革》，《城市发展研究》2006 年第 6 期。

续减少也由此成为农村教育发展面临的最大挑战。

在计划生育政策和人口向城性流动的双重作用下，农村地区学龄人口呈现出锐减态势。2001—2012 年，全国小学在校学生数由 125434667 人减少至 96958985 人，减少幅度达 29.37%，这期间城镇小学在校学生数变化稳中有升，而农村小学在校学生数则大幅下降。（见表 1-11）学龄人口的大幅波动必然对教育资源合理配置与有效利用产生巨大影响。以辽宁鞍山市为例，2005—2009 年五年中学龄人口达到 26.4 万人，而同期达到入学年龄的 1999—2003 年的儿童不足 13 万人，基础教育学校"人满为患"的年代即将结束，教育资源短缺开始向教育资源相对过剩转变。[①] 农村地区学龄人口剧减导致部分地区大量教育资源闲置，因此，合理调整学校布局以应对学龄人口变动带来的教育资源分布不均成为历史客观条件下的必然选择。

表 1-11　2001—2012 年小学在校学生数（人）

年份	全国	城市	县镇	农村
2001	125434667	16808781	22577859	86048027
2002	121567086	17212547	22937748	81416791
2003	116897395	18076855	21929021	76891519
2004	112462256	18314007	20362265	73785984
2005	108640655	17303773	21858606	69478276
2006	107115346	16035689	24318225	66761432
2007	105640027	17610813	25521904	62507310
2008	103315122	18043818	26022475	59248829
2009	100714661	17787684	26371538	56555439
2010	99407043	18204675	27700170	53502198
2011	99263674	26069589	32542101	40651984
2012	96958985	26884287	33549812	36524886

数据来源：2001—2012 年《中国教育统计年鉴》。

---

① 曹海：《学龄人口变化对基础教育可持续发展的影响研究》，《辽宁教育》2006 年第12 期。

（二）农村义务教育管理体制改革

随着我国基本实施九年义务教育和基本扫除青壮年文盲（简称"两基"），农村基础教育发展迅速，但农村学校拖欠教师工资、校舍工程欠债等问题却日益凸显。基于 50 个县基础教育经费审计的调查结果显示，50 个县 2001 年底基础教育负债为 23.84 亿元，2002 年底达 31 亿元，增长 30%；至 2003 年 6 月末，仅半年时间又增长了 25.7%，达 38.98 亿元，负债增长速度远高于同期教育经费投入增长速度，负债总额相当于这些地方一年财政收入的 80%，有些县 80% 以上的中小学校都有负债。[①] 地方财政收入不足使其无力承担基础教育经费支出的主要原因在于：一是"分税制"改革实施后，地方财政收入上移，但其所承担事务项目并未减少，这必然使得地方对基础教育投入大幅减少；二是农村分税制改革取消乡统筹费、农村教育集资等专门面向农民征收的行政事业性收费和政府性基金、集资，取消屠宰税、取消统一规定的劳动积累工和义务工、调整农业税和农业特产税政策、改革村提留征收使用办法等内容。[②] 这使得地方税收范畴进一步缩小，财政收入水平严重下降。以湖北省老河口市为例，农村义务教育经费的投入情况为：税费改革前的 2001 年，全市投入 4000 万元，改革后的 2002 年，全市投入 3100 万元，低于改革前的投入水平，减少 22%。[③] 农村税费改革从根本上减轻农民负担，有效制止了农村"三乱"（乱集资、乱收费、乱罚款和各种摊派），却也不可避免地使地方财政收入减少，造成农村义务教育经费投入不足。

[①] 中华人民共和国审计署：《2004 年第 1 号公告：50 个县基础教育经费审计调查结果》，https：//www. audit. gov. cn/n5/n25/c63443/content. html。

[②] 中华人民共和国人民政府：《国务院关于进一步做好农村税费改革试点工作的通知》（国发〔2001〕5 号）。

[③] 罗兴才：《建立健全农村教育经费的投入保障机制》，《湖北教育（政务宣传）》2003 年第 14 期。

为了保障农村义务教育经费投入，2001 年 3 月，《国务院关于进一步做好农村税费改革试点工作的通知》（国发〔2001〕5 号）提出："农村税费改革必须相应改革农村义务教育管理体制，由过去的乡级政府和当地农民集资办学，改为由县级政府举办和管理农村义务教育，教育经费纳入县级财政。"同时，农村税费改革试点配套工作中要求："进一步优化教育资源配置，合理调整农村中小学校布局。根据实际情况适当撤并规模小的学校和教学点，提高农村学校办学效益。"2002 年，《国务院办公厅关于完善农村义务教育管理体制的通知》（国办发〔2002〕28 号）明确提出："农村义务教育实行'在国务院领导下，由地方政府负责、分级管理、以县为主'的体制。县级人民政府对农村义务教育负有主要责任，省、地（市）、乡等地方各级人民政府承担相应责任，中央政府给予必要的支持。"农村教育管理体制改革有效缓解了"乡镇办学"面临的财政困境，在一定程度上保障了农村义务教育投入，但由于各地财政能力不一，不少县级财政无力承担农村教育经费投入重任。为了全面深化农村义务教育经费保障机制改革，2005 年底，国务院出台《关于深化农村义务教育经费保障机制改革的通知》（国发〔2005〕43 号）要求，按照"明确各级责任、中央地方共担、加大财政投入、提高保障水平、分步组织实施"的基本原则，逐步将农村义务教育全面纳入公共财政保障范围，建立中央和地方分项目、按比例分担的农村义务教育经费保障机制。"省级统筹"的农村教育财政投入新机制实行后，学校布局调整由原先的县域内教育行政部门根据自己的实际情况展开工作，发展成为由省级人民政府主导、自上而下、全面涉及城乡的基础教育运动。[①]

（三）农村义务教育战略重点转型

21 世纪以来，我国如期实现"两基"战略目标，国家义务教育的战略

---

① 白亮、张竟文：《农村学校布局变化三十年的制度原因分析——基于农村基础教育投入管理体制的观察》，《教育发展研究》2014 年第 10 期。

重点开始转向提高教育质量和办学效益，促进"上好学"和"有质量的教育公平"成为义务教育工作新的"重中之重"。① 2001 年，全国小学适龄儿童入学率达到 99.05%，初中阶段毛入学率达到 88.7%，较 1991 年分别增长 1.18% 和 19.0%。《2001 年全国教育事业发展统计公报》显示，到 2001 年底，实现"两基"验收的县（市、区）总数达到 2573 个（含其他县级行政区划单位 164 个），11 个省（直辖市）已按要求实现"两基"，实现"两基"的地区人口覆盖率进一步提高。然而，在"普九"工作深入推进过程中，部分地区负债累累，办学水平难以提升，教师工资拖欠问题严重，加之部分地区教育意识薄弱，义务教育阶段特别是初中阶段学生辍学率长期居高。2001 年 6 月，李岚清在全国基础教育工作会议上的讲话时指出："现行的农村义务教育办学体制，大体上是中学由乡里办，小学由村里办，存在布局不合理，力量分散，资源浪费等问题，制约着教育质量的提高。"农村学校布局调整已然成为提高农村学校办学效益，巩固"两基"成果，促进教育均衡发展的重要途径。2004 年，教育部、财政部颁发的《关于进一步加强农村地区"两基"巩固提高工作的意见》（教基〔2004〕4 号）指出，农村地区有相当一部分地区的"两基"工作总体水平低，基础薄弱，发展不平衡，要求各地遵循"小学就近入学，初中相对集中"的原则，稳步推进农村学校布局结构调整工作，提高办学规模和效益。2005 年，教育部颁布的《关于进一步推进义务教育均衡发展的若干意见》（教基〔2005〕9 号）指出，"要适应各地加快推进城镇化建设、调整乡村建制和人口变动等新的形势，合理配置好公共教育资源，在新建、扩建和改建学校时，适当调整和撤销一批生源不足、办学条件差、教育质量低的薄弱学校"。

---

① 邬志辉、史宁中：《农村学校布局调整的十年走势与政策议题》，《教育研究》2011 年第 7 期。

二、 以撤并为主的农村学校布局调整过程

鼓励农村学校撤并是这一时期学校布局调整的重点。为了保证农村学校布局调整稳步推进，国家陆续出台了一系列针对农村学校布局调整的相关政策文件。有序推进学校布局调整主要遵循两条路径：一是以政府为主导强制性规定推行农村学校布局调整；二是以地方为主体自发性开展农村学校布局调整。针对学校布局调整实施后可能引发的问题，国家同时出台相应保障性措施保证农村学校布局调整得以顺利实施。

（一）教育质量追求下政府主导强制性推进

作为提高教育资源利用效率以及提高农村教育质量的主要途径，农村学校布局调整具有政府主导、自上而下强制性推行的特点。2001 年 5 月，国务院颁布的《关于基础教育改革与发展的决定》（国发〔2001〕21 号）提出："因地制宜调整农村义务教育学校布局，按照小学就近入学、初中相对集中、优化教育资源配置的原则，合理规划和调整学校布局。"同年 7 月，教育部印发《全国教育事业第十个五年计划》（教发〔2001〕33 号）的通知，再次明确要"调整学校布局结构，使人才在产业、地区的分布更加合理。适应城镇化进程和学龄人口波动的需要，按照小学就近入学、初中相对集中、优化教育资源配置的原则，合理规划和调整中、初等学校布局"。在各项政策积极倡导农村学校布局调整的同时，国家相继出台若干政策，确保学校布局调整合理规范实施。2007 年，《教育部关于进一步加强和改进对省级实现"两基"进行全面督导检查的意见》（教督〔2007〕4 号）将学校布局调整作为督导检查的一部分，提出"重点检查中小学校布局不合理、大班额、教学仪器设备配备不足的问题，以及农村寄宿制学校建设设施配套情况，现代远程教育设备的应用情况"。

在国家一系列政策的积极倡导下，以撤并为主的农村中小学布局调整在

全国范围内广泛开展，部分地区以适应学龄人口变动、提高教育资源利用效率以及提升农村义务教育质量为落脚点，制定了地方农村中小学布局调整规划方案，并设定了较为明确的农村学校撤并目标。如辽宁省提出，至 2003 年，全省基本完成农村中小学布局结构调整工作，总体撤并目标是：初中 117 所，减少 10%；小学 2526 所，减少 22%；教学点 541 个，减少 50% 以上。① 陕西省提出："从 2002—2006 年，用 5 年时间基本完成全省农村中小学校布局调整工作。5 年内全省农村小学由 2000 年的 33336 所调整到 26336 所，减少 7000 所。校均规模由 144 人增加到 180 人以上；初中由 2000 年的 2020 所调整到 1844 所，减少 176 所，校均规模由 930 人增加到 1000 人以上。"② 山东省中小学布局调整规划的时间为 2001—2005 年，到 2005 年末，普通小学减少 7862 所，减少 34%；小学教学点减少 3991 个，减少 54.2%；普通中学减少 559 所，减少 13.94%。③ 宁夏回族自治区提出："农村小学按照 10%—15% 比例，将现有的 3247 所减少到 2700 所左右；川区将现有教学点进行调整重组，山区将现有的 809 个教学点减少到 480 个左右；农村中学按照 15%—20% 比例，将现有 380 所减少到 320 所左右。"④ 尽管国家提出农村学校布局调整的根本出发点为提升农村教育质量，但从布局调整执行情况来看，地方政府显然已经将农村学校撤并作为提高办学效益的重要抓手，"一刀切"式的大规模撤并农村学校。

---

① 辽宁省人民政府办公厅转发省教育厅、财政厅：《辽宁省"十五"期间农村中小学教育结构布局调整工作实施方案》（辽政办发〔2001〕47 号）。

② 陕西省人民政府：《陕西省人民政府关于加快中小学布局调整和优化教职工队伍确保农村义务教育投入的意见》（陕政发〔2002〕45 号）。

③ 中华人民共和国教育部：《山东省教育概况：基础教育综述》，http://www.moe.edu.cn/jyb_ sjzl/moe_ 364/moe_ 302/moe_ 399/tnull_ 4608. html。

④ 宁夏回族自治区人民政府批转自治区教育厅：《关于调整农村中小学布局优化教职工队伍的意见的通知》（宁政发〔2001〕94 号）。

（二）规模效益驱动下地方自发性撤并实践

与政府主导自上而下的强制性推进不同，地方政府在政策利益导向下，逐步将农村学校撤并内化成为自下而上的自发性实践。地方政府积极推动农村学校布局调整主要动力来源于三个方面：

第一，农村学校布局调整直接影响地方政府在其他相关政策中获利。在国家明确提出实施学校布局调整后，相关政策文件也在不同程度上将学校布局调整工作纳入其中，并将实施情况作为地方从其他政策获利的限制性条件。如2001年，《国务院办公厅转发〈教育部等部门关于实施中小学危房改造工程意见〉的通知》（国办发〔2001〕13号）要求，各地在实施"工程"之前应制定中小学校布局调整规划，"对农村分散的教学点，能够撤并的要尽可能撤并；有条件的，可结合'工程'的实施建设一批寄宿制学校。不在学校布局规划内的危房应坚决拆除。凡未做好中小学布局调整规划的省（自治区、直辖市）和计划单列市，中央不拨付'工程'专款。"中小学危房改造工程实施以地方制定学校布局调整规划为前提条件，使学校布局调整成为地方政府必须重视的一项工作。

第二，农村学校布局调整满足了地方政府提高办学效益的内在需求。实行"以县为主"体制后，上级转移支付资金往往数量较少，无法完全抵补因农村教育费附加减收的缺口，欠发达地区的县级财政甚至无力承担农村教师工资足额按时发放的重任。① 因此，撤并大量分散的农村小规模学校，不仅与国家提高教育质量的政策追求相吻合，也是地方提高办学效益的必然需求。2003年6月，《财政部关于印发〈中小学布局调整专项资金及项目管理暂行办法〉的通知》（财教〔2003〕47号）提出："布局调整专项资金重点支持农村地区中小学，项目学校必须具有较强的辐射能力和示范作用。人口

---

① 葛新斌：《农村教育投入体制变迁30年：回顾与前瞻》，《华南师范大学学报（社会科学版）》2008年第6期。

稀少且居住分散的地区，可考虑建寄宿制学校。撤并规模小、办学条件差的学校和教学点，扩大办学规模，提高项目学校的规模。" 布局调整专项资金管理进一步鼓励和推动中小学布局调整，并在加强和规范对布局调整专项资金管理的同时，从国家层面对地方撤并学校、扩大办学规模进行规范引导，使学校布局调整成为地方教育发展的重要工作之一。

第三，农村学校布局调整与精简人员的政策背景相契合。2000 年，《中共中央组织部、人事部关于印发〈关于加快推进事业单位人事制度改革的意见〉的通知》（人发〔2000〕78 号）提出，"深化事业单位人事制度改革，实现精减冗员，鼓励竞争，促进流动，提高素质的要求"。为了满足新时期事业单位人员配置精简和高效的要求，提高教育教学质量和办学效益，2001 年中央编办、教育部、财政部颁布《关于制定中小学教职工编制标准意见的通知》（教人〔2002〕8 号），重新制定了中小学教职工编制标准和实施办法，将中小学教职工编制由班师比标准核定改为生师比标准核定。以生师比标准核定教职工编制必然使学校规模越大编制数量越为充足，而对于大量农村小规模学校，编制配置很难满足学校实际教育教学需求。因此，撤点并校从而实现规模化办学成为地方政府精简人员的必然选择。

（三）公平理念导向下政策保障性措施跟进

学校布局调整政策得以顺利实施不仅依靠国家和地方政府的积极推行，同时也受益于国家为大力发展农村教育出台的相关政策。随着国家以战略性高度出台一系列大力支持农村教育发展的政策文件，农村学校布局调整得以顺利实施，学生入学率和就学质量得到有效保障。相关配套保障性措施主要可以概括为两个方面：一是新建、改建寄宿制学校，全面改善农村教育办学质量；二是全面实施农村义务教育阶段"两免一补"政策，减轻农村学生家庭经济负担。

为了解决农村学校布局调整后农村寄宿制学校办学条件差，农村边远山区、交通不便地区中小学生上学远等问题，国家大力新建、改建农村寄宿制学校，避免偏远地区学生因上学距离过远或交通不便而辍学。2003年，《国务院关于进一步加强农村教育工作的决定》（国发〔2003〕19号）明确要求，"继续推进中小学布局结构调整，努力改善办学条件，重点加强农村初中和边远山区、少数民族地区寄宿制学校建设，改善学校卫生设施和学生食宿条件"。2004年2月，《国务院办公厅关于转发教育部等部门〈国家西部地区"两基"攻坚计划（2004—2007年）〉的通知》（国办发〔2004〕20号），提出"农村寄宿制学校的设置要同农村中小学布局结构调整和城镇化建设结合起来""在合理布局、科学规划的前提下，加快当地农村现有初中学校的改扩建步伐，改善基本的办学条件，满足更多确需寄宿的农村学生的要求"。同年，教育部、国家发展和改革委员会、财政部印发《西部地区农村寄宿制学校建设工程实施方案》并提出，中央共投入100亿元，用4年左右的时间，新建、改扩建一批以农村初中为主的寄宿制学校，解决好西部未"普九"地区新增130万初中学生和20万小学生最基本的学习、生活条件，同时使确需寄宿的学生能进入具备基本条件的寄宿制学校学习。2006年，《教育部办公厅关于切实解决农村边远地区交通不便地区中小学生上学远问题有关事项的通知》（教基厅〔2006〕5号）进一步明确要求："各地教育行政部门要按照科学发展观的要求，高度重视农村边远山区、交通不便地区中小学生上学远问题。要实事求是，因地制宜，坚持寄宿制学校建设和低年级学生就近入学并举的原则，采取有效措施，切实予以解决。"

农村义务教育经费保障机制不断完善，极大减轻了农村学生特别是贫困地区学生、寄宿制学生的家庭教育经济负担，是农村学校布局调整得以顺利实施的另一重要保障性措施。自2001年《国务院关于基础教育改革与发展的决定》（国发〔2001〕21号）首次提出"对贫困地区家庭经济困难的中小学生进行免费提供教科书制度的试点"和"采取减免杂费、书本费、寄宿费等办法减轻家庭经济困难学生的负担"以来，国家大力推动"两免一补"政策实施。2004年2月，财政部、教育部印发的《对农村义务教育阶段家庭经济困难学生免费提供教科书工作暂行管理办法》要求："列入中央财政免费提供教科书专项资金补助范围的地区，各级政府应同时承担对家庭经济困难学生免除杂费和补助寄宿生生活费的责任。中央财政将把各地落实责任的努力程度，作为分配免费教科书专项资金的重要参考依据。"同年 3 月，《教育部 2003—2007 年教育振兴行动计划》提出："以实施'农村寄宿制学校建设工程'为突破口，对家庭经济困难学生，逐步扩大免费发放教科书的范围，逐步免除杂费，为寄宿学生提供必要的生活补助。"2005 年，国务院出台《关于深化农村义务教育经费保障机制改革的通知》（国发〔2005〕43号）提出，"全部免除农村义务教育阶段学生学杂费，对贫困家庭学生免费提供教科书并补助寄宿生生活费"，正式将"两免一补"政策全面扩展到农村义务教育阶段。至 2007 年，"两免一补"政策惠及约 1.5 亿农村学生，农民教育负担明显减轻，仅免除学杂费一项，西部地区平均每年每个小学生家庭减负 140 元、初中生家庭减负 180 元。[①] 实证研究表明，政策使得初中学生的就学概率提高了 6 个百分点，取得了良好的政策效果，而且两年期的检验结果表明，随着时间的推移，政策效果逐年改善。[②] "两免一补"政策的实施有效减轻了农村家庭教育经济负担，保证学生在学校布局调整后"有学上""上好学"，从而大大减少了学生"因贫辍学""因远辍学"的现象。

三、 以撤并为主的农村学校布局调整产生的影响

自 2001 年农村学校布局调整政策实施以来，农村学校布局在十余年间发生了翻天覆地的变化。不可否认，农村学校布局顺应了农村学龄人口变动的历史潮流，也实现了整合教育资源，提高办学效益的目标，对于改善农村办学条件、提高农村教育质量起到了积极推动作用。然而，农村学校布局调

---

①　中华人民共和国教育部：《把促进教育公平作为国家基本教育政策》，http://www.moe. gov. cn/jyb_ xwfb/gzdt_ gzdt/moe_ 1485/tnull_ 27673. html。

②　王小龙：《义务教育"两免一补"政策对农户子女辍学的抑制效果——来自四省（区）四县（旗）二十四校的证据》，《经济学家》2009 年第 4 期。

整引发的问题也不容忽视，一些涉及农村学生上学安全、辍学风险等底线一再被触碰，最终使这场轰轰烈烈的农村学校布局调整运动走向终结。

（一）农村学校布局调整取得的成效

在国家大力推动和地方政府的积极响应下，农村中小学撤并成效显著。十余年来，农村学校布局调整要提高教育质量、整合教育资源、提高办学效益的最初目标初步实现，有力地促进了农村教育快速发展。具体成效主要表现在以下几个方面：

第一，有效改善农村学校办学条件。我国幅员辽阔、地理地形复杂多样，农村学校布局分散，难以形成规模效益。农村办学条件难以改善，教育教学质量低。"十五"时期，国家大力推进农村中小学布局调整，实施第二期"国家贫困地区义务教育工程"，522 个项目县共新建、改扩建中小学10663 所。[1] 农村学校布局调整实施后，大量办学质量低的校点撤并到乡镇中心校，而随着国家新建、改建寄宿制学校以及学校标准化建设，农村办学水平整体上得到大幅提升。2006—2011 年，国家审计署对 27 个省（自治区、直辖市）所辖的 1185 个县（市、旗）调查结果显示，有 419 个县的中小学校音乐、体育和美术等专用教学仪器设备达标率提高 10% 以上；350 个县多年级一个班的"复式班"减少了一半以上；各县小学毕业生语文、数学科目学业水平测试优秀率和初中毕业生语文、数学、外语科目考试优秀率平均提高约 3 个百分点。[2]

第二，有效实现教育资源整合。基于 6 省（自治区）调查发现，农村中小学布局调整后（2006 年）的学校规模与布局调整前（1999 年）相比有明

---

① 周济：《学习贯彻科学发展观总结"十五"教育工作推进"十一五教育发展"——在教育部 2006 年度工作会议上的讲话》，http：//www. moe. gov. cn/jyb_ zzjg/moe_ 187/moe_ 410/moe_ 458/tnull_ 13582. html。

② 中华人民共和国审计署：《2013 年第 2 号公告：1185 个县农村中小学布局调整情况专项审计调查结果》，http：//www. audit. gov. cn/n5/n25/c63610/content. html。

显的扩大，校均学生人数显著增长：其中农村小学校均学生数增长了29.5%；初中校均学生数增长了16.6%；高中校均学生数增长了162%。[①] 在以生均占有率为导向的教育资源配置理念下，学校规模越大，其能够获得的教育资源越为充足；学校规模越小，其能够获得的教育资源越为不足。但无论学校规模大小，实际运转所需的经费投入、师资配置以及硬件设置均需要完备化投入。因此，大量农村小规模学校被撤并或调整后，农村学校因无法形成规模效益导致办学效益不高的局面大为转变，农村学校教育资源使用效率较过去得到较大提升。

第三，有效促进城乡教育均衡发展。受长期城乡二元结构影响，农村教育底子薄、发展慢，城乡教育发展存在较大差距。尽管国家高度重视农村教育，不断加大农村教育投入力度，但由于农村学校数量庞大且相对分散，农村教育发展始终难以实现质的飞跃。农村中小学布局调整以后，一些基础设施较好、教学质量较高的农村中心校，由于投入加大、资源集中，其办学条件在当地农村达到一流水平，其基础设施、师资、教学仪器设备、管理水平等也朝着与城镇水平差距缩小的方向发展，在这样的情况下，农村学龄儿童可就近接受高质量、高水平的教育。[②] 农村教育质量的提升必然使更多农村学生有机会享受高质量教育，从而使城乡教育差距进一步缩小，有效促进了城乡教育均衡发展。

（二）农村学校布局调整引发的问题

农村学校布局调整后，农村中小学学校数量呈大幅锐减态势，加剧了城镇化进程中农村学龄人口向城镇地区流动。一些地方政府过分追求规模效益，盲目实施农村学校布局调整。2001—2012 年期间，全国农村小学学校由416198 所减少至155008 所，减少幅度达62.76%；农村小学教学点由110419

---

①　郭清扬：《农村学校布局调整与教育资源合理配置》，《教育发展研究》2008 年第 7 期。
②　范先佐、郭清扬：《我国农村中小学布局调整的成效、问题及对策——基于中西部地区 6 省区的调查与分析》，《教育研究》2009 年第 1 期。

所减少至 62544 所，减少幅度达 43.36%；农村初中学校由 35023 所减少至 13713 所，减少幅度达 60.85%。（见图 1-12）根据统计数据，2001 年到 2012 年，在我国农村，平均每一天就要消失 60 所小学、11 个教学点、5 所初中，几乎每过一小时，就要消失 3 所农村学校。2006 年 6 月，教育部颁布了《关于实事求是地做好农村中小学布局调整工作的通知》（教基〔2006〕10 号），肯定了布局调整工作取得的成效，同时指出学校布局调整中面临的主要问题，"有的地方工作中存在简单化和'一刀切'情况，脱离当地实际撤销了一些交通不便地区的小学和教学点，造成新的上学难；有的地方盲目追求调整的速度，造成一些学校大班额现象严重，教学质量和师生安全难以保证；有的地方寄宿制学校建设滞后，学生食宿条件较差，生活费用超出当地群众的承受能力，增加了农民负担；有的地方对布局调整后的学校处置不善，造成原有教育资源的浪费和流失等"，提出"按照实事求是、稳步推进、方便就学的原则实施农村中小学布局调整，确保适龄儿童少年顺利完成九年制义务教育"。具体问题表现在以下几个方面：

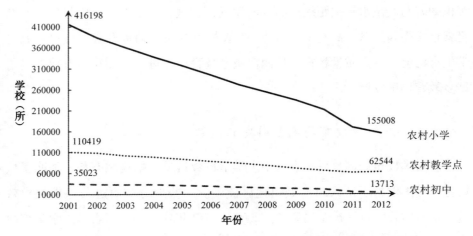

图 1-12　2001—2012 年农村小学、教学点及初中学校数量变化趋势

数据来源：根据 2001—2012 年《中国教育统计年鉴》的数据整理。

第一，部分偏远地区农村学校撤并后，农村学生上学距离增加，安全隐患尤为突出。2001—2010 年期间，农村小学教学点数由 110419 所减少至 65447 所，减少幅度达 40.73%。大部分地处偏远且办学条件差的村小、教学点被撤并后，学生只能到更远的乡镇中心校上学。基于东中西六地的调查结果显示，小学生平均上学距离变远了 4.05 公里；初中学生平均上学距离变远了 4.64 公里。① 为了缩短上学路途中所花费的时间，许多地方出现了学生乘车上下学的情况，但由于投入不到位、责任不明确、缺乏有效的监管，农村地区学生乘车上下学面临重大的安全隐患。②

第二，农村学生进城上学加重了家庭经济负担，农村义务教育辍学率有所反弹。尽管"两免一补"政策使不少农村家庭从中受益，但是农村学校布局调整使不少学生家庭需要面临交通费、伙食费以及住宿费等额外支出。部分家庭由于无法负担学生教育支出，其子女达到一定年龄后辍学在家务农或进城打工。全国教育事业发展统计数据显示，2001—2007 年，我国小学辍学率由 0.27% 增长至 0.59%，实际上当时农村地区辍学情况可能远比统计数字严重得多。

第三，县镇学校大班额问题逐渐凸显，学生在校就学质量难以保证。农村学校布局调整后，大多数被撤并学校的生源流入到县镇学校，少数学生能够随进城务工的父母进入城市学校读书。农村学生的向城性流动使县镇学校规模不断扩大。2001—2010 年，农村小学平均班额由 31.13 人增加至 32.08 人，而县镇小学的平均班额由 41.54 人增加至 48.88 人，城市小学平均班额由 42.14 人增加至 47.70 人。③ 然而，由于对"规模效益"的过度追求，一些地方农村教育布局调整工作存在着矫枉过正的现象，如在中西部一些农村地区实施学校布局调整的过程中，出现了一批由地方政府主导建设的、规模

---

① 刘善槐：《我国农村地区学校撤并的问题与对策研究——基于东中西六地的调查分析》，《湖南师范大学教育科学学报》2011 年第 5 期。

② 张源源、邬志辉：《我国农村地区义务教育阶段学生乘车状况研究——基于全国 11 省的调查分析》，《湖南师范大学教育科学学报》2013 年第 6 期。

③ 根据 2001、2010 年《中国教育统计年鉴》数据计算所得。

远远超过国家拟定标准的"巨型学校"。① "大班大校"引发诸多问题，一方面由于教师工作量不断增加，使每个学生个体受教师关注度减少，严重制约着教育教学质量提升；另一方面由于学校聚集学生过多，容易引发疾病交叉感染以及校园踩踏等安全事故，"大班大校"必然也对学校管理工作带来极大挑战。

第四，寄宿制学校条件简陋，寄宿生呈低龄化发展态势。2010 年，全国义务教育阶段寄宿生 3343.52 万人，占义务教育阶段在校生数的 21.97%。其中，小学寄宿生 1038.08 万人，占小学在校生数的 10.44%；初中寄宿生 2305.43 万人，占初中在校生数的 43.70%。② 有学者对中西部地区的实地调研发现，在一些山区，农村小学寄宿生人数甚至达到 50%，初中寄宿生人数达到 80%。③ 但由于农村生源寄宿需求较大，而寄宿制学校实际承载力与办学条件有限，农村寄宿生就学情况并不乐观。2011 年，国家审计署抽查的 12533 所寄宿制学校中，有 919 个县的 4515 所学校（占 36%）生均宿舍面积未达到国家规定的 3 平方米标准，涉及寄宿生 185.56 万人；538 个县的 1601 所学校（占 13%）存在"大通铺"或两人一床等现象；878 个县的 4990 所学校（占 40%）的学生宿舍楼内未配备厕所等设施；还有 8113 所学校（占 64%）无学生宿舍管理人员或由授课教师兼任，780 所学校（占 6%）在周边 3 公里以内无医疗机构的情况下也未配备专职医护人员。④ 由于部分农村偏远地区学校撤并，相当一部分达到入学年龄的儿童必须进入寄宿制学校就读。大量低龄寄宿生难以快速适应寄宿制学校生活，使寄宿制学校教师往往

① 万明钢、白亮：《"规模效益"抑或"公平正义"——农村学校布局调整中"巨型学校"现象思考》，《教育研究》2010 年第 4 期。

② 中华人民共和国教育部：《2010 年全国教育事业发展统计公报》，http：//www. moe. gov. cn/srcsite/A03/s180/moe_ 633/201203/t20120321_ 132634. html。

③ 范先佐：《义务教育均衡发展与农村教育难点问题的破解》，《华中师范大学学报（人文社会科学版）》2013 年第 2 期。

④ 中华人民共和国审计署：《2013 年第 2 号公告：1185 个县农村中小学布局调整情况专项审计调查结果》，http：//www. audit. gov. cn/n5/n25/c63610/content. html。

需要承担"既当爹又当妈"的角色，这必然加剧教师日常工作负担，严重影响教师教学质量。更为重要的是，过早离开父母外出学习使儿童缺少家庭教养与亲情关怀，这对于其心理健康成长是极为不利的。

第五，农村学校撤并伤害到部分群众的切身利益，影响乡村社会和谐发展与文化传承。部分地方在学校撤并过程中扭曲原本的撤并目标，仅仅将其作为政绩业绩，盲目大规模撤并农村学校必然伤害到部分群众的切身利益。一些地区不合理的布局调整所带来的农村学生求学困难与广大农民对子女教育的强烈愿望之间产生了矛盾。经济、生活负担的加重使得这些地区的农民群众对农村中小学布局调整产生怀疑，甚至对布局调整工作产生不满，导致干群关系紧张，多次发生农民群众因不满撤并当地学校而集体上访、静坐，甚至扛着锄头包围镇政府等事件。① 作为乡村社会的文化中心，乡村学校是联结教育与农村社会的关系纽带，也是农民对其子女成长成才的精神寄托场域。在过去"再穷不能穷教育，再苦不能苦孩子"的口号下，农村群众"你一砖，我一瓦"兴办农村教育，但在农村学校撤并时期，农村群众只能眼看着校舍最终变为废弃场地。农村学校布局调整已然使农村教育与农民日常生活产生疏离，而农村文化传承也将随之走向落寞。

（三）农村学校布局调整的政策反思

农村学校布局调整带来的系列问题引起了党和国家的高度重视，在农村学校布局调整实施过程中，国家陆续下发了一系列相关文件，有意识地对农村学校布局调整政策进行纠偏。2006 年，教育部出台的《关于实事求是地做好农村中小学布局调整工作的通知》（教基〔2006〕10 号）要求："在交通不便的地区仍须保留必要的小学和教学点，防止因过度调整造成学生失学、辍学和上学难问题。"同年，《教育部办公厅关于切实解决农村边远地区

---

① 庞丽娟：《当前我国农村中小学布局调整的问题、原因与对策》，《教育发展研究》2006 年第 4 期。

交通不便地区中小学生上学远问题有关事项的通知》（教基厅〔2006〕5号）也明确指出，"慎重对待撤点并校，确保当地学生方便就学"。但这一时期的政策纠偏主要集中在偏远地区、交通不便地区，以保留必要的小学和教学点，方便学生就近入学为主要目的。

随着农村学校布局调整的深入实施，以偏远地区、交通不便地区为主的政策纠偏显然已无法遏制大量农村学校撤并后引发的问题。为了进一步规范农村学校布局调整，2010年，《教育部关于贯彻落实科学发展观进一步推进义务教育均衡发展的意见》（教基一〔2010〕1号）中要求，地方各级教育行政部门在调整中小学布局时，要科学规划，避免盲目调整和简单化操作，提出"对条件尚不成熟的农村地区，要暂缓实施布局调整，自然环境不利的地区小学低年级原则上暂不撤并"，同时"要进一步规范学校布局调整的程序，撤并学校必须充分听取人民群众意见，避免因布局调整引发新的矛盾"。2012年9月，国务院办公厅发布《关于规范农村义务教育学校布局调整的意见》（国办发〔2012〕48号）（以下简称《意见》），提出"坚决制止盲目撤并农村义务教育学校"；"在完成农村义务教育学校布局专项规划备案之前，暂停农村义务教育学校撤并"；"保障适龄儿童少年就近入学，充分考虑学生的年龄特点和成长规律，处理好提高教育质量和方便学生就近上学的关系"。《意见》中同时提出："省级人民政府教育督导机构要对农村义务教育学校布局是否制定专项规划、调整是否合理、保障措施是否到位、工作程序是否完善、村小学和教学点建设是否合格等进行专项督查。"随着《意见》的发布，持续了十年之久的农村中小学盲目的"撤点并校"似乎终于有了"刹车"之势，学界普遍认为"后撤点并校"时代已经到来。

第五节 宽松生育政策下的学校布局调整（2013 年以来）

过去十多年的学校布局调整主要发生在农村，农村学校撤并的速度大大超过农村学龄人口减少的速度。2012 年政策叫停后，农村学校布局调整的步伐有所放缓，自此呈现出新的样态。如何提高农村薄弱学校质量成为当前农村学校布局调整的重心。与此同时，城镇学校增长的速度跟不上学龄人口增长的速度。城镇"大班大校"问题逐渐凸显，问题的样态更加多样，形势也更加严峻。新城镇化背景下，农村学龄人口进一步向城迁移；宽松生育政策环境下，城市预期学龄人口进一步增加，未来城镇学校布局调整无疑面临更加严峻的挑战。因而在当下以及未来很长一段时间内，学校布局调整的重心在城镇。

一、 宽松生育政策下的学龄人口变化

（一）新城镇化背景下农村学龄人口不断向城镇聚集

中共中央、国务院印发的《国家新型城镇化规划（2014—2020 年）》提出，到 2020 年，常住人口城镇化率达到 60% 左右，努力实现 1 亿左右农业转移人口和其他常住人口在城镇落户。根据第七次全国人口普查统计数据，2020 年，大陆地区常住人口城镇化率已达到 63.9%，从发达国家城镇化的一般规律看，中国当前仍然处于城镇化率有潜力以较快速度提升的发展机遇期。① 2014 年 3 月，国务院总理李克强在政府工作报告中明确指出，今后一个时期，推进新型城镇化建设，需要着重解决好现有"三个 1 亿人"问题，促进约 1 亿农业转移人口落户城镇，改造约 1 亿人居住的城镇棚户区和

① 中华人民共和国统计局：《第七次全国人口普查公报解读》，http：//www. stats. gov. cn/tjsj/sjjd/202105/t20210512_ 1817336. html。

城中村，引导约 1 亿人在中西部地区就近城镇化。

在新城镇化的大背景下，人口的迁移速度和规模空前。[①] 相应地，农村学龄人口也以更快的速度和更大的规模向城镇聚集，以追求优质教育资源为目的的"陪读"现象日益普遍，跟随父母进城的随迁子女比例不断增加。进城务工人员已经由原来的季节性流动转向常住化，携带子女到城镇生活的比例越来越高，随迁子女呈现出规模大、涌入速度快和分布集中的特征。相关调查显示，东部许多城市已经出现外地生源与本地生源比例倒置现象。[②] 2013 年，广东义务教育阶段非本地户籍学生的比例已达到 52.4%，珠三角 9 个城市中有 5 个城市随迁子女比例已经超过 50%，东莞市非本地户籍学生甚至为本地户籍学生的近 4 倍。[③]

农村学龄人口不断向城镇聚集，将对城镇教育资源带来空前压力，城镇地区亟须通过学校布局调整以应对不断增加的学龄人口。

（二）生育政策调整使城镇学龄人口有稳定的增长预期

2013 年 11 月，十八届三中全会提出，"坚持计划生育的基本国策，启动实施一方是独生子女的夫妇可生育两个孩子的政策"，全国学龄儿童将有新的增量。据推算，"单独二孩"政策实施后，全国的生育存量将达到 2000 万人，其中 60% 左右会在政策调整后最初几年逐步释放，由此带来的出生堆积不可避免。[④] 2015 年 10 月，十八届五中全会公报提出全面实施一对夫妇可生育两个孩子政策，并于 2016 年 1 月正式启动实施"全面二孩"政策。相关预测表明，小学因"全面二孩"政策新增学龄人口将在 2027 年达到最大规模，初中因"全面二孩"政策新增学龄人口将在 2030 年达到最大规模；

---

① 刘善槐：《新城镇化、"单独二孩"政策与学校布局调整新走向》，《东北师大学报（哲学社会科学版）》2015 年第 4 期。

② 刘善槐：《我国城镇义务教育学校布局调整研究》，《教育研究》2015 年第 11 期。

③ 刘善槐：《我国城镇义务教育学校布局调整研究》，《教育研究》2015 年第 11 期。

④ 石人炳：《"单独二孩政策"实施初期的出生堆积及其特点》，《人口与经济》2014 年第 5 期。

小学和初中新增学龄人口均在达到最大值后又逐步减少，分城乡来看，农村义务教育在校学生规模受"全面二孩"政策影响小于城镇教育。[1] 如果新增的学龄人口和人口迁移叠加在一起共同作用于城镇地区，这将会产生系列连锁反应，城镇地区将会面临着空前的教育资源承载压力。[2] 2021 年 5 月 31 日，中共中央政治局会议审议了《关于优化生育政策促进人口长期均衡发展的决定》，提出进一步优化生育政策，实施一对夫妻可以生育三个子女政策及配套支持措施，全国学龄儿童将又有新的更大的增长预期。

二、 以消除城镇"大班大校" 为主要目标的学校布局调整

2016 年 7 月，国务院出台《关于统筹推进县域内城乡义务教育一体化改革发展的若干意见》（国发〔2016〕40 号），提出要大力提高乡村教育质量，适度稳定乡村生源，增加城镇义务教育学位和乡镇学校寄宿床位，推进城镇义务教育公共服务常住人口全覆盖，着力解决"乡村弱"和"城镇挤"问题。面对"乡村弱"和"城镇挤"的现实问题，学校布局调整的问题已不仅仅是保留必要的农村教学点和扩充城镇教育学位使学生能够"有学上"，更要让所有学龄儿童都能接受到高质量的义务教育。因此，这一时期的城乡学校布局调整更加重视教育质量，但由于学龄人口变化趋势不同，城乡学校布局调整又分别呈现出不同的特点。

（一）农村学校布局调整的重心为"全面改薄"

近几年，农村出现了大量的小规模学校和寄宿制学校，但长期以来农村学校的教育资源一直处于劣势地位，与城市相比，这两类学校的教育质量都较低。新城镇化背景下，在人口的出口端，随着农村劳动力的逐渐转移，学

---

① 李玲、杨顺光：《"全面二孩"政策与义务教育战略规划——基于未来 20 年义务教育学龄人口的预测》，《教育研究》2016 年第 7 期。

② 刘善槐：《我国城镇义务教育学校布局调整研究》，《教育研究》2015 年第 11 期。

龄人口不断自然减少，学校数量已压缩到一定程度，而国家关于农村学校布局调整的政策也在逐步完善，最终使农村学校布局调整的步伐放缓。[①] 在步伐放缓之后，提高义务教育薄弱学校的教育质量便成为农村学校布局调整的焦点。

虽然随着城镇化步伐的加快，越来越多的农村学龄儿童离开了农村，但能够离开农村到城镇接受更优质教育的学龄儿童毕竟只是农村学龄儿童的一部分，农村仍然存在庞大的学龄儿童群体渴望在家门口接受好的教育，这些儿童大多来自较贫困的家庭。目前，全国还有 9.2 万个教学点，在学人数 402 万人，集中着贫困程度最深、无力送子女进城入学家庭的子女，是阻断贫困代际传递的核心目标人群。[②] 2013 年 12 月，教育部、国家发展改革委、财政部发布的《关于全面改善贫困地区义务教育薄弱学校基本办学条件的意见》明确提出，"办好必要的教学点，保障教学点教学质量"，"各地要统筹考虑城镇化建设、学龄人口变化，合理调整农村学校布局，因地制宜办好必要的教学点；对学生规模不足 100 人的村小学和教学点要细化标准，单独核定公用经费，确保办学经费到位，扶持好、管理好、发展好教学点，满足偏远地区儿童有学上和就近接受优质教育的美好愿望"。可见，当大规模撤点并校的"寒冬"远去后，农村学校布局调整的重心已转移到全面提升薄弱学校的质量上，千百万农村家长与孩子翘首以盼的"春天"正在来临。

在"办好教学点"的政策倡导和各地政府的积极响应下，全国农村教育质量得到了全面提升。2016 年 10 月，国务院教育督导委员会办公室印发通知，对各地 2014—2016 年全面改善贫困地区义务教育薄弱学校基本办学条件工作（以下简称"全面改薄"）进行专项督导。结果显示，"农村学校基

---

① 刘善槐：《新城镇化、"单独二孩"政策与学校布局调整新走向》，《东北师大学报（哲学社会科学版）》2015 年第 4 期。

② 中华人民共和国教育部：《打赢全面改善薄弱学校基本办学条件的"攻坚战"——刘延东副总理在全面改善贫困地区义务教育薄弱学校基本办学条件工作现场推进会上的讲话》，http://www.moe.gov.cn/jyb_ xwfb/xw_ zt/moe_ 357/s7865/s8513/s8515/201610/t20161024_ 286060. html。

本教学条件显著改善。全国共新建、改扩建校舍面积1.23亿平方米、室外运动场地1.12亿平方米，购置学生课桌椅2284万套、图书3.38亿册，实现了五年规划时间过半，任务完成过半……教学点办学条件得到有效保障。全国共投入146.6亿元，建设教学点校园校舍756万平方米，购置了价值25.5亿元的设施设备，教学点办学条件得到进一步改善。"[1]

（二）城镇学校布局调整重在解决"大班大校"问题

农村撤点并校的十年，也是农村学龄人口不断大规模涌入城市的十年。经过多年累积，城镇出现学龄人口迅速增多与学校建设相对滞后的矛盾，从而使得近些年城镇"大班大校"问题凸显。城镇义务教育资源供需失衡导致的"大班大校"问题不利于城镇在校学生身心的健康发展，教育质量更加得不到保障，这明显与"提高质量与促进公平"的教育理念相悖。

近几年，城镇地区学龄人口密度逐渐加大，学龄人口就学需求与学校学位供给之间的矛盾日益严峻，城镇地区"入学难""大班大校""上学远"等问题不断凸显。[2] 2014年基础教育均衡发展调查显示，河北省义务教育小学阶段"大班额"问题严峻，该省19个县市城镇小学46人以上的班级达48%，在地级市城区达62%，有的小学班级规模在80人以上。[3] 广西玉林市2013年城区小学"大班额"为76%，县镇为42%，农村为15%；贵港市城区小学"大班额"为100%，县镇为46%，农村为16%。[4] 广西防城港市一城区2013年共有34所义务教育学校511个班级，其中"大班额"班级有

---

① 中华人民共和国教育部：《全面改善贫困地区义务教育薄弱学校基本办学条件工作专项督导报告》，http://www.moe.gov.cn/jyb_xwfb/gzdt_gzdt/s5987/201702/t20170215_296262.html。

② 刘善槐：《我国城镇义务教育学校布局调整研究》，《教育研究》2015年第11期。

③ 田宝军、穆冬雨：《小学阶段"大班额"问题及其对策》，《教学与管理》2017年第2期。

④ 胡永、罗德红：《基础教育学校的"大班额"现状、原因与出路——基于广西玉林市和贵港市的调研》，《现代教育科学》2014年第10期。

358 个，占班级总数的 70%；有 7 所学校平均班额达到 60 人，称为"超大班额"；有 2 所学校平均班额达到 70 人，称为"特大班额"，班额最大者达到 77 人。① 2015 年，对全国东中西 12 省 12 县的调查发现，小学规模超过 1600 人的学校达 35.00%，初中规模超过 1800 人的学校达 40.63%；小学平均班额超过 45 人的学校达 65.00%，初中平均班额超过 50 人的学校达 38.71%。②

解决"大班大校"问题成为这一时期城镇学校布局调整的重点。2013 年 12 月，教育部、国家发展改革委、财政部发布的《关于全面改善贫困地区义务教育薄弱学校基本办学条件的意见》明确提出，"要适应城镇化发展趋势，充分考虑区域内学生流动、人口出生和学龄人口变化等情况，科学规划学校布局，并充分利用已有办学资源，首先解决超大班额问题，逐步消除大班额现象"。2016 年，国务院颁发的《关于统筹推进县域内城乡义务教育一体化改革发展的若干意见》提出了实施消除大班额计划，"到 2018 年基本消除 66 人以上超大班额，到 2020 年基本消除 56 人以上大班额"。

解决"大班大校"问题要求增加城镇学位供给，这意味着需要大规模地新建或改扩建城镇学校。据河南省 2014 年提出的目标，为消除城镇大班额和应对城镇化带来的新增学位需求，2018 年需新建小学约 1500 所、改扩建小学约 765 所，小学新增学位 190.1 万个；新建初中约 720 所、改扩建初中约 360 所，初中新增学位 125.9 万个。③

在政策的积极倡导与有力推行下，城镇大班额得到有效控制。2015 年，全国义务教育阶段有 66 人以上的超大班额 17.3 万个，比 2013 年减少 3.57 万个，减幅 17%，但一些地区大班额问题仍然比较突出；2016 年，全国义务

---

① 黄建辉：《城区义务教育学校大班额问题成因及其化解》，《教学与管理》2014 年第 31 期。

② 刘善槐：《我国农村教师编制结构优化研究》，《教育研究》2016 年第 4 期。

③ 河南省人民政府：《关于优化城乡基础教育资源配置解决城镇基础教育资源不足问题的意见》（豫政〔2014〕78 号）。

教育阶段学校 56 人以上大班额约 40 多万个，占总班数的比例约为 14%，四分之三的大班额集中在中西部县镇，一些地区大班额比例超过 20%。① 新形势下，新城镇化使农村学龄人口不断向城镇聚集，生育政策调整使城镇学龄人口有稳定的增长预期，城镇学校布局调整依然任重而道远。

三、 学校布局调整的现实困境与基本走向

到 2017 年，农村学校布局调整已经形成系统的操作规范，标准化建设初步覆盖农村学校，而城镇学校在人口变动和资源挤占中面临巨大压力。随着生育政策的逐步放宽和城镇化进程的加速，学校布局调整在未来将面临新的挑战：提前规划将成为学校布局调整更为关键的环节，教育资源配置将更加体现质量追求和公平理念，学前教育和高中教育将新增为学校布局调整的关注重点。

第一，学校布局调整需要提前预测和规划。学校布局调整的重要影响因素之一是人口变动，而人口变动的成因有两个：一是在出生率和死亡率共同作用下的人口自然增长，二是进城务工人员子女的被动随迁与追求优质教育的主动随迁产生的人口迁移。其中，人口自然增长与生育政策紧密相关，而人口迁移则是在城镇化背景下形成的。生育政策的逐步宽松将会给农村和城市的学龄人口带来新的增长预期，逐渐完善的公共服务与医疗技术也大大降低了婴儿的死亡率，这就意味着在未来的一段时间内，我国的学龄人口可能会达到一个新的高度，学校和教育资源的数量需求在未来将面临巨大的挑战，这就需要提前筹备。城镇化和城乡教育差异带来的学龄人口随迁使得城镇地区和农村地区的未来教育需求结构非常复杂，这就要求未来的学校布局调整不仅仅要在总数上满足学生的就学需求，更要在结构上进行资源的合理

---

① 中华人民共和国教育部：《全面改善贫困地区义务教育薄弱学校基本办学条件工作专项督导报告》，http://www.moe.gov.cn/jyb_xwfb/gzdt_gzdt/s5987/201702/t20170215_296262.html。

分配。在生育政策、城镇化与城乡教育差异等多重因素的共同作用下，人口变动频繁，掌握学龄人口的数量、结构及分布特点对城镇和农村学校布局调整更加重要，提前预测和规划将成为学校布局调整更为关键的环节。

第二，提升质量与促进公平成为学校布局调整的价值取向。过去的学校布局调整一直在努力解决农村学生和城镇随迁子女"上学难"的问题，保留农村小学和教学点、农村寄宿制学校建设和学校标准化建设等政策的实施已经基本上解决了农村学生上不了学的难题，而城镇地区随迁子女公办校、普惠性民办校的规范化办学也在很大程度上保证了随迁子女的入学。《国家中长期教育改革和发展规划纲要（2010—2020年）》提出，到2020年，要基本实现教育现代化，形成惠及全民的公平教育，提供更加丰富的优质教育。这意味着我国学校布局调整将要更加注重质量和公平，使学生在"能上学"的基础上也能够"上好学"。一方面，在农村，师资分配、教育经费投入将不仅仅满足学校正常运转的需求，而是更注重学生发展需要，让农村学生也能够享受到有质量的学校教育。另一方面，城镇地区的学校布局调整将更加注重教育资源在随迁子女和本地学生之间的均衡分配，城镇学校将重点关注随迁子女的教育融入及其享有的教育服务质量问题，在有限的教育资源内尽可能地保证随迁子女和本地学生享受均等的教育服务将成为未来城镇学校布局调整的核心目标。

第三，学校布局调整的重心将延伸至学前教育阶段和高中教育阶段。我国学校布局调整的重心长期以来主要放在义务教育阶段，而生育政策的逐步放开和高中教育的全面普及将使学校布局调整重心延伸至学前教育阶段和高中教育阶段。2013年11月，十八届三中全会提出"坚持计划生育的基本国策，启动实施一方是独生子女的夫妇可生育两个孩子的政策"；2015年12月，国家卫生和计划生育委员会起草并修改的《中华人民共和国人口与计划生育法修正案（草案）》第十八条明确指出，全国统一实施全面两孩政策，提倡一对夫妻生育两个子女。2021年5月31日，中共中央政治局会议审议了《关于优化生育政策促进人口长期均衡发展的决定》，提出进一步优化生育政策，实施一对夫妻可以生育三个子女政策及配套支持措施。从"单独二孩"到"全面二孩"再到"三孩"政策，计划生育政策的逐步放开势必带来学龄人口的稳定增长，而这些新增的学龄人口最先冲击的必然是学前教育，幼儿园的学校和教师数量将成为学前儿童入学面临的首要问题，而如何进行幼儿园的空间布局和幼师资源的合理分配将成为学前教育面临的核心问题。此外，2017 年 3 月，教育部等四部门发布《高中阶段教育普及攻坚计划（2017—2020 年）》（教基〔2017〕1 号），该《计划》提出，到 2020 年，全国普及高中阶段教育。2020 年我国高中阶段教育毛入学率已达到 91.2%。① 同时，随着各地对异地中考和异地高考条件的放宽，不少随迁子女将继续在城镇高中就读，为了满足更多义务教育阶段学生接受高中教育的需求，保证更多有条件的随迁子女在城镇顺利升入高中，高中教育阶段也将进入学校布局调整的重要领域。可以预见，学前教育阶段和高中教育阶段也将成为未来学校布局调整的重心。

---

① 中华人民共和国国家统计局：《中华人民共和国 2020 年国民经济和社会发展统计公报》，http：//www. stats. gov. cn/tjsj/zxfb/202102/t20210227_ 1814154. html。

第二章　学龄人口的变化趋势

　　学龄人口是学校布局调整必须考虑的重要因素之一。随着生育政策的不断调整和新型城镇化加速推进，我国学龄人口分布发生剧烈变化。人口变动是学校布局调整的重要依据。因此，为了更加准确把握学校布局调整的方向，对当前及未来学龄人口的变动进行规律分析和趋势预测非常必要。

第一节　学龄人口的变化趋势预测（2020—2035 年）

　　联合国教科文组织指出，"教育发展规划各方面几乎都与人口规模、结构和分布有关，必须充分考虑人口动态变化"。[1] 人口的动态变化主要涉及到两大因素：一是人口的自然增长，二是地区间人口流动。人口自然增长受国家生育政策的影响。2013 年，为了有效缓解人口老龄化加速、劳动力人口短缺、失独家庭数量增加等诸多突出问题，党的十八届三中全会提出"坚持计划生育的基本国策，启动实施一方是独生子女的夫妇可生育两个孩子的政策"（简称"单独二孩"政策，下同）；2015 年 10 月 29 日，党的十八届五中全会明确提出了"全面实施一对夫妇可生育两个孩子政策"，即允许所有

---

　　[1]　Ta Ngoc Chau，*Dmographic Aspects of Educational Planning*，Paris：Unesco，int-ernational institude for educational planning，2003，p. 18.

夫妇都可以生育两个孩子，该政策是在"单独二孩"政策实施后，基于人口结构调整需求对我国生育政策的进一步调整。2021 年 8 月 20 日，全国人大常委会会议表决通过了《关于修改〈中华人民共和国人口与计划生育法〉的决定》。修改后的《中华人民共和国人口与计划生育法》规定，"国家提倡适龄婚育、优生优育，一对夫妻可以生育三个子女。"生育政策的多次调整将给学龄人口带来新的增长预期。地区间人口流动主要体现在城镇化背景下的学龄人口大规模向城迁移。这将进一步改变学龄人口的分布格局，影响教育资源的配置效率。其中，人口流入集中地区教育需求增加，教育资源供给压力大；人口流出地区生源流失严重，教育资源面临闲置风险。

为了促进教育资源与学龄人口的耦合协调，应提前预测学龄人口的变动趋势，以便及时应对学龄人口变动带来的教育资源配置挑战。本研究基于第七次全国人口普查数据，运用"中国人口预测软件（CPPS）"对我国 2021—2035 年义务教育学龄人口和在校生数的变动趋势进行了预测。

一、　方法与数据

（一）预测模型

1. 学龄人口预测

"中国人口预测软件（CPPS）"由国家计生委中国人口与发展研究中心王广州开发，该系统可根据需要设定不同的参数，对人口年龄结构的动态变化趋势和过程进行模拟分析，适合城乡学龄人口预测。[①] 本研究采用 CPPS 的分城乡人口预测模式进行人口预测，具体模型如下：[②]

[①]　袁桂林、宗晓华、陈静漪：《中国分城乡学龄人口变动趋势分析》，《教育科学》2006 年第 1 期。

[②]　王广州：《中国人口预测软件培训手册（CPPS）》，中国人口信息研究中心 2002 年版，第 30—31 页。

农村人口模型：

$$nPt_2(x+n) = (nPt_1(x) - nMPt_1(x))[nL(x+n)/nL(x)]$$

城镇人口模型：

$$nP't_2(x+n) = (nP't_1(x) + nMPt_1(x))[nL'(x+n)/nL'(x)]$$

$$nMPt_1(x) = TMPt_1 \cdot nMIG(x)$$

式中的取值范围是 0-100 岁；（$nPt_1(x)$、$nP't_1(x)$ 是在 t_1 时刻年龄在 x 岁至 $x+n$ 岁的人口数；$nPt_2(x+n)$、$nP't_2(x+n)$ 是在 t_2 时刻年龄在 $x+n$ 岁至 $x+2n$ 岁的人口数；$nMPt_1(x)$ 为在 t_1 时刻年龄在 x 岁至 $x+n$ 岁的农村迁出或城镇化人口数，$nL(x)$、$nL'(x)$ 是确切年龄在 x 至 $x+n$ 岁的队列存活人年数；$nL(x+n)$、$nL'(x+n)$ 是确切年龄在 $x+n$ 岁至 $x+2n$ 岁的队列存活人年数；$TMPt_1$ 为 t_1 年度内人口迁移量；$nMIG(x)$ 为迁移模式，即年龄别人口迁移率。

总人口：

$$Tpop = \sum nPt_2(x) + \sum nP't_2(x)$$

式中 $Tpop$ 为 t_2 时刻的总人口数；$nPt_2(x)$ 是在 t_2 时刻年龄在 x 岁至 $x+n$ 岁的农村人口数；$nP't_2(x)$ 是在 t_2 时刻年龄在 x 岁至 $x+n$ 岁的城镇人口数。

依据《中华人民共和国义务教育法》规定的"凡年满六周岁的儿童，其父母或者其他法定监护人应当送其入学接受并完成义务教育"，本研究将义务教育学龄人口界定为 6-14 周岁的儿童（6-11 岁为小学阶段，12-14 岁为初中阶段）。

2. 在校生数预测

当前，我国教育城镇化的速度明显快于城镇化的速度。因此，测算城乡在校生数应以教育城镇化率为主要参数。由于我国各地区学龄人口入学年龄略有差异，且各地学制有所不同，准确预测各学段在校生数还应把入学率纳入参数体系。基于此，各学段城乡在校生数的计算公式分别为：

城镇小学：

$$S_p^{'} = Tpop_{6-11} * e_p * y_p$$

乡村小学：

$$S_p^{''} = Tpop_{6-11} * e_p * (1 - y_p)$$

城镇初中：

$$S_m^{'} = Tpop_{12-14} * e_m * y_m$$

乡村初中：

$$S_m^{''} = Tpop_{12-14} * e_m * (1 - y_m)$$

式中 $S_p^{'}$、$S_p^{''}$ 分别表示城镇小学和农村小学在校生数；$S_m^{'}$、$S_m^{''}$ 分别表示城镇初中和农村初中在校生数；$Tpop_{6-11}$、$Tpop_{12-14}$ 分别表示小学和初中学龄人口数；e_p、e_m 分别表示小学、初中毛入学率；y_p、y_m 分别表示小学、初中教育城镇化率。

（二）基础数据

本研究以 2020 年我国第七次人口普查数据中城乡分性别、分年龄的人口数据为基础数据，将城市和镇数据合并作为城镇数据，将乡村数据作为农村数据。

（三）参数设定

1. 总和生育率

总和生育率（*Total Fertility Rate*，简称 *TFR*）指某区域在一定时期内，平均每个妇女在育龄期内生育子女数。总和生育率计算公式如下：

$$总和生育率 = \sum_{i=15}^{49} B_{i,t} / W_{i,t}$$

其中，i 为育龄妇女年龄，t 为某一年份，$W_{i,t}$ 表示第 t 年 i 岁的育龄妇女数，$B_{i,t}$ 表示第 t 年 i 岁育龄妇女生育子女数。

总和生育率受生育政策的直接影响，因而也是反映人口发展趋势的最重要指标。2010 年和 2020 年，我国公布的"六普"和"七普"数据显示，当年中国总和生育率分别为 1.18 和 1.3。这与国内学者对总和生育率的估值相比偏低。为此，对"六普"数据的质量持怀疑态度，并运用不同方法对总和生育率进行重新估计。如有学者发现 2010 年出生人口漏报率为 15.06%，以此推算 2000-2010 年总和生育率在 1.5-1.64 之间。[①] 有学者认为人口普查数据存在 0-9 岁人口漏报、育龄妇女的重报和育龄妇女的抽样偏误等问题，并重新测算出 2001-2010 年总和生育率估计值为 1.5-1.6 左右。[②] 有学者以 Leslie 矩阵的离散动态人口预测模型作为基本模型，通过重新设定参数值，估计 2000 年以来的平均总和生育率为 1.57 左右。[③] 有学者使用广义稳定人口模型指出 2000-2010 年平均总和生育率约为 1.6。[④] 还有学者仍使用未经调整的人口普查原始数据对生育率进行估算，如使用 P/F 的比值方法得出 2010 年总和生育率为 1.66。[⑤] 有学者通过构建出生率和总和生育率之间的函数关系，估计 2016 年我国总和生育率水平为 1.7074。[⑥] 有学者基于 2017 年生育状况抽样调查数据，测算的 2010—2016 年总和生育率均值约为 1.63。[⑦]

这些研究结果显示，近 20 年，我国人口总和生育率基本稳定在 1.5-1.7 左右。基于此，本研究按照预计总和生育率 1.6 进行预测，并假设其在 2020—2035 年保持不变。

2. 城镇化率

随着城镇化进程的不断推进，以农村人口向城性流动为主的迁移模式，是

---

① 崔红艳、徐岚、李睿：《对 2010 年人口普查数据准确性的估计》，《人口研究》2013 年第 1 期。

② 王金营、戈艳霞：《2010 年人口普查数据质量评估以及对以往人口变动分析校正》，《人口研究》2013 年第 1 期。

③ 李汉东、李流：《中国 2000 年以来生育水平估计》，《中国人口科学》2012 年第 5 期。

④ 赵梦晗：《2000—2010 年中国生育水平估计》，《人口研究》2015 年第 5 期。

⑤ 陈卫，杨胜慧：《中国 2010 年总和生育率的再估计》，《人口研究》2014 年第 6 期。

⑥ 乔晓春、朱宝生：《如何利用（粗）出生率来估计总和生育率?》，《人口与发展》2018 年第 2 期。

⑦ 李月、张许颖：《婚姻推迟、婚内生育率对中国生育水平的影响——基于对总和生育率分解的研究》，《人口学刊》2021 年第 4 期。

未来很长一段时期我国人口流动的主要方式。21 世纪以来，我国城镇化发展迅速。数据显示，2000—2020 年，我国城镇化率由 36.22% 增至 63.89%，年均增长率为 1.38%。（如图 2-1）2021 年，我国城镇化率已达 64.72%。根据《中国农村发展报告 2021》对我国 2035 年常住人口城镇化率（72%）的预判结果。[①]研究假定，2021—2035 年我国城镇化率保持年均 0.49% 的趋势稳定增长。

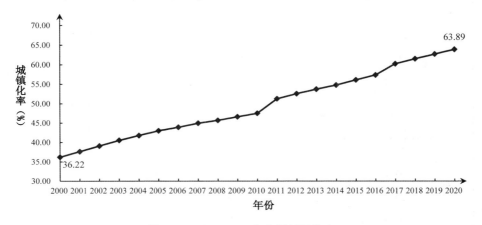

图 2-1 2000-2020 年我国城镇化率

3. 入学率

本文以毛入学率作为学龄人口入学指标。随着我国义务教育的全面普及以及电子学籍管理系统的逐步完善，义务教育学龄人口毛入学率逐渐趋于稳定。数据显示，近五年，小学、初中学龄人口毛入学率年均降幅分别为 0.12% 和 0.3%。

研究假定，2021—2035 年，小学、初中毛入学率总体变化趋势与前五年保持一致，且当毛入学率降至 100% 的临界点时保持不变。那么，未来 15 年，小学毛入学率由 102.78% 稳步下降至 101.10%；初中毛入学率由 102.20% 稳步下降至 100.10%（2028 年）后保持不变。（见表 2-1）

---

① 新浪财经：报告：预计 2035 年我国常住人口城镇化率在 72% 左右 农民人均可支配收入超 4 万元，https：//baijiahao.baidu.com/s? id=1706680310264800377&wfr=spider&for=pc。

表 2-1　2021-2035 年我国小学、初中毛入学率（%）

年份	小学毛入学率	初中毛入学率
2021	102.78	102.20
2022	102.66	101.90
2023	102.54	101.60
2024	102.42	101.30
2025	102.30	101.00
2026	102.18	100.70
2027	102.06	100.40
2028	101.94	100.10
2029	101.82	100.10
2030	101.70	100.10
2031	101.58	100.10
2032	101.46	100.10
2033	101.34	100.10
2034	101.22	100.10
2035	101.10	100.10

4. 教育城镇化率

20 世纪 90 年代后期开始的农村大规模撤点并校，使得农村学校数量急剧减少。2001—2009 年十年间，我国农村小学减少 20.6 万所，减幅达 46.8%；农村初中减少了 9013 所，减幅达 22.93%。[1] 农村学校的大规模撤并，使得大量农村学生不得不去城镇学校上学。与此同时，我国城乡教育差距显著。为了追求更高教育质量，部分农村家长选择送学生进城读书。这种情况下，我国教育城镇化率远高于人口城镇化率。数据显示，2011—2020 年，我国人口城镇化

---

[1]　邬志辉、史宁中：《农村学校布局调整的十年走势与政策议题》，《教育研究》2011 年第 7 期。

率由51.27%增至63.89%，小学城镇化率由59.05%增至77.15%，初中城镇化率由77.05%增至87.02%。其中，2016—2020年，我国小学城镇化率年均增加1.26%，初中城镇化率年均增加0.49%。

研究假定，预测期内我国各学段教育城镇化率保持近五年趋势不变。2021—2035年，小学教育城镇化率由78.12%增长至93.09%；初中教育城镇化率由87.45%增长至93.64%。（见表2-2）

表 2-2　2021-2035 年我国教育城镇化率（%）

年份	教育城镇化率	
	小学	初中
2021	78.12	87.45
2022	79.11	87.87
2023	80.10	88.31
2024	81.11	88.74
2025	82.13	89.17
2026	83.17	89.61
2027	84.22	90.05
2028	85.28	90.49
2029	86.35	90.93
2030	87.44	91.38
2031	88.54	91.83
2032	89.66	92.28
2033	90.79	92.73
2034	91.93	93.18
2035	93.09	93.64

5．其他参数

研究以 2020 年第七次人口普查数据为基准，设定预测期内我国人口死亡参数、性别参数保持 2020 年水平不变。

二、 预测结果

（一）学龄人口变动趋势

结果显示，未来 15 年，我国义务教育阶段学龄人口及城镇、农村地区学龄人口均呈现总体下降趋势；且 2024 年以后降幅增大。相比于城镇地区而言，农村学龄人口的下降速度更快。（见图 2-2）

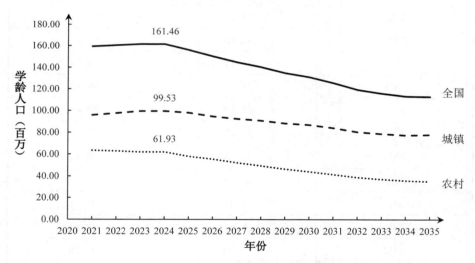

图 2-2　义务教育阶段学龄人口变动趋势

小学阶段学龄人口的变动趋势与义务教育阶段学龄人口总量变化趋势总体保持一致，自 2024 年开始大幅下降。其中，城镇小学学龄人口数 2023 年前有小幅上升，2024 年以后学龄人口数逐年降低；农村小学学龄人口持续下降。（见图 2-3）

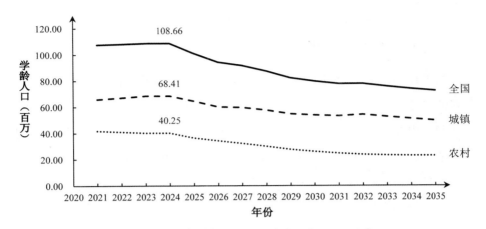

图 2-3　小学阶段学龄人口变动趋势

初中阶段学龄人口总体呈现波动性下降趋势，2026 年前小幅上升后平缓下降，至 2030 年开始大幅下降，2034 年又略有回升。城镇初中农村学龄人口在 2030 以前整体相对稳定，此后两年大幅下降后持续上升；初中学龄人口保持稳定下降态势。（见图 2-4）

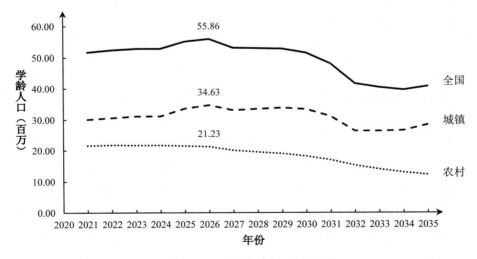

图 2-4　初中阶段学龄人口变动趋势

（二）在校生数变动趋势

结果显示，未来我国义务教育阶段在校生数总体呈现短期内上升后持续下降的趋势。具体来看，农村地区小学和初中在校生数逐年减少，城镇地区小学和初中在校生数先上升后下降。其中，城镇小学在校生数在 2023 年达到最高值 89244059 人，城镇初中在校生数在 2026 年达到最高值 50405897 人。

表 2-3   2021-2035 年我国义务教育在校生数预测

年份	全国		农村		城镇	
	小学	初中	小学	初中	小学	初中
2021	110567654	52856721	24192203	6633519	86375451	46223202
2022	110915794	53375709	23170310	6474474	87745484	46901235
2023	111415804	53648763	22171745	6271541	89244059	47377222
2024	107084233	55162860	20228212	6211338	86856021	48951522
2025	103280094	55613874	18456153	6022983	84823941	49590891
2026	96395796	56250304	16223413	5844407	80172383	50405897
2027	91446741	53260213	14430296	5299392	77016445	47960821
2028	84822053	52957794	12485807	5036287	72336246	47921507
2029	77241007	52776127	10543398	4786795	66697609	47989332
2030	72537608	51486748	9110724	4438158	63426884	47048590
2031	68445438	48033608	7843848	3924346	60601590	44109262
2032	66552520	41595453	6881531	3211169	59670989	38384284
2033	64652255	38145718	5954473	2773194	58697782	35372524
2034	63021319	35203885	5085821	2400905	57935498	32802980
2035	61704424	34291654	4263776	2180950	57440648	32110704

第二节 城镇化进程中的人口迁移规律

人口迁移是影响人口变动的另一关键因素。我国进入城镇化快速发展时期以来，人口迁移给学龄人口带来的变化越发明显。分析区域间和区域内人口流动的规律，对于准确评判和预测学龄人口的变化趋势具有重要的指导意义。

一、跨区域人口迁移规律

20世纪以来，我国人口的跨区域流动进入频繁时期。有数据表明，2016年我国流动人口达2.45亿，其中63.5%为跨省流动。[①] 据国务院印发的《国家人口发展规划（2016—2030年）》（国发〔2016〕87号），未来我国人口流动仍然活跃，以"瑷珲—腾冲线"为界的全国人口分布基本格局不变，但向沿江、沿海、铁路沿线聚集的趋势进一步增强。近两年，我国人口流动规模持续下降，但占比依然庞大。受经济和地理环境等因素的影响，我国跨区域人口迁移呈现出向东部沿海地区、发达城市群及中心城市迁移的典型特征。

（一）向东部沿海地区迁移

东部沿海地区是我国人口跨省迁移的主要目标区域。1985年，《中共中央关于制定国民经济和社会发展第七个五年计划的建议》提出，我国经济分布客观上存在着东、中、西部三大地带。[②] 东部地区与中西部地区间显著的

---

① 国家卫生健康委流动人口数据平台：https：//chinaldrk. org. cn/wjw/#/home。本节数据如无特殊说明，均来自于该平台。

② 人民网：《中共中央关于制定国民经济和社会发展第七个五年计划的建议》，http：//www. people. com. cn/GB/shizheng/252/4465/4466/20010228/405424. html。

经济差距是我国人口向东部地区迁移的主要动因。以《关于农民进入集镇落户问题的通知》（国发〔1984〕141 号）为标志，国家在一定程度上放松了对农村人口在中小城镇落户的管理，地区间初始的经济差距使得我国中西部地区的劳动力大量流入东部沿海地区，以至于在 20 世纪 80 年代出现"民工潮"和"孔雀东南飞"的现象。① 21 世纪后，东部沿海地区更是在良好的区位优势和强大的产业结构下吸引了大量的跨域流动人口。此后，这种跨域的人口迁移也越来越显著，形成了人口向东部地区迁移的纵向沿海绵延带。据统计，2011—2016 年，我国东部沿海地区的人口净迁入规模先增后降，但迁入规模一直较大。2011—2015 年，人口净迁入规模持续增长；2015—2016年，人口净迁入规模开始下降，但占比依然较高。（见图 2-5）

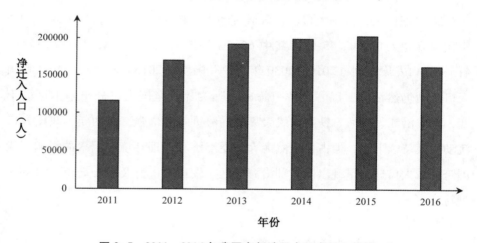

图 2-5　2011—2016 年我国东部地区人口净迁入规模

（二）向发达城市群迁移

城市群是指在特定范围内，1 个以上特大城市为核心，3 个以上大城市为构成单元，依托发达的交通通信等基础设施网络所形成的空间组织紧凑、

---

① 肖六亿：《劳动力流动与地区经济差距》，《经济体制改革》2007 年第 3 期。

经济联系紧密、并最终实现高度同城化和高度一体化的城市群体。① "十三五"规划纲要提出,我国共将建成 19 个城市群,其中包括京津冀城市群、长三角城市群、珠三角城市群 3 个世界级城市群和哈长城市群、关中平原城市群、长江中游城市群等其他 16 个城市群。其中,京津冀、长三角和珠三角城市群是我国经济最具活力、开放程度最高、创新能力最强、吸纳外来人口最多的地区,其以 2.8% 的国土面积集聚了 18% 的人口。② 从长期来看,受发达城市群的虹吸效应和区域发展不平衡的极化效应的影响,高强度的跨省人口流动趋势将是必然。③ 然而三大城市群作为人口跨省迁移的主要流向地,分别呈现出了不同的人口迁移特征。

20 世纪 90 年代,珠三角城市群是我国的人口迁入重心。改革开放初期,珠三角地区在政策优势下率先"从点到面"走上区域发展的道路,并逐渐形成以广州、深圳为中心的内圈经济格局和以佛山、东莞、珠海、中山为中心的外圈经济格局。这里聚集了我国大多数的劳动密集型产业(如制造业、加工业等),其岗位任职条件对劳动力的知识技能要求较低,因此吸引了大量普通劳动力迁入,使其成为 20 世纪 90 年代的人口迁入重心。据统计,20 世纪 90 年代,广东省的人口迁入规模达到最高,年均迁入规模约为 120.48 万,年均迁入率为 18.06‰。④ 这种大规模的人口迁入一直持续到 21 世纪初。从 2010 年开始,其人口迁入规模逐年下降。2016 年,广东省人口迁入规模为 88.31 万,迁入率为 9.72‰,⑤ 明显低于 20 世纪 90 年代。

---

① 国务院:《一图看懂中国城市群》,http://www.gov.cn/xinwen/2016-05/12/content_5072822.htm。

② 国务院:《国家新型城镇化规划(2014—2020 年)》,http://www.gov.cn/xinwen/2014-03/17/content_2639873.htm。

③ 赵梓渝、王士君:《2015 年我国春运人口省际流动的时空格局》,《人口研究》2017 年第 3 期。

④ 广东省统计局、国家统计局广东调查总队:《广东统计年鉴 2017 年》,http://tjnj.gdstats.gov.cn:8080/tjnj/2017/。

⑤ 广东省统计局、国家统计局广东调查总队:《广东统计年鉴 2017 年》,http://tjnj.gdstats.gov.cn:8080/tjnj/2017/。

2010 年以来，长三角城市群取代珠三角城市群成为人口迁入重心。随着国家区域规划、产业布局的不断调整，长三角城市群逐渐成为跨省流动人口迁入的主要地区。《关于进一步推进长江三角洲地区改革开放和经济社会发展的指导意见》（国发〔2008〕30 号）印发以来，长三角地区的产业结构和工业结构不断升级，区域协调发展水平也得到进一步提升，已成为我国社会经济发展的强有力支撑。在良好产业发展的引导下，长三角城市群成为一个人口净迁入地区，外来劳动力主要集中在以上海、杭州和南京等为主的大城市和经济比较发达的中小城市。[1] 据统计，2011—2016 年，长三角地区的人口净迁入规模明显高于珠三角地区。（见图 2-6）2016 年，长三角地区的净迁入人口总量达 7.86 万，高出珠三角地区 2.06 万人。这说明，2010 年以后，我国的人口迁入重心由珠三角地区逐渐转移到了长三角地区。

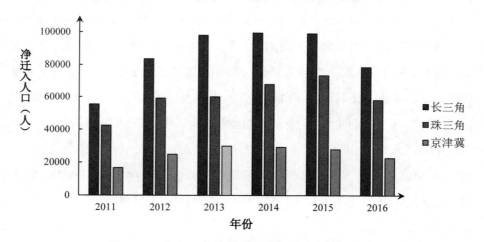

图 2-6　2011—2016 年发达城市群人口净迁入规模

2010 年以后，京津冀城市群形成以北京、天津为主要迁入地的人口迁移格局。与珠三角城市群和长三角城市群不同的是，京津冀城市群整体协调发

---

① 郭岚、张祥建、李远勤：《人口红利效应、产业升级与长三角地区经济发展》，《南京社会科学》2009 年第 7 期。

展水平较弱，城市群内只有北京、天津显现出人口大规模跨省流入的特征。据统计，2011—2016 年，北京和天津均呈现出人口净迁入特征，河北省则呈现出人口净迁出特征。（见图 2-7）这 7 年间，北京的人口净迁入规模最大。这主要是因为北京作为我国首都，经济发展水平和公共服务水平均位居全国前列，对跨省人口迁移形成了较强的吸引力。

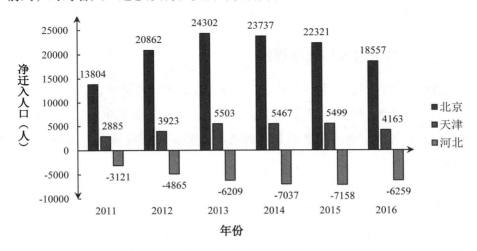

图 2-7　2011—2016 年京津冀城市群人口迁移规模

（三）向中心城市迁移

城市群内部的人口迁移呈现出向心性特征，即主要向中心城市迁移。中心城市是指在一定区域内的社会经济活动中处于重要地位，具有综合功能或多种主导功能，起着枢纽作用的大城市和特大城市。① 这些中心城市不是直辖市就是省会城市，地理区位相对周围中小城市更优，产业结构更完善，对人口的吸纳能力也较强。

以京津冀城市群为例，受城市行政级别的影响，京津冀城市群内存在两个中心城市，分别为北京和天津。京津冀三地间人口流动频繁，在京、在津

---

① 金祥荣、赵雪娇：《中心城市的溢出效应与城市经济增长——基于中国城市群 2000—2012 年市级面板数据的经验研究》，《浙江大学学报（人文社会科学版）》2016 年第 5 期。

的河北籍人口总量多、占比高。2010—2016 年，河北省流向京津的人口规模持续上升。2010 年，各省份流向北京的人口数量高达 704.78 万人，流向天津的人口数量达 299.15 万人。其中，河北省占比最高，分别为 22.13%、25.22%。2016 年，在各省份流向北京和天津的人口中，依然是河北省占比最高，分别约为 26.00%、25.36%。依此可见，京津冀城市群内部形成了以北京、天津为中心的人口迁入空间格局。

二、 省域内人口迁移规律

省域范围内，地区资源占有量是人口迁移的主要考量因素。其中，行政资源、经济资源和教育资源尤为重要。由此，行政层级高的地区、经济发达地区以及教育质量高的地区因其资源占有优势，成为省域内人口的主要流入地。

（一） 向行政层级高的地区迁移

由于行政层级高的地区优先获得各种资源，省域内人口从低层级地区向高层级地区梯次迁移。我国城市实行层级化行政管理体制，城市的行政层级不同，其资源集聚能力也不同，省会城市凭借其较高的行政层级吸纳更多的行政资源、经济资源、公共资源等，从而在省域范围内形成了城市"势差"。① 城市"势差"形成后，行政层级高的城市优势明显，吸引人口向此处迁移。

受行政层级的影响，人口迁移呈现阶梯式特点。人口吸纳能力依省会城市、地级市、县级市依次递减，人口从低层级地区向高层级地区迁移。以吉林省为例，2010 年，吉林省省内流动人口统计中，长春市省内流动人口最多，达到 7.41 万人；其次是吉林市，省内流动人口有 3.07 万人；延边朝鲜

---

① 中国指数研究院：《高铁的推拉之力：速度改变城市人口迁移格局》，https：//tjj. sh. gov. cn/tjgb/20180309/0014-1001690. html。

族自治州和松原市紧随其后，分别为 1.98 万人、1.58 万人。① 而县级市流入人口较少，例如永吉县、蛟河市、桦甸市、舒兰市、磐石市人口在省内流动的数量分别仅有 1604 人、2364 人、2498 人、2930 人、3067 人。②

（二）向经济发达地区迁移

受制度环境和经济基础等因素的影响，省域经济发达地区具有较强的辐射作用，吸引大量人口迁移。一般来说，经济发达地区集聚资金、技术等各种要素资源，提供商业、服务业、专业技术类等各种就业机会，并具备优质的社会公共资源，从而吸引了大量的外来流动人口。以福建省厦门市为例，2014 年，全市规模以上工业企业有 1555 家，为全市城镇新增就业 18.29 万人，实现农村富余劳动力转移就业 2.68 万人。③ 这一年，福建省流入人口数就已超过 682.22 万人，厦门市流入人口数已达到 221.02 万人，是全省人口流动比较频繁的地区之一。其中，厦门市流出人口数为 2.14 万人，只占全省流出人口总数的 0.48%，省内流入人口数为 88.35 万人，超过全省省内流入人口总数的三分之一，平均每三个流动人口，就有一个选择到厦门市。④ 在省域内经济发展水平不均衡的状态下，人们选择向就业机会多、收入水平较高和生活环境更好的地区迁移，并携带子女到城镇生活，从而给教育经费、学校建设和师资配置等方面带来巨大压力。⑤

---

① 吉林省第六次人口普查领导小组办公室、吉林省统计局编：《吉林省 2010 年人口普查资料》，中国统计出版社 2012 年版，第 1958—1959 页。

② 吉林省第六次人口普查领导小组办公室、吉林省统计局编：《吉林省 2010 年人口普查资料》，中国统计出版社 2012 年版，第 1958—1959 页。

③ 厦门市统计局：《厦门市 2014 年国民经济和社会发展统计公报》，http://tjj.xm.gov.cn/tjzl/ndgb/201807/t20180718_2091031.htm。

④ 福建省卫生健康委员会：《2014 年福建省流动人口结构情况表》，http://wjw.fujian.gov.cn/xxgk/zfxxgkzl/zfxxgkml/jgzn/wsjstj/201412/t20141205_2368184.htm。

⑤ 刘善槐：《我国城镇义务教育学校布局调整研究》，《教育研究》2015 年第 11 期。

（三）向教育质量高的地区迁移

受社会经济发展水平、教育资源投入体制等因素的影响，地区间教育发展水平参差不齐。为了享受优质的教育资源，人口向教育质量高的地区迁移。科技发展日新月异，国际竞争日趋激烈，教育的基础性、先导性、全局性地位和作用更加突出。[①] 教育也越来越成为改变一个人命运的重要工具。由此，更多家长为了让子女获得更优质的教育资源，开始带子女去到教育质量更高的城市，进行"教育迁移"。教育质量高的地区不仅有良好的教育政策，而且存在更多名校，这些名校往往有全地区最优秀的师资和极高的升学率，这对家长和学生来讲无疑是最有诱惑力的因素。

三、 县域内人口迁移规律

2000 年以来，县域人口逐渐呈现乡村人口外流，县镇人口相对集中的趋势。数据显示，2010—2016 年间，农村人口减少了 8140 万人。[②] 而从县域内部的人口流动规律来看，人口的"趋利"性迁移仍然明显：在人口的聚集端，县城和镇区因其资源集中、经济发达而占据比较优势地位，县域内人口大量涌入，学龄人口愈渐稠密；在人口的流出端，为寻求更多的就业机会和更好的教育资源，乡村人口大规模外迁，学龄人口愈渐稀疏。

（一）县域人口向县城聚集

2000 年以来，县域内越来越多的人口向县城迁移。国家统计局数据显示，从 2010 年到 2016 年，城镇人口数量呈现连年递增的趋势，从 66978 万

---

① 周济：《教育的基础性先导性全局性地位更加突出》，http：//www.edu.cn/zhong_ guo_ jiao_ yu/zong_ he/zong_ he_ zhuan_ ti/beijingforum/news/200711/t20071103_ 263071. shtml。

② 中华人民共和国国家统计局：《中国统计年鉴（2011—2017）》，http：//www. stats. gov. cn/tjsj/ndsj/2017/indexch. htm。

人增加到了 79298 万人，人口数量增长 18.39%。以吉林省汪清县为例，2016 年全县 8 镇 1 乡中共迁入 815 人，其中汪清县政府所在地汪清镇迁入的人数最多，超过总迁入人数的一半。（见图 2-8）汪清镇是汪清县的县政府所在地，无论是在经济发展水平，还是在交通运输、文化卫生方面都有其独特的优势，吸引着县域内众多人口迁入。与此同时，县城的学龄人口也大量增加。以湖北省崇阳县为例，从 2003 年到 2010 年，该县城区小学生由 8330人增加到 19750 人，由占全县小学生总数的 15% 增加到 46%；初中生由 6001人增加到 17560 人，占全县中学生总数的比例由 21% 增加到 89.8%，即该县有 46% 的小学生和 89.8% 的中学生在县城上学。①

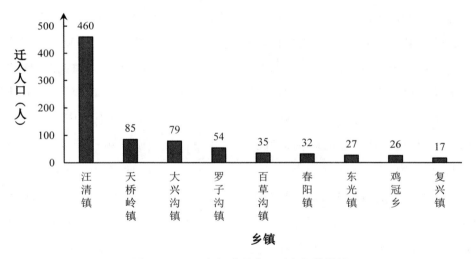

图 2-8　2016 年汪清县人口迁入规模统计

数据来源：2016 年《汪清县统计年鉴》。

县域内人口向县城聚集的原因主要有三点。第一，土地集约经营发展和农业新技术应用使农村产生大量富余劳动力，农村人口为谋生进一步向城镇迁移。在城镇，人们可以寻求更好的生活条件、就业机会、学习机会，享受

---

① 范先佐：《布局调整与城乡教育一体化》，2017 年农村教育国际学术研讨会论文集。

到更丰富的精神生活。第二，政府有序引导农村人口向县城迁移。在城镇化进程中，人口向城镇集聚，有利于提高基础设施和公共服务产品的使用效率，并可以拉动内需促进经济增长，因此国家出台相关政策有序引导人口向城镇转移。《国家新型城镇化规划（2014—2020 年）》提出，到 2020 年努力实现 1 亿左右农业转移人口和其他常住人口在城镇落户的目标。《国家发展改革委关于实施 2018 年推进新型城镇化建设重点任务的通知》（发改规划〔2018〕406 号）把加快农业转移人口市民化作为 2018 年新型城镇化建设的重点任务。第三，教育教学质量和考试招生方案的地区差异推动农村人口向县城迁移。城乡教育资源分配不均，无论是师资还是教育教学设备，农村都处于弱势的边缘地带。以教师资源配置为例，课题组 2017 年对全国 5 个省份的 5 个县（分别是东部的浙江遂昌，中部的江西弋阳、湖南永顺，西部的云南绥江、宁夏海原）的调研数据显示，县城小学教师的学历结构和职称结构要优于村屯小学教师。从教师的学历来看，县城小学中拥有本科及以上学历的教师人数所占比例为 44.44%，而村屯小学中本科及以上学历的教师人数占 36.98%。从教师的职称来看，县城小学高级教师所占比例为 1.85%，而村屯小学高级教师所占比例仅为 0.8%。此外，不同地区的学校招生方案也会影响家庭的教育决策和迁移决策。如眉山市中心城区和仁寿县中心城区及中心场镇，为解决大班额问题，推进教育公平，严格实行义务教育入学根据户口和居住地两个一致的原则，实行免试就近入学。[①] 家长为了给孩子寻求优质的教育资源，纷纷迁移到县城学校的附近，这进一步促成了县域内教育移民。然而，大量农村学龄人口进城读书造成县镇大班额现象凸显。在大班额的学习环境中，学生的个体发展受限，身心健康水平受到了影响，同时也打破了教育系统的生态平衡。

---

① 秦元刚：《农村中小学布局调整与县域内教育移民的关系研究——以四川省仁寿县为例》，硕士学位论文，四川师范大学，2014 年。

（二）镇域人口向镇区聚集

镇域内人口向镇区迁移，迁移目的地以中心镇、特色小镇和产业园区为主。人口向镇区聚集是多重因素交织作用的结果。

第一，特色小镇建设是人口向镇流动的重要驱动力。《国家新型城镇化规划（2014—2020 年）》（国办发〔2014〕9 号）提出要有重点地发展小城镇，尤其是对具有特色资源、区位优势的小城镇，要通过规划引导、市场运作，培育成为文化旅游、商贸物流、资源加工、交通枢纽等专业特色镇，就地转移农村人口，实现就地城镇化。在此过程中，特色小镇产业结构日趋优化、基础设施建设日益完善，这为镇区人口提供了大量的就业岗位和更好的生活条件，使得人口不断向镇区聚集。例如，陕西宝鸡凤翔县着力打造中心镇辐射、重点镇引领、特色镇彰显的城镇发展新典范，大力发展大灵山景区雍州古镇、佛文化体验区，建设民俗体验游区、生态休闲游区，实施 CNG加气站等柳林特色小镇基础设施项目，并加快白酒产业与特色小镇深度融合，这推进了农民向镇区集中、向产业园区集聚。①

第二，易地扶贫移民搬迁工程也是人口向镇区迁移的重要原因。《中国农村扶贫开发纲要（2011—2020 年）》提出，要坚持自愿原则，对生存条件恶劣地区的扶贫对象实行易地扶贫搬迁；搬迁时要充分考虑资源条件，因地制宜，有序搬迁，重点改善生存与发展条件，着力培育和发展后续产业；在有条件的地方引导农民向中小城镇、工业园区移民，并创造就业机会，提高其就业能力。② 易地扶贫搬迁工程推动乡村人口向镇区聚集，使得乡村人口就业由第一产业向第二、三产业转变，保证了人民稳定持续增收。例如，陕西省把群众搬迁到便于就业和发展生产的地区，鼓励进城入镇，仅在

---

① 凤翔县人民政府：《2018 年凤翔县人民政府工作报告》，http：//www. fengxiang. gov. cn/art/2020/11/30/art_ 10362_ 1238896. html。

② 中华人民共和国中央人民政府：《中国农村扶贫开发纲要（2011—2020 年）》，http：//www. gov. cn/jrzg/2011-12/01/content_ 2008462. htm。

2016—2017 年扶贫搬迁安置人员达 42.75 万人。① 凤翔柳林镇也以扶贫搬迁为契机，几年来积极引领农民进镇居住落户，先后提供公益性就业岗位 450 多个，8000 多名农民进镇居住，4000 多名农民就近在企业上班。②

第三，对优质教育资源的追求也是促进人口向镇区流动的重要内驱力。农村处于教育资源分配的边缘地带，无论是师资还是硬件设备，远低于城镇地区。从教师资源的角度来看，由于乡村地区条件艰苦、教师成长空间狭小以及城镇学校对基层优秀师资存在虹吸效应，乡村教师尤其是优质教师流失严重。仅 2010—2013 年间，全国乡村教师数量由 472.95 万降为 330.45 万。③ 乡村教师流失致使乡村学校的教育教学质量难以保障，学生为追求更优质的教育，不断向城镇学校聚集。第六次人口普查数据显示，流动到镇区的总人数为 4193.45 万人，学习培训的人口有 860.97 万人，占总人口的 20.53%。④ 人口流动会影响学龄人口的空间分布，因而镇区学校布局调整时应充分考虑人口变动情况，进行合理的动态预测与顶层规划，适当新增、扩建或改建一批学校，满足学龄人口需求，优化学校布局。

（三）乡村人口大规模外迁

随着工业化的发展和城镇化的推进，我国乡村人口向外迁移的规模越来越大。根据国家统计局数据显示，2010—2019 年，我国乡村人口总数从 67113 万人减少到 55162 万人，减少了 11951 万人，减幅为 17.81%。（见图 2-9）

---

① 中华人民共和国中央人民政府:《陕西两年易地扶贫搬迁入住安置人员超 40 万人》,http://www.gov.cn/xinwen/2018-01/04/content_ 5253206. htm。
② 宝鸡人民政府:《凤翔:扶贫搬迁搬出群众幸福生活》,http://baoji.gov.cn/art/2016/7/19/art_ 50_ 263384. html。
③ 中华人民共和国教育部:2010—2013 年教育统计数据,http://www.moe.gov.cn/jyb_sjzl/jytjsj_ btlj/。
④ 中华人民共和国统计局:《第六次人口普查数据》,http://www.stats.gov.cn/tjsj/pcsj/rkpc/6rp/indexch. htm。

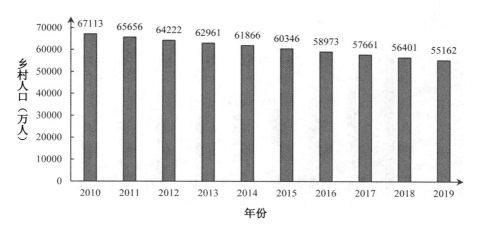

图 2-9　2010—2019 年全国乡村人口变化情况

数据来源：《中国统计年鉴 2020》。

以陕西省榆林市为例，2013 年 9 月底，根据榆林市流动人口计划生育服务管理办公室的调查发现，在 5 县 10 乡（镇）10 村 1740 户中，有户籍人口 4282 人，其中常住人口为 954 人，占户籍人口总数的 22.3%；流出人口为 3328 人，占户籍人口总数的 77.7%。[①]

乡村人口大规模向外迁移，一些适龄儿童也随父母外出上学，乡村学龄人口急剧减少。2010—2019 年，乡村义务教育在校生总数从 7136.74 万人减少到 3207.93 万人，减少了 3928.81 万人，减幅为 55.05%。（见图 2-10）

乡村人口大量向外迁移的主要原因有两个。第一，城乡居民收入差距促使乡村人口外出寻求更好的就业机会和更高的工资收入。改革开放以来，我国经济快速发展，但是各地区经济发展速度和经济结构仍存在很大差异。城乡居民收入差距逐步拉大，大量的乡村人口为追求更高的经济收入而流向城镇。国家统计局相关数据显示，2010 年，城镇居民的人均年可支配收入为 19109.4 元，而农村居民的人均年可支配收入仅为 5919 元，相差 13190.4

---

① 陕西省榆林市流动人口计生服务管理办公室：《对典型"空壳村"人口生存发展状况的调查与分析》，《人口与计划生育》2014 年第 5 期。

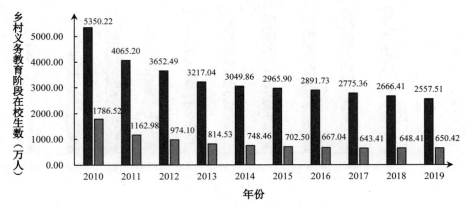

图 2-10   2010—2019 年乡村义务教育阶段在校生人数变化趋势

数据来源：根据 2010—2019 年《中国教育统计年鉴》的数据整理。

元。随着经济的发展，从 2010 年到 2019 年城乡居民收入都有所增加，而城乡居民之间的收入差异并未随之消减。2019 年，城镇居民人均年可支配收入为 42358.8 元，而农村居民年可支配收入仅为 16020.7 元，相差 26338.1 元。（见图 2-11）第二，我国户籍制度改革也为乡村人口向城镇迁移提供了宽松的政策环境。改革开放以来，我国户籍制度经历了多次变革，逐步放松了对乡村人口向城市流动的强制性约束，并提倡和鼓励乡村剩余劳动力向城市非农产业转移。[1] 2014 年国务院颁布了《关于进一步推进户籍制度改革的意见》，2015 年各省（市、自治区）也陆续出台了户籍制度改革的相关文件。这些文件均无一例外地强调"稳步推进城镇基本公共服务常住人口的全覆盖、有效保护农村户籍利益"的目标，在一定程度上满足了以农民工为主体的流动人口的需求。[2] 大城市开始强化户籍的登记功能，逐渐淡化其分配功

---

[1] 张国胜、陈明明：《我国新一轮户籍制度改革的价值取向、政策评估与顶层设计》，《经济学家》2016 年第 7 期。

[2] 张坤：《中国农村人口流动的影响因素与实施对策——基于推拉理论的托达罗修正模型》，《统计与信息论坛》2014 年第 7 期。

能，中小城市和城镇开始放宽其落户条件，使得乡村人口大量向外迁移。

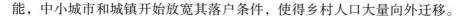

图 2-11　2010—2019 年城乡居民人均年可支配收入

数据来源：《中国统计年鉴 2020》。

第三节　城镇居住空间结构特征

居住空间结构影响学龄人口分布，研究城镇居住空间结构特征对科学规划城镇未来学校布局调整具有重要的参考价值。居住空间是城市空间的重要组成部分，其结构变化与城市发展及空间扩展密不可分。随着城市化的快速发展，城市空间结构发生规律性的重组，居住空间结构随之并行。城镇的空间扩容方式及人口聚居规律影响城镇居住空间结构，使其呈现出高层高密化、离心外扩化和内部"马赛克"化特征。

一、高层高密化

高层高密化是城市居住空间结构的显著特征。其中，高层化指的是，为使单位土地面积上的空间资源利用价值最大，不断提高建筑高度，建筑由平面化向垂直化发展的过程。《民用建筑设计通则》（GB 50352—2005）和

《建筑设计防火规范》（GB 50016—2014）分别对高层住宅做了诠释。前者规定"层数在十层及十层以上的住宅建筑为高层"；后者规定"高度大于27m的住宅建筑为高层"。据统计，上海当代新建住宅小区中，高度为18层的住宅占比最高，达28%。[①] 高密化指的是，为充分利用平面空间，不断缩短楼位间距，提高建筑密度，住宅空间变得越来越紧凑的过程。不仅如此，城市居住空间结构高密化的特征也体现在较高的人口密度上。据统计，2016年，全国城市建成区人口密度（城市建成区人口密度＝城市人口/建成区面积）为8782人/km²，镇区为4887人/km²。[②] 显然，城市建成区人口密度远超镇区，高密化特征十分明显。

城市人口数量增加和土地资源紧缺的矛盾是高层高密化的主要原因。具体来说，由于城市具有就业机会多、基础设施好、收入相对高等优势，因而人口不断向城市聚集。城市人口数量增加使得住宅需求和用地需求也同步增加，然而我国建筑用地的使用受到土地资源紧缺的严格限制。截至2010年底，我国的耕地面积总数约18.26亿亩，接近18亿亩的红线。为坚守耕地18亿亩红线的艰巨任务，城市建设用地受到限制。人口数量增加和土地资源紧缺的矛盾促使城市建设的容积率一再提高。由于城市土地供应紧张，地价房价上涨，开发商为获得更多利润，总是尽可能增加容积率，提高建筑密度。同时，为满足人口的居住需求，不得不充分利用平面空间和开发垂直空间，提高建筑密度和高度。于是，很多城市采取"见缝插针"填充式增长方式，甚至侵占城市内部原本保留的一些开敞空间。[③]

高层高密化的居住空间结构使学龄人口的密度增大，这对学校布局调整的影响是一把双刃剑。一方面，学龄人口集中有利于教育资源的整合。随着

---

① 邓丰、朱凯：《上海高层住宅被动式超低能耗设计策略研究》，《住宅科技》2018年第2期。

② 中华人民共和国住房和城乡建设：《2016年城乡建设统计年鉴》，https://www.mohurd.gov.cn/gongkai/fdzdgknr/sjfb/tjxx/jstjnj/index.html。

③ 李敏、叶昌东：《高密度城市的门槛标准及全球分布特征》，《世界地理研究》2015年第1期。

住宅的楼位间距缩短，楼均学龄人口数量增多，学龄人口分布变得更加集中。在就近入学的原则下，学龄人口集中程度的提高使得校均服务的学龄人口数量增多，这将有利于教育资源的整合。在优质教育资源短缺的状况下，教育资源的整合一定程度上能使更多学生享受到优质教育资源，从而有利于提高教育资源的使用效率。然而，学龄人口就学需求的增加也使教育资源面临扩容压力。高层化的居住空间特征使学龄人口分布更加集中，原有的学校分布格局已不能满足学龄儿童的就学需求。在教育用地紧张的状况下，如果学位供给增加的速度跟不上就学需求增加的速度，将使得城市"入学难""大班大校""上学远"等问题更加凸显。① 为保障学生的身心健康和学习质量，在解决就学需求增加和学位供给不足这一矛盾时，学校建设绝对不能走"高层高密"的路线。因此，如何为新建和扩容学校争取所需的教育用地、师资以及其他教育设施，将是未来城市规划和学校布局调整过程中必须考虑的问题。

二、 离心外扩化

随着生育政策的进一步调整以及大规模的人口涌入，城镇居住空间面临巨大的扩容压力。为了满足大量新增人口的服务需求，城镇土地的利用效率必须提升，为此，各地相继推出了"城中村"改造、老旧小区改造、工业用地"腾笼换鸟"等政策，以此加强了城镇对周边地区的辐射带动作用。这些政策突破了城镇原有空间和结构的局限，促进了居住空间的离心外扩化，给城镇发展带来新的机遇。当前，离心外扩已经成为城市扩容的主要方式，新城（新区）在各地城市规划中占据重要席位。2015 年，国务院一项关于 12 个省会城市和 144 个地级市的调查显示，平均每个省会城市规划 4.6 个新城

---

① 刘善槐：《我国城镇义务教育学校布局调整研究》，《教育研究》2015 年第 11 期。

（新区），平均每个地级城市规划约 1.5 个新城（新区）。①

城镇居住空间的离心外扩化表现为三大经典模式。一是同心圆模式，它是以城镇为中心，向城镇外延逐层均匀扩展，呈现出典型的圈层特征。其中，"圈"和"层"分别指城镇外扩过程中的离心性和层次性。以北京市为例，2012 年，市区以东城区和西城区为核心圈层，逐步往丰台区、石景山区和海淀区等中间圈层外扩，后延伸至房山区、通州区、顺义区、昌平区、大兴区、门头沟区、怀柔区、平谷区、密云县和延庆县，形成外围圈层。该市人口密度整体呈现自内而外逐层递减的规律，其核心圈层、中间圈层和外围圈层的人口密度分别为 23757 人/km²、7902 人/km²、559 人/km²。② 二是扇形模式，它是指城市受地形、交通等因素的正向或负向影响，不能均匀的全方位外扩，只能以原有城镇为中心，向某一个或多个方位扩展。以兰州市为例，该市是一个典型的河谷型城市，由于黄河自西向东贯穿整个城区，该市在城建规划时，以东西干道为主道路交通线，南北干道为次，而城镇住宅区主要沿交通主干线分布，因而该市整体呈现沿东西干道外扩的居住空间结构特征。③ 三是多核心模式，它是指居住空间以城镇中的多个发力点为中心，分别向外延伸，形成多极中心外扩结构。在很多城市中，居住空间离心外扩化的三种表现模式总是融合存在。如，2000 年和 2010 年广州市的居住空间结构展现了同心圆和扇形（"圈层+扇形"）的融合特征。④

居住空间的离心外扩化由多种原因交叉叠加、共同作用而成。第一，人口增长是城镇外扩的根本原因。生育政策的逐步宽松、城乡户籍制度的改革以及新型城镇化的落实，在巩固城镇原有人口基数的同时也加大了外来人口

---

① 《34 亿？国务院调查显示全国新城新区规划人口严重失控》，《领导决策信息》2015 年第 42 期。

② 王岩：《北京城市圈层结构研究》，《中国商贸》2014 年第 23 期。

③ 刘争光、张志斌、汪晓霞等：《兰州市居住空间分布及其成因》，《干旱区资源与环境》2014 年第 1 期。

④ 周春山、罗仁泽、代丹丹：《2000—2010 年广州市居住空间结构演变及机制分析》，《地理研究》2015 年第 6 期。

迁移数量，人口急剧增长对城镇承载力带来新的挑战。为了保障居民日益增长的基本需求，政府必须提高资源利用效率，扩充城镇的服务功能，努力实现城市扩容。洛阳市自 2000 年至 2015 年，人口增加 73.57 万人，增长率为 51.7%，为了使城市空间同步于人口增长，该市十五年间增加了行政区域土地面积 335 平方公里，建成区为 209 平方公里。[①] 第二，城市中心商业空间扩容推动居住空间外扩化。大部分城市为了扩大经济影响，会选择在市中心建立多个商业文化圈，这些商业中心挤占了原来的居民区，居民被迫迁移至中心周边地带居住，形成外扩的居住结构。如，广州白云国际机场扩建工程第三条跑道安置区二期建设项目，该项目规划用地面积 201480 平方米，居住户数 1920 户，居住人口约为 6200 人。[②] 第三，郊区功能的改善助力城镇外扩的实现。一方面，郊区住宅区的建成吸引大批居民向外迁移。由于郊区具有自然景观优美、空气清新、生活空间宽敞等比较优势，有一定购买能力的居民愿意迁出城镇中心。另一方面，交通工具的多样性及道路的可达性也为居民往返城郊之间提供了便利。

城镇外扩是一项有内涵的规划，科学规划城镇配套服务关乎城镇长远发展。教育作为城镇的重要公共服务，深受城镇居住空间外扩的影响。学校布局调整是教育中重要的一环，在城镇居住空间离心外扩化过程中，它必然面临巨大挑战。首先，教育用地的数量和质量很难得到保障。由于土地资源较为稀缺，而教育在城镇化进程中的经济成效周期较长，部分急功近利的规划者为了使城镇化政绩最大化，往往优先为经济收益高的产业用地提供便利，留给教育用地的选择不多。其次，离心外扩化的不规则性加大了学校布局调整的难度。由于居住空间向外扩展的方向和速度并不总是一致，生活在住宅区的学龄人口分布将会呈现出分散且密度圈层化的特征，这种分布特征加大了学校布点和教育资源配置的难度。

---

① 李冰：《城市啥变化 数据来说话》，《洛阳日报》2016 年 10 月 31 日。
② 凤凰网：《规划居住 1920 户居住人口约 6200 人》，http：//news. ifeng. com/a/20160614/48990472_ 0. shtml。

三、 内部"马赛克"化

马赛克原指建筑上拼接图案用的片状小瓷砖，起源于古希腊。因其拼接及着色特点后被诸多学者发展成多种引申义。其中，美国芝加哥学派创始人帕克针对 20 世纪初美国城市迅速扩张，不同移民背景的人群在城市集聚的现象，提出了"马赛克社会"的概念。① 此后，帕克的学生沃斯指出城市中"各种各样的聚居区像马赛克一样拼接在一起"。② 伴随着文化认同的多元化，又出现了"族裔或文化马赛克"的概念。③ 本研究亦用"马赛克"来描述城镇居住空间内部混合集聚的生活样态，但这种"马赛克"式的居住空间结构并不是完全混合，而是相对割裂，具有一定的封闭性和独立性。

目前我国城镇居住空间的"马赛克"现象主要集中于城市内部，这种现象可进一步分解为空间的"马赛克"和居民的"马赛克"两个方面。空间的"马赛克"指的是城镇内部不同功能区相互交叉与聚集。较为常见的是住宅区、工业园区、休闲风景区等地区的片区化，它们看似相对封闭，实则毫无章法地相互穿插。尤其是住宅区，由于居住人口数量和分布的变化性较大，住宅区在其他功能区周边的分布没有固定的规律，其距离有远有近，占地面积有大有小，排列也有疏有密。我国大部分城市内部都存在着一定程度的"马赛克"现象。居民的"马赛克"主要表现为不同背景的居民共同生活在同一地域空间内，这些居民以自己的主要特质吸引相似背景的同类，同时隔离差异相对较大的群体，形成多个聚居地，城市被分割成各种小块，呈

---

① R. E. Park, "The city: Suggestions for the investigation of human behavior in the city environment", *The American Journal of Sociology*, Vol. 20, No. 5 (March 1915), pp. 577-612.

② L. Wirth, "Urbanism as a Way of Life", *The American journal of sociology*, Vol. 44, No. 1 (July 1938), pp. 1-24.

③ Larry S. Bourne, A. M. Baker., W. Kalbach, et al., *Canada's ethnic mosaic: characteristics and patterns of ethnic origin groups in urban areas*, *Centre for Urban & Community Studies*, University of Toronto, 1986, p. 167.

现出支离破碎的"马赛克"状。这种居民的"马赛克"现象形成较为典型的空间结构，包括"城中村"、棚户区等，它们不仅出现在北京、上海等大城市，还出现在广东佛山、浙江义乌等中小城市。

一般来说，一个城市内部出现的"马赛克"式空间结构往往不是单独的空间"马赛克"或者居民"马赛克"，二者总是相伴出现，同时存在。浙江省义乌市鸡鸣山社区就是一个典型的"马赛克"化社区，社区内由商住楼、商品房、安置市中心拆迁户、城中村等几大片区组成居住区，辖区内文教单位共有 20 家，现有本地人口 2047 人，流动人口 8000 多人，包括 19 个少数民族的 290 人以及 56 个国家的 926 名境外人员等，他们采用大杂居、小聚居的方式居住在社区内，形成人口结构多样化和文化多元化的"马赛克"社区。①

城镇居住空间结构的"马赛克"化是由多重因素共同作用产生的结果。一是城市建设规划。大部分城市在建设之初都会进行区位规划。一般来说，城市建设规划比较重视城市未来的经济和产业发展。为此，政府在城市规划过程中考虑更多的是地理环境、资源占有等自然因素。由于不同地区的地貌特征以及自然资源的分布存在差异，土地平坦而开阔的地区适合建住宅区，水资源、矿产资源丰富的地区适合建工厂等，这便形成了多种功能区。前文所说的空间"马赛克"化主要就是由这种城市规划形成的，且这种"马赛克"现象一般"与城俱来"，成型已久，但也不是一成不变。二是外来人口流入与社会隔离。人口自由流动与社会结构中"自由流动空间"的出现，使得城市内同一地域空间不仅容纳着本地人，还有更多的外来人口，有些地区的外来人口甚至超过了本地人口；同时，在全球化的影响下，人口流动开始变得"国际化"，不同国籍、不同地域、不同民族的人们也开始居住在同一片区。但是，由于经济、文化、族裔、信仰等方面的差异，这些聚居在同一

---

① 包蕾萍：《"马赛克化"半整合：城市外来务工子弟精神价值研究》，《当代青年研究》2010 年第 5 期。

片区内的人们很难充分融入社区，他们内部开始自发"同化"与"异化"。"同化"的居民能够很好的生活与交流，而"异化"的居民便形成了所谓的社会隔离。这种社会隔离不是指居住空间上的隔离，而是指心理的隔离，即一个小区内部也可能存在社会隔离。当一个区域出现社会隔离现象的时候，居民"马赛克"化也随即产生。

在"马赛克"式空间结构的影响下，城市内部学龄人口分布往往呈现数量、质量不均的特点。首先，学龄人口密度不均。区域内学龄人口大部分聚集在住宅区，而学龄人口数量受住宅区面积大小、楼层高低等因素的影响。一般来说，住宅区面积越大，楼层越高，可容纳的居民数量也会越多，相应的，学龄人口数量就越大，而楼房间距越小，学龄人口密度也就越大。由于"马赛克"式建筑的影响，同一区域内，可能既有标准化的公寓大厦，也有拥挤低矮的棚户区，这种城市结构必将导致该区域内部学龄人口在数量上的分布不太均匀。此外，由于住宅区与其他功能区在地理位置上的间隔与交叉并无固定规律，而住宅区的区位基本决定了学龄人口的分布，其他功能区则恰好回避了学龄人口的居住点。因此，城市内部的学龄人口整体上也是分布不均的。

其次，学龄人口质量差异较大。在一个具有居民"马赛克"特点的区域内，居住的可能包括来自不同国家、不同民族、不同地区的各种人口，这些居民的家庭观念和教育方式并不总是一致，这便使得自小生活在这些居民身边的学龄儿童质量存在差异。这种质量上的差异也受同类群体数量多少的影响，如果其同类群体数量过于庞大，学龄人口质量差异则容易凸显，否则，被同化或者主动融入的可能性也比较大。然而，只要存在一定数量的外来人口，这个城市必然面临本地人口与外来人口的融合问题，有可能形成城市内部学龄人口的质量差异。

学龄人口密度不均匀、质量差异较大的分布特点给学校的布局调整带来了很大的挑战。第一，学校的分布区位不易选择。在非均态分布的学龄人口中，学校很难以点为中心维持一个标准化的服务区域，如何在碎片化的"马赛克"式空间结构内合理地建立学校，使其恰好能够满足服务半径内所有学龄人口的就学需求，对于政府来说实属不易。此外，学校的分布密度往往取决于学龄人口的分布密度，而学龄人口的分布与居民区分布基本一致，在"马赛克"式的居民分布中，学校也难以均匀分布。同时，学校的分布区位受限于城市原始的功能规划，在房地产公司的先行开发下，留给教育用地的选择总是有限，容易出现学校服务区与学龄人口覆盖区不一致的问题，这无疑进一步增加了城镇学校的布点难度。第二，学校资源配置难以控制。"马赛克"式空间结构下人口的流动性很大，且在周期和方向上难有规律可循，而人口的非预期流动使得学校建设很难同步于居民区建设。因此，学校的规模和配套资源需要灵活的控制，以应对学龄人口的变动。第三，区域教育资源分配很难均衡。当不同背景的居民呈现出居住空间上的"马赛克"式"拼接"格局时，该居住空间内部的学龄人口质量也很可能出现"马赛克"现象，这种"马赛克"现象的直接后果就是各片区内学校教育资源分配不均衡。如何打破"马赛克"现象带来的教育资源割裂状态，应该是未来学校布局调整面临的难题之一。

第四节　多重因素影响下学龄人口密度分布特征

学龄人口密度分布与人口分布紧密相关，是自然、经济、社会等多重因素综合作用的结果。我国是传统的农业人口大国，平均人口密度居于世界前列，由于不同区域的地理差异显著，人口分布长期呈现非均衡性特征。改革开放以来，我国社会经济高速发展，城乡产业结构持续优化，农村劳动力向城市第二、第三产业区加速聚集，人口分布格局急剧变化。随着新型城镇化推进，城市人口占全国人口比重进一步加大，人口向城市聚集趋势更加凸显。在生育政策调整和人口大迁移的社会大背景下，我国学龄人口分布格局持续变化，学龄人口密度分布逐渐由单一自然地理因素作用产生的区域间不均，转向由社会经济等因素共同作用产生的区域内不均。而随着宏观人口调控政策的实施，学龄人口密度分布同时呈现出纵向波动态势。

一、 区域间高度不均

我国幅员辽阔，地形地貌和气候条件存在较大差异：东部地区地势平坦，多为沿海、沿河、沿湖的平原地区，适宜开展各类生产活动；西部地区则多以山地高原盆地为主，自然条件不适宜居住，这种地理差异造成了长期以来的人口分布不均。1935 年，我国著名地理学家胡焕庸在《中国人口之分布》一文提出，"今试自黑龙江之瑷珲，向西南作一条直线，至云南之腾冲为止，分全国为东南与西北两部，则此东南部之面积计四百万方公里，约占全国总面积之百分之三十六，计西北部之面积为七百万方公里，约占全国面积之百分之六十四；惟人口之分布，则东南部计四万四千万，约占总人口之百分之九十六，西北部之人口，仅一千八百万，约占全国总人口之百分之四，其多寡之悬殊，有如此者。"[①] 这条将中国人口分布划分为东南、西北两半壁的黑龙江瑷珲（现黑龙江黑河市爱辉）——云南腾冲线，后人将其称之为"胡焕庸线"。2000 年第五次全国人口普查数据显示，按"胡焕庸线"计算而得的东南半壁占全国国土面积的 43.8%，总人口的 94.1%；西北半壁占全国国土面积的 56.2%，总人口的 5.9%，"胡焕庸线"因其之神奇而被评定为中国地理百年大发现之一。[②]

受多重因素交织作用，我国学龄人口密度分布不断变化，但总体上仍保持以"胡焕庸线"为分界线的人口分布格局。整体上来看，我国学龄人口分布密度呈现东高西低态势，其中东南半壁与西北半壁学龄人口分布密度形成巨大反差，"胡焕庸线"两侧的中部地区和西部地区则逐渐形成学龄人口由西向东流入的缓冲地带。基于地理信息系统（GIS）采用自然间断点分级法

---

① 胡焕庸：《中国人口之分布——附统计表与密度图》，《地理学报》1935 年第 2 期。
② 郭文选：《国家地理百年大发现》，《贵阳文史》2009 年第 6 期。

（Jenks）对全国 31 个省份学龄人口密度进行分级，可划分为三类：学龄人口聚集区、学龄人口平缓区以及学龄人口稀疏区。其中学龄人口聚集区包括上海市、河南省、天津市、广东省、北京市、海南省、江苏省及山东省；学龄人口平缓区包括浙江省、安徽省、河北省、贵州省、重庆市、四川省、江西省、湖南省、福建省、湖北省、广西壮族自治区；学龄人口稀疏区包括山西省、辽宁省、青海省、云南省、陕西省、新疆维吾尔自治区、宁夏回族自治区、吉林省、黑龙江省、甘肃省、内蒙古自治区以及西藏自治区。

　　从学龄人口密度分布特征来看，学龄人口聚集区主要以行政区域划分中的东部长三角、珠三角地区为主。这一区域人口流入速度快、规模大，大量外来务工人员带来的随迁子女造成学龄人口密度不断加大，平均学龄人口密度达到 97.32 人/平方公里。其中上海市学龄人口密度达 215.93 人/平方公里，高居全国榜首。其他地区如广州、深圳等地学龄人口密度也均超过 100 人/平方公里。相对于学龄人口聚集区，学龄人口平缓区密度整体趋于平缓，平均学龄人口密度为 42.74 人/平方公里。学龄人口平缓区主要以行政区域划分中的中部地区为主。总的来看，这一区域经济发展势头良好，人口流动规模较大，但由于部分地区同时属于劳务输出大省，人口流入与流出的相对均衡使学龄人口密度尚未达到高度聚集程度。学龄人口稀疏区主要以行政区域划分中的西部地区和东北地区为主，平均学龄人口密度仅为 15.54 人/平方公里。其中西藏自治区、内蒙古自治区、甘肃省以及黑龙江省的学龄人口密度均不足 10 人/平方公里。相对而言，学龄人口稀疏区经济发展增速较慢，长期处于人口净流出状态，而新增人口的持续减少导致这一区域学龄人口密度始终处于较低水平。

二、　区域内相对集中

　　区域经济发展和产业结构升级促使社会资源向中心城市快速聚集，吸引大规模人口向城性流动，并使学龄人口密度分布呈现中心聚集态势。由于区域间经济发展存在一定的差异，学龄人口密度逐渐分化为多层级的聚集特征，表现为经济快速增长的部分中心城市学龄人口高度聚集，而部分经济发展相对缓慢的城市学龄人口密度则较为稀疏。基于地理信息系统（GIS）对全国主要城市的学龄人口密度进行划分，可分为超高密度型、高密度型、中密度型、低密度型和超低密度型五类。（见表2-4）

表2-4　2015年全国部分主要城市学龄人口密度划分类型

类型划分	城市	人口密度（人/平方公里）		学校密度（所/平方公里）		学龄人口密度（人/平方公里）	
		全市	市辖区	全市	市辖区	全市	市辖区
超高密度型	上海	2275.67	—	0.25	—	215.93	—
	广州	1148.78	1148.78	0.20	0.20	195.47	195.47
	郑州	1087.83	3405.94	0.18	0.50	174.98	634.26
高密度型	海口	716.15	716.15	0.13	0.13	122.31	122.31
	成都	1013.12	2154.32	0.08	0.18	109.92	271.64
	西安	808.16	1602.99	0.16	0.25	97.05	198.32
	石家庄	788.14	1868.73	0.14	0.29	95.62	240.57
	南昌	702.51	972.54	0.16	0.18	94.60	141.00
	济南	782.70	1105.06	0.10	0.15	89.52	134.15
	南京	991.35	991.35	0.09	0.09	87.73	87.73
	天津	861.79	861.79	0.11	0.11	86.36	86.36
中密度型	北京	819.57	819.57	0.10	0.10	79.40	79.40
	长沙	575.49	1671.03	0.10	0.25	74.38	245.26
	合肥	627.35	2227.15	0.08	0.23	72.37	339.04
	贵阳	487.38	934.65	0.11	—	71.59	—
	武汉	967.44	2968.93	0.11	0.31	70.67	122.21
	太原	525.19	1900.00	0.09	0.25	69.00	262.67
	福州	534.91	1119.82	0.10	0.16	64.92	186.39

续表

类型划分	城市	人口密度（人/平方公里）		学校密度（所/平方公里）		学龄人口密度（人/平方公里）	
		全市	市辖区	全市	市辖区	全市	市辖区
低密度型	杭州	436.25	1093.11	0.05	0.11	50.96	140.34
	沈阳	567.65	1526.94	0.04	0.13	49.18	137.74
	重庆	409.35	617.01	0.06	0.07	44.39	64.44
	南宁	332.81	442.14	0.08	0.10	43.76	75.76
	昆明	301.86	726.18	0.07	0.12	43.44	104.14
	西宁	262.40	1970.65	0.04	0.24	35.42	284.91
	长春	366.13	910.42	0.07	0.12	33.73	85.05
	银川	198.34	471.66	0.03	0.06	32.39	79.88
超低密度型	兰州	246.06	1256.13	0.06	0.20	28.89	162.93
	乌鲁木齐	193.65	271.99	0.02	0.17	27.63	39.06
	呼和浩特	139.07	629.54	0.02	0.09	18.37	107.26
	哈尔滨	180.98	538.34	0.02	0.05	14.99	47.02
	拉萨	17.96	—	—	—	3.13	—

数据来源：根据《中国城市统计年鉴2016》的数据整理。

　　从全国主要城市来看，学龄人口密度分布与人口密度分布保持高度的一致性，人口高度聚集区大多沦为学龄人口高密度的"重灾区"。作为长三角、珠三角地区的经济发展中心城市，上海和广州一直是大规模流动人口的主要聚集地。2016年末，上海市常住人口总数为2419.70万人，其中户籍常住人口1439.50万人，外来常住人口980.20万人，外来常住人口占全市常住人口的40.51%；[①] 广州市常住人口1404.35万人，其中户籍人口870.49万人，非户籍人口占常住人口的38.02%。[②] 人口大规模聚集使这些地区学龄人口

---

　　① 上海市统计局：《2017年上海市国民经济和社会发展统计公报》，https：//tjj.sh.gov.cn/tjgb/20180309/0014-1001690.html。

　　② 广州市人民政府：《2016年广州市国民经济和社会发展统计公报》，https：//www.gz.gov.cn/zfjgzy/gzstjj/xxgk/tjxx/tjgb/content/post_2976069.html。

分布呈现超高密度的特征。2015 年，上海学龄人口密度达到 215.93 人/平方公里，广州学龄人口平均密度为 195.47 人/平方公里。与上海、广州同属于超高密度型的郑州市也是人口高度聚集的另一典型城市。2015 年，河南省年平均人口达 11033.76 万人，成为全国人口最大的省份，而郑州作为河南省的省会城市，年平均人口达 802.27 万，市辖区内人口密度达 3405.94 人/平方公里。人口高密化使学龄人口密度也呈现超高密度的特征，郑州市学龄人口密度为 174.98 人/平方公里，仅次于上海和广州，成为学龄人口密度的第三大城市。为了缓解超高密度学龄人口的就学压力，超高密度型城市积极开展学校布局调整，大量新建、改扩建各类学校。2015 年，上海、广州、郑州学校密度也高居于全国前三位，分别达到 0.25 所/平方公里、0.20 所/平方公里和 0.18 所/平方公里，郑州市辖区学校密度甚至达到 0.5 所/平方公里，相当于平均每 2 平方公里就有一所学校。由于城市部分区域教育规划用地不足，超高密度型城市学校布局调整仍然面临较大压力，学校布局逐渐向城市外部扩展。以上海为例，常住幼儿园学龄儿童中，近郊区分布最多，占 52.69%，其中浦东新区占 24.77%，远郊区、边缘区及核心区依次减少，分别占 24.86%、17.15% 和 5.29%，小学、初中适龄儿童的分布状况与幼儿园适龄儿童的分布特点一致，各阶段适龄儿童在郊区分布按近郊区、远郊区、边缘区、核心区比重依次降低，学龄人口向郊区分布的趋势明显。①

随着京津冀一体化、"一带一路"倡议、区域经济协调发展等国家重大战略部署的推进实施，人口向中心城市聚集动力进一步提升，学龄人口密度分布开始呈现新格局。自北京、天津、上海、重庆、广州、成都、武汉及郑州八大城市相继被列入国家中心城市后，2018 年 2 月，《关中平原城市群发展规划》将西安列为第九个国家中心城市，并明确指出，"到 2035 年，城市群质量得到实质性提升，建成经济充满活力、生活品质优良、生态环境优

---

① 孟兆敏、吴瑞君：《上海市基础教育资源供需的现状、问题及对策研究》，《上海教育科学》2013 年第 2 期。

美、彰显中华文化、具有国际影响力的国家级城市群。"总的来看，我国正在形成"四大板块+三大战略+城镇组群"的区域发展战略体系，即东部率先、西部开发、东北振兴、中部崛起四大板块，"一带一路"建设、京津冀协同发展、长江经济带发展三大战略以及"十三五"规划纲要中确定的城市群建设。① 区域经济协调发展为中小城市发展提供了契机，也进一步凸显了中心城市对中小城市经济发展的辐射和带动作用。一方面，中心城市依靠区域经济发展的中心地位带动周围中小城市共同发展；另一方面，产业结构升级提供大量就业机会，吸引大批外来人口，造成城市学龄人口数量剧增。由此，学龄人口呈现高密度的特征。2015 年，海口、成都、西安、石家庄、南昌、济南、南京和天津学龄人口呈现高密度的分布特征，这八个高密度型城市的平均学龄人口密度达 97.89 人/平方公里。其中海口、成都的学龄人口密度均超过 100 人/平方公里，仅次于上海、广州和郑州三个超高密度型城市。按照区域经济联动发展模式，未来学龄人口分布呈高密度型的城市数量有可能进一步扩大，而如果人口规模未能有效控制，这类城市有可能进一步朝向学龄人口超高密度型城市发展，并对学校布局调整带来巨大挑战。但相对而言，高密度型城市学校布局调整仍有较大的优化空间。随着新型城镇化推进及城市规划建设，高密度型城市可通过对新区规划建设改善现有学校分布格局，同时通过新建、改扩建等方式逐步优化城市内部的学校布局。

三、 纵向呈波动态势

生育政策是影响我国学龄人口密度分布的重要因素之一。一方面，计划生育政策促使人口净流出型城市的学龄人口密度分布呈现稀疏化特征。自我国实行计划生育政策以来，新生人口数量大幅减少，由此造成各地学龄人口密度普遍呈大幅下降的趋势。2000—2015 年，全国 31 个省份中，仅广东、海南、西藏、宁夏、新疆五个省份的学龄人口密度略有增幅，其他省份学龄

---

① 黄桦：《聚焦关键精准发力 促进区域协调发展》，《经济日报》2017 年 12 月 1 日。

人口密度均呈不同程度的下降态势。（见表 2-5）从部分主要城市学龄人口密度的变化趋势来看，学龄人口密度锐减期主要集中在计划生育政策效果显现初期；而随着城镇化进程推进，农村学龄人口向城性流动，城市学龄人口密度逐渐回升，部分城市学龄人口密度由大幅下降转为快速增长。以上海为例，2000—2015 年，学龄人口密度由 258.63 人/平方公里减少至 218.80 人/平方公里。其中 2000—2005 年，学龄人口密度下降幅度最高，五年间减少41 人/平方公里；2005—2010 年，人口大规模迁移使学龄人口密度略有回升，但总体上学龄人口密度仍保持下降态势；2010—2015 年，人口向中心城市聚集使学龄人口密度不断回升并实现增长。相比人口高度聚集的中心城市，人口净流出型城市学龄人口密度则呈稀疏化特征，由生育政策造成的学龄人口减少已然超过城镇化增加的学龄人口。在计划生育政策和人口净流出双重因素作用下，2016 年，兰州、乌鲁木齐、呼和浩特、哈尔滨及拉萨学龄人口密度呈超低密度分布，平均学龄人口密度仅为 18.60 人/平方公里。另一方面，生育政策的调整给人口聚集型城市学龄人口密度分布带来巨大压力。随着"全面二孩"及"三孩"政策的实施，人口高密度城市或成为新生人口的聚集区。以武汉市为例，2016 年，武汉市人口密度为 967.44 人/平方公里，位居全国人口密度前列；但学龄人口密度仅为 70.67 人/平方公里，属于学龄人口中密度型城市。有预测显示，到 2030 年，武汉人口数量将达到 1700 万人，2049 年人口规模将上升至 2500 万人。① 由于生育政策具有滞后性，其政策效果将在未来得以体现。而对于武汉这类目前学龄人口密度较为可观，但总人口基数庞大的城市而言，未来学龄人口密度具有极大回升可能性。

---

① 胡孙华：《2049 年武汉人口或达 2500 万》，《长江日报》2013 年 11 月 30 日。

表 2-5　2000—2015 年我国部分主要城市学龄人口密度变化情况（人／平方公里）

城市	2000—2005 年		2005—2010 年		2010—2015 年	
	全市	市辖区	全市	市辖区	全市	市辖区
北京	-17.22	-82.82	+1.03	+3.84	+8.29	+11.90
天津	-13.42	-56.69	-12.97	-17.14	+1.40	+4.24
石家庄	-20.82	-134.51	-22.51	-26.10	+8.50	-432.19
太原	+11.46	+61.64	-2.34	-7.81	-6.36	-10.36
呼和浩特	+2.32	+24.34	-0.81	+0.83	-0.92	+5.50
沈阳	-6.93	-25.75	-10.86	-23.19	-2.07	+3.03
长春	-7.97	-16.48	-7.44	-33.62	-6.25	-1.06
哈尔滨	-4.71	-154.35	-3.73	-25.60	-2.70	-3.91
上海	-41.00	-114.00	-16.54	-7.06	+17.71	+23.84
南京	-5.84	-195.44	-17.58	-17.87	+2.64	-13.25
杭州	+0.60	-151.01	-0.90	+13.62	+1.33	-34.25
合肥	+4.58	+9.67	-5.30	-57.99	-22.13	-24.11
福州	-9.19	+9.59	-13.64	+25.22	-2.20	-75.81
南昌	+2.69	+41.95	+7.46	+54.13	-6.61	-172.58
济南	-8.83	-48.50	-2.13	+0.75	+5.68	+14.12
郑州	-24.17	+79.21	+3.83	+79.31	+27.64	+132.77
武汉	-9.87	-9.87	-34.52	+64.87	-9.69	+150.05
长沙	-14.38	+35.97	-1.79	-113.25	+12.46	-72.88
广州	+34.96	-114.32	+0.56	-1.01	+3.89	+19.07
南宁	-4.18	+24.46	-4.41	-76.66	+1.44	+10.56
海口	-289.24	-289.24	-21.04	-21.04	+14.44	+14.44
重庆	+4.25	+93.44	-5.45	-109.94	-3.86	+2.55
成都	+14.16	+12.22	-2.03	+31.35	-0.64	+39.96
贵阳	+8.71	+29.07	+1.48	+27.08	-3.84	+3.45

续表

城市	2000—2005 年		2005—2010 年		2010—2015 年	
	全市	市辖区	全市	市辖区	全市	市辖区
昆明	+5.21	+33.87	+6.03	-7.43	-1.98	+20.50
拉萨	—	—	—	—	+2.96	—
西安	-2.00	-100.32	-19.16	-19.54	-6.61	-6.73
兰州	+0.76	+12.25	-3.43	-2.27	-3.32	-0.49
西宁	-11.36	+28.57	-0.80	-25.23	-1.49	-50.57
银川	-22.41	+5.67	+1.91	-10.77	+3.78	+5.06
乌鲁木齐	+5.83	-202.05	+0.88	-1.00	+1.18	+1.91

注：表中"+"代表增加，"-"代表下降。

数据来源：根据 2001、2006、2011、2016 年《中国城市统计年鉴》的数据整理。

人口政策及其相关制度是影响学龄人口密度分布的另一重要因素。一方面，国家及各地方通过出台控制人口规模的政策，严格控制超大特大城市的人口数量。十八届三中全会提出，"全面放开建制镇和小城市落户限制，有序放开中等城市落户限制，合理确定大城市落户条件，严格控制特大城市人口规模"。① 随后，北京、上海等一些特大城市先后对人口规模作出明确规划。如《北京城市总体规划（2016 年—2035 年）》明确提出，到 2020 年北京市常住人口规模控制在 2300 万人以内，2020 年以后长期稳定在这一水平；城六区常住人口在 2014 年基础上每年降低 2—3 个百分点，争取到 2020 年下降约 15 个百分点，控制在 1085 万人左右，到 2035 年控制在 1085 万人以内。《上海市城市总体规划（2017—2035 年）》提出，"缓解人口快速增长与资源环境紧约束之间的矛盾，严格控制常住人口规模，至 2035 年常住人口控制在 2500 万人左右"。从目前来看，部分特大城市对人口规模的控制已经取

---

① 中华人民共和国中央人民政府：《中共中央关于全面深化改革若干重大问题的决定》，http：//www. gov. cn/jrzg/2013-11/15/content_ 2528179. htm。

得一定成效。以北京市为例，2016 年人口密度为 819.57 人/平方公里，学龄人口密度为 79.40 人/平方公里。由于人口规模控制得当，北京市学龄人口并未呈现出超高密度分布特征。并且随着学龄人口密度控制力度加大，未来学龄人口密度仍比较乐观。另一方面，部分城市限制随迁子女公办校就学条件，有效控制了学龄人口规模的进一步扩大。由于城市教育资源承载力有限，学龄人口高度聚集使城市难以满足如此庞大群体对高质量教育的需求。一些地方不得不制定随迁子女入学办法，规定随迁子女入学必须满足相应条件。随迁子女异地入学、升学的现实困难无疑阻碍了大量外来务工人员子女进一步向城市聚集，有效控制了超大特大城市学龄人口密度。但是，随着随迁子女异地就学保障机制不断健全，城市必将逐渐放开随迁子女异地入学、升学的限制条件，学龄人口密度也将进一步增加，这无疑对未来城市优化学校布局提出了更高的要求。

第三章　人口变动背景下学校
布局调整面临的问题

在多重因素共同作用下，学龄人口呈现层级化迁移趋势，乡村学龄人口严重流失，而城市和县镇学龄人口加速聚集。这种学龄人口迁移的特征为各层级学校布局带来系统性影响，也使不同层级地区呈现出不同的教育形态。在学龄人口的流入端，城市和县镇均面临大量学龄人口涌入，但其学校布局调整面临的问题却各不相同。对于城市学校布局调整而言，教育资源承载力有限，难以满足大量随迁子女就学需求；而对于县镇学校布局调整而言，优质教育资源供给不足与人民日益增长的高质量教育需求间的矛盾日益尖锐。在学龄人口的流出端，乡村学龄人口的急剧减少使教育资源配置难以达成规模效益，乡村学校布局调整面临公平与效率的选择难题。

第一节　城市学校布局调整面临的问题

城镇化背景下学龄人口向城性流动与生育政策调整带来的新增学龄人口给城市学校布局调整带来巨大挑战。城市义务教育学校布局调整解决的核心问题并不仅仅是提供充足学位使城镇地区的学生能够"有学上"，更是要让这些学生能够"上好学"，亦即能够就近接受高质量的义务教育。① 因此，城市学校布局调整既要解决教育资源承载力不足的问题，也要化解教育资源分布不均的难题。在解决这两大难题的过程中，如何突破教育属地权责、实现多部门共同协作显得尤为重要。

一、　教育资源调配速度难以赶上新增教育需求

大量随迁子女的涌入使城市教育资源承载力面临巨大挑战。教育资源承载力的帕累托最优取决于学校在合理范围内能够容纳的学生数量，并且能够为其所容纳的学龄人口提供高质量的教育服务。促进学校在合理范围内容纳更多学生的前提条件是教育规划用地充足，而确保学校高水平教育质量则需要配置充足的教师。在城市既有的教育用地不足和教师资源有限的条件下，通过购买民办学校学位和招聘临聘教师成为提升城市教育资源承载力的主要途径，而这两者的实现都不可缺少必要的资金投入。

（一）　教育规划用地不足

城市教育规划用地应与居住区基础设施建设配套存在。改革开放以来，我国经济社会快速发展，城市基础设施建设与公共服务水平稳步提升，城市居住区的规划逐步被提上日程。作为公共服务的主要内容，各级各类教育配套设施也被列入居住区公共服务设施建设的重要指标。为确保居民基本的居住生活环境，经济、合理、有效地使用土地，提高居住区的规划设计质量，中华人民共和国建设部于 1993 年出台《城市居住区规划设计规范》（GB50180—93）（以下简称《规范》），明确要求居住区公共服务设施（也称配套公建）应包括教育、医疗卫生、文化体育、商业服务、金融邮电、社区服务、市政公用和行政管理及其他八类设施。《规范》同时要求居住区教育设施的配建水平应遵循每千居民所需的建筑和用地面积（简称千人指标）

---

① 刘善槐：《我国城镇义务教育学校布局调整研究》，《教育研究》2015 年第 11 期。

为 600—1200m² 和 1000—2400m²，小区教育设施配建的千人指标为 330—1200m² 和 700—2400m²，组团教育设施配建的千人指标为 160—400m² 和 300—500m²。① 2018 年，住房和城乡建设部公布最新的《城市居住区规划设计标准》（GB50180-2018），按照生活圈步行时间对教育设施的配建做出了具体规定：其中五分钟生活圈居住区应配建幼儿园，按需配建托儿所；十分钟生活圈居住区应配建小学，按需配建初中；十五分钟生活圈居住区应配建初中。（见表 3-1）

表 3-1　城市居住区教育配套设施设置规定

教育项目	五分钟生活圈居住区	十分钟生活圈居住区	十五分钟生活圈居住区	备注
幼儿园	▲	—	—	宜独立占地
托儿所	△	—	—	可联合建设
小学	—	▲	—	应独立占地
初中	—	△	▲	应独立占地

注：▲为应配建的项目，△为根据实际情况按需配建的项目。

按照城市居住区规划设计要求，教育用地应纳入城市公共服务设施建设范围，并满足城市居住区学龄人口的就学需求。但实际上，人口流动及生育政策调整带来的新增学龄人口，导致原有教育规划用地不足，居住区配套教育设施无法满足大量学龄人口的教育需求。以北京为例，2010—2017 年，普通小学在校生由 65.3 万人增长至 87.6 万人，增长 22.3 万人；幼儿园在园幼儿由 27.7 万人增长至 44.6 万人，增长 16.9 万人。② 如果按照每所学校 24

① 注：城市居住区一般称居住区，泛指不同居住人口规模的居住生活聚居地和特指被城市干道或自然分界线所围合，并与居住人口规模（30000—50000 人）相对应；居住小区一般称小区，是指被城市道路或自然分界线所围合，并与居住人口规模（7000—15000 人）相对应；居住组团一般称组团，指被小河道路分隔，并与居住人口规模（10000—30000 人）相对应。

② 注：数据由《北京市 2010 年暨"十一五"期间国民经济和社会发展统计公报》和《北京市 2016 年国民经济和社会发展统计公报》计算得出。

个班级、平均班额 45 人计算来新建学校，2010—2017 年北京市新增小学在校生至少需要新建 200 余所小学学校，需要将近 2500 亩教育用地；如果按照每个园所 8 个班级、平均班额 30 人计算来新建幼儿园，北京市新增在园幼儿至少需要 700 余所幼儿园，需要 860 余亩教育用地。同样，东莞市近几年每年新增 4 万多名随迁子女，按照 1000 名学生的规模建设学校，每年至少需要兴建 40 所学校；如果按照县一级小学的建设标准计算（占地 30 亩），那么每年需要提供建校用地 1200 亩，当地根本没有那么多预留土地用于新建学校。① 随着生育政策更加宽松，超大特大型城市未来学龄人口规模仍可能进一步增大，这必然对城市教育用地规划带来巨大挑战。

外来学龄人口涌入与城市教育用地规划不足直接导致城市班额过大、生均占地面积达标率不高。目前，城市中小学用地面积主要依据 2002 年建设部、国家计委以及教育部出台的《城市普通中小学校校舍建设标准》和 2010 年住房和城乡建设部出台的《中小学校设计规范》两个标准。在此基础上，各地方依据 2017 年教育部出台《义务教育学校管理标准》，陆续制定出台了地方义务教育阶段学校办学条件基本标准。按照《城市普通中小学校校舍建设标准》要求，城市普通中小学校舍建筑面积依据不同类型、不同规模学校而定。（见表 3-2）随着城市学龄人口密度不断加大，城市中小学生均校舍建筑面积不断减少。课题组 2015 年的调查发现，76.47% 的城市小学生均校园用地面积不达标，18.18% 的城市初中生均校园用地面积不达标。为了满足与日俱增的学龄人口教育需求，一些超大特大城市学校只能不断扩大学校和班级规模，将学校部分功能室改建成教室，有的地方甚至在运动场地上建了教学楼。从我们掌握的数据来看，按照《中小学校设计规范》中"小学普通教室生均使用面积为 1.36m²/座，中学普通教室生均使用面积为 1.39m²/座"测算，64.29% 的城市小学生均教室占有面积不达标，30% 的城

---

① 刘善槐、邬志辉：《农民工随迁子女普惠性民办校发展的困境与政策应对》，《华中师范大学学报（人文社会科学版）》2015 年第 5 期。

市初中学校生均教室占有面积不达标。中小学生尚处于身体成长发育期，长期处于狭窄、拥挤的学习活动空间必然对其身心健康产生诸多不利影响，而一旦出现校园安全事故，将带来极为严重的负面影响。

表3-2　城市普通中小学校校舍建筑面积指标①

项目名称		基本指标（m²）						
		12班	18班	24班	27班	30班	36班	45班
完全小学	面积合计	3670	4773	5903	—	7002	—	
	生均面积	6.8	5.9	5.5		5.2		
九年制学校	面积合计	—	5485	—	7310	—	9403	11582
	生均面积	—	6.5	—	5.8	—	5.6	5.5
初级中学	面积合计	4772	6379	7972	—	9605		
	生均面积	7.9	7.1	6.7	—	6.4		
完全中学	面积合计	—	6495	8120	—	9734	11387	—
	生均面积	—	7.3	6.8	—	6.5	6.3	
高级中学	面积合计	—	6602	8247	—	9892	11537	
	生均面积	—	7.4	6.9	—	6.6	6.4	

（二）师资配置严重紧缺

当前教师编制配置方式难以适应城市大量外来学龄人口涌入，造成部分城市学校特别是超大特大城市学校教师编制数量严重紧缺。在规模取向的生师比编制配置方式作用下，城市学校由于规模相对较大，教师编制配置相对充足。从宏观数据来看，2016年，全国城区小学在校生数为32671812人，教职工数为1608856人。按照现行教职工编制标准测算，城区小学教职工缺

---

① 注：本表为城市普通中小学校校舍建筑面积基本指标。城市普通中小学校，校舍建筑面积指标分为规划指标和基本指标两部分。学校若分期建设，首期建成校舍的建筑面积不应低于基本指标的规定。

编 110713 人，城区教师数量仍有较大补充空间。然而，对于部分超大特大城市而言，教师编制配置却因外来学龄人口剧增陷入严重短缺的困境。以广州市为例，2016 年广州市小学公办校在校生为 646807 人，初中公办校在校生为 221392 人，按照当前我国教师编制生师比配置标准，广州市小学公办校超编 3671 人，初中公办校超编 4940 人。① 尽管"超编"严重，不少学校仍面临教师数量不足的问题，只能聘用大量临聘教师维持学校正常运转。这也就意味着，广州市公办校教师编制远不能满足学校实际教育教学需求。随着大量外来学龄人口涌入与城市学校对非户籍地学生开放，部分地区出现非户籍学龄人口与户籍学龄人口"倒挂"趋势。2016 年，广州市初中在校生数 329410 人，其中非本地户籍学生数达 128786 人，占全体在校生的 39.10%；小学在校生数为 968531 人，其中非本地户籍学生数达 466947 人，占全体在校生的 48.21%。② 按照当前编制配置方式，新增学龄人口需要配置相应的教师。但是，在"财政供养人员只减不增"的政策框架内，教师编制数量必须控制在原有核定的编制总量之内，无法按照新增学龄人口配置充足的教师编制。以苏州市高新区为例，2014 年新增随迁子女 7000 余人，如果全部纳入公办校的话，按照当地的编制标准进行测算，那么至少需要新增公办教师 450 名，但鉴于教师属于财政供养人口，其编制需要进行控制，即使在财政经费允许的条件下也不能随意增加教师。③ 随着生育政策更加宽松，未来几年内政策堆积人口将逐渐释放，新增学龄人口将与外来流动学龄人口共同对学校师资配置造成巨大压力。不仅如此，学校育龄女教师"扎堆生育"也对学校的正常运转带来困难。据了解，一般学校生育二胎教师人数占在岗教职工人数的 10%，而市区有部分学校生育二胎教师人数占在岗教职工

---

① 注：数据由 2016 年广州市教育统计数据计算得出。
② 注：数据由 2016 年广州市教育统计数据计算得出。
③ 刘善槐、邬志辉：《农民工随迁子女普惠性民办校发展的困境与政策应对》，《华中师范大学学报（人文社会科学版）》2015 年第 5 期。

人数 20%。① 为了保证学校能够正常运转，部分学校的校长不得不提前准备"招人顶岗"，有的校长甚至要求学校教师"排队"怀孕，以避免育龄教师"扎堆请假"造成学校师资不足的困局。

为了解决编制不足造成的学校师资短缺，部分地区学校只能大量补充临聘教师。据报道，深圳市宝安、龙岗、龙华、大鹏四个区的临聘教师占在编教师的比例已经超过 30%，部分学校临聘教师的比例甚至超过 60%。② 尽管补充临聘教师能够缓解学校教师紧缺的困境，但是聘请大量临聘教师也面临诸多问题。一是部分地区临聘教师的经费支出难以得到有力的保障。与在编教师享有财政性工资保障不同，临聘教师工资拨付主体多为市区财政。但是，受限于编制部门对临聘教师数量的要求，财政部门只承担既定数量的临聘教师经费支出。如广东省要求因教师脱产进修、长期病假、产假、支教等需要安排教师的中小学，聘请临聘教师数量不超过学校在编在岗教职员总数 5%。③ 对于随迁子女数量已超过户籍学龄人口的地区而言，仅以此数量聘用临聘教师已然无法满足学校的实际需求。部分学校只能通过自行聘用临聘教师的方式来缓解教师的不足，而这部分经费只能由学校自行承担。二是临聘教师合理薪资待遇难以得到保障。临聘教师与在编教师同在一个学校付出同等劳动，但由于临聘教师与在编教师的身份不同，两者之间的劳动回报存在较大差异。事实上，临聘教师与在编教师"同工不同酬"不仅仅体现在工资收入水平上，更多地体现在福利待遇、社会保障、社会地位等诸多方面。在这种"付出与回报不对等"的自我感知影响下，临聘教师流动性极大。从长期来看，这必然影响到学校教师梯队化建设。三是临聘教师管理存在劳务纠纷的隐患。按照《中华人民共和国劳动合同法》要求，临聘教师在某一学校

① 民进河源市基层委员会：《关于实施"全面二孩"政策后增加中小学临聘教师数量及配套资金的提案》，http://www.gdhyzx.gov.cn/hyzx/zxta/20180313/2082265.html。
② 熊丙奇：《临聘教师一夜下岗谁来负责》，《中国教育报》2015 年 9 月 16 日。
③ 广东省编办省教育厅省财政厅省人事厅：《广东省中小学教职员编制标准实施办法》（粤机编办〔2008〕73 号）。

连续工作满十年，或者与该学校连续订立二次固定期限劳动合同，该学校都应与临聘教师订立无固定期限劳动合同。而无固定期限劳动合同的订立也就意味着，学校不能够随意解聘临聘教师。因此，长期聘用临聘教师必然使学校面临劳务纠纷的风险，未来如何消化大量的临聘教师将成难题。

（三）地方财政压力巨大

保障进城务工人员随迁子女异地就学是超大特大城市长期面临的问题。自2003年《关于进一步做好进城务工就业农民子女义务教育工作的意见》提出"进城务工就业农民流入地政府负责进城务工就业农民子女接受义务教育工作，以全日制公办中小学为主"（以下简称为"两为主"）以来，各地政府积极解决进城务工人员随迁子女就学问题。但随着外来务工人员随迁子女的涌入速度加快，城市既有教育资源供给越来越难以满足日益增长的随迁子女对教育的需求。2014年，《国家新型城镇化规划（2014—2020年）》提出，"将农民工随迁子女义务教育纳入各级政府教育发展规划和财政保障范畴"（以下简称为"两纳入"）。"两纳入"政策的出台肯定了随迁子女异地就学将在未来较长一段时间内长期存在，而城市作为人口流入地，必然成为保障随迁子女异地就学的责任主体。教育部统计数据显示，到2019年，全国小学阶段在校随迁子女数为1447.63万人，占小学阶段在校生的13.71%；初中阶段在校随迁子女数为537.69万人，占初中阶段在校生的11.14%。为了保障如此庞大规模的随迁子女能够接受公平且高质量的教育，地方政府不断扩大城市教育资源供给，促进城市教育资源均衡配置，而这也使地方政府面临较大的财政负担。

第一，城市新建、改扩建校舍财政资金缺口较大。"两为主""两纳入"的实施，不可避免地造成城市公办学校学位不足，部分地区"大班大校"问题尤为突出。为了有效地遏制"大班大校"，满足学龄人口对公办学校的教育需求，地方政府积极新建、改扩建校舍。但由于城市"寸土寸金"，土地征用的费用昂贵，加之学校建成后相关配套设施建设也需要相关资金投入，新建、改扩建校舍使地方财政面临巨大挑战。以广州市天河区为例，2013 年全区农民工随迁子女为 5.93 万人，如果全部进入公办学校就读，那么至少需要新建学校 59 所（按每校 1000 人测算），用于征土地、学校建设和教师工资等项目的基本费用至少需要 380 亿，而全区的可支配财政收入仅有 50 多亿元，资金缺口巨大。① 2018 年，苏州市实事项目计划新建、改扩建中小学、幼儿园 36 所，② 而这些经费也都由地方政府财政来承担。

第二，以向民办校购买学位的方式解决学位不足，加大了地方政府财政支出。尽管地方政府积极扩大城市教育资源供给，但随迁子女流入速度过快导致城市教育资源供给严重短缺，现有公办校学位数量难以保障随迁子女全部进入公办学校就读。2015 年，深圳市拿出了一半的公办学位来解决随迁子女异地就学问题，却只能满足 23% 的随迁子女享受公办教育的需求。③ 为了解决公办学校学位不足的问题，部分地方政府探索向民办校购买学位，保证随迁子女能够免费接受义务教育。地方政府向民办校购买学位主要有两种方式：一种是地方政府对在受政府委托的民办学校就读的学生进行补贴，补贴金直接发放至家长账户，用以抵消学生在民办校就读费用；另一种是地方政府对提供学位的民办校进行补贴，补助金直接划拨至学校，用于民办学校发展及相关活动支出。地方政府向民办学校购买学位，实质上是通过财政资金投入的方式有效保障了随迁子女在城市接受免费义务教育，同时通过这种方式不断缩小城市公办校与民办校的办学质量差距，保证随迁子女在城市享受高质量教育。然而，以地方政府为投入主体向民办学校购买学位，必然加大地方的财政支出。以中山市为例，2017 年中山市购买义务教育阶段民办学校

---

① 刘善槐、邬志辉：《农民工随迁子女普惠性民办校发展的困境与政策应对》，《华中师范大学学报（人文社会科学版）》2015 年第 5 期。

② 苏州市人民政府：2018 年苏州市实事项目专题，http://www.suzhou.gov.cn/zt/2018nszsssxm/index.shtml。

③ 邓晖、晋浩天：《随迁子女异地就学，难在哪儿?》，《光明日报》2016 年 3 月 8 日。

学位 19438 个，其中初中学位 5646 个，小学学位 13792 个。① 按照《中山市购买义务教育阶段民办学校学位暂行办法》，小学每生每年 5000 元、初中每生每年 6000 元的学位补贴标准计算，地方政府用于购买民办校学位的财政支出近 1.03 亿元。

第三，鼓励支持民办学校发展使地方政府面临较大的财政负担。城市公办学校教育资源无法满足大量随迁子女的教育需求，促使城市民办学校快速发展。2019 年，广州市小学学校数为 980 所，其中民办小学 141 所，占小学学校数的 14.39%；初中阶段学校数为 415 所，其中民办初中 195 所，占初中学校数的 46.99%。② 尽管民办校规模不断扩大，但由于财政支持有限，民办学校整体质量仍与公办学校存在较大差距。为了鼓励、支持民办学校发展，保障随迁子女能够在民办学校接受同等质量的教育，部分地方逐渐加大对民办学校支持力度。2018 年，东莞市民办中小学扶持专项资金为 710 万元，其中扶持民办普通中小学的资金为 590 万元。③ 为了解决民办学校教师队伍流动性大，整体素质不高的问题，部分地方逐步探索临聘教师与在编教师"同工同酬"，提高民办学校教师整体待遇水平。广州市从 2015 学年开始，支持民办学校建立教师从教津贴和年金制度，政府对符合条件的民办学校按其实有专任教师人数，以每人每月 1000 元的标准给予补助，经费每年按 12 个月计发。④ 2017 年，广州小学阶段民办学校专任教师数为 16374 人，初中阶段民办学校专任教师数为 7686 人。⑤ 如果按照上述标准给予补助，地方政府将承担相应的财政支出 2.89 亿元，这无疑进一步加大了地方财政

---

① 唐益：《我市将为随迁子女购买民办学校学位》，《中山日报》2017 年 6 月 14 日。

② 注：数据由 2019 年广州市教育统计数据计算得出。

③ 东莞市教育局：《关于组织申报 2018 年东莞市民办中小学扶持专项资金的通知》（东教策函〔2018〕11 号）。

④ 广州市教育局：《关于进一步加强民办义务教育分类扶持和管理的实施意见》，http://jyj. gz. gov. cn/yw/tzgg/content/post_ 5694563. html。

⑤ 广州市教育研究院、广州市教育局规划建设处：《2017 年广州市教育统计手册》，http://jyj. gz. gov. cn/gk/sjtj/content/post_ 5293845. html。

负担。

二、 教育资源分布不均与学龄人口教育需求不匹配

城市教育资源分布遵循"中心—边缘"理论，中心城区集中着城市大量优质教育资源，而越远离中心城区，教育资源配置越为薄弱。城市区域间、校际教育质量存在较大的差异。在这种非均衡的教育资源分布模式下，城市中心区优质教育资源竞争异常激烈，而教育资源相对薄弱的城市郊区学校，生源则以随迁子女为主。

（一）中心城区教育择校现象严重

城市人口向心式聚集造成中心城区教育资源供给严重不足。中心城区作为城市政治、经济、文化的核心，拥有相对优质的社会资源、经济资源及教育资源，吸纳了城市的大量人口。尽管随着城市公共服务设施趋于完善，城市人口逐渐呈现由中心区向外扩散的趋势，但中心城区人口密度仍处于较高水平。以北京市为例，常住人口密度从首都功能核心区向外围逐渐降低，首都功能核心区人口密度为 23953 人/平方千米，是城市功能拓展区的 2.9 倍，是城市发展新区的 22 倍，是生态涵养发展区的 109.9 倍。[①] 中心城区教育资源配置与教育资源承载力普遍高于城市其他城区。从学校布局情况来看，城市学校布点的密集程度呈现由中心城区向外部城区依次递减的趋势，基本与城市人口分布特征相吻合。2017 年，首都功能核心区平均学校密度为 1.30 所/平方公里，城市功能拓展区平均学校密度为 0.21 所/平方公里，而城市发展新区和生态涵养发展区学校密度分别仅为 0.07 所/平方公里和 0.02 所/平方公里。[②] 然而，尽管中心城区不断扩大教育资源供给，但学龄人口聚集

---

① 曹浩文：《超大城市人口与教育互动关系中的新挑战与新影响——以北京为例》，《当代教育论坛》2017 年第 5 期。
② 注：数据由《北京区域统计年鉴 2017》计算得出。

规模已然超过了其教育资源供给能力，造成中心城区教育资源供给紧缺。2017 年，北京市海淀区、朝阳区和西城区的平均学校规模位居全市前三名，分别达到 1945.33 人/所、1547.38 人/所和 1336.84 人/所，教育资源承载力面临巨大挑战。

中心城区学龄人口高度聚集与优质教育资源供给有限造成各学段优质教育资源竞争异常激烈。在功利化教育追求导向下，部分城市家长遵循的逻辑是：孩子考入"名牌"高校的前提是能够进入重点中学，而进入重点中学的前提则是进入重点小学。在这种功利化的教育观念驱动下，城市"择校"现象愈发普遍，而中心城区"择名校"现象尤为突出。对上海家长的调查研究表明，52% 的家长有过择校经历；67% 的家长表示当前就读学校即为择校而来；而"当前未择校、未来打算择校"的家长占当前未择校人数的 72%。[①]事实上，择校问题并非是当前教育发展滋生的新问题，而是长期以来在我国城市教育发展中存在的老问题。择校的产生与发展分为两个阶段：改革开放政策实施之前的以"分"择校和改革开放政策实施之后的以"钱"（或权势）择校。[②]尽管"就近入学"在法律层面保障了未成年人接受义务教育的合法权益，有效减少了农村学生因上学距离过远而产生的辍学问题，但是对于学校密度高、交通极为便利的城区，"就近入学"为城市学龄人口留有相当大的择校空间。由于中心城区重点学校"人满为患"，多数重点学校通过组织考试或变相考核、招收"特长生"、收取择校费等方式吸纳生源。而部分家长为了使子女能够挤进"重点学校"，投入大量时间和金钱用于子女课外补习、特长班学习，导致"影子教育"规模不断扩张。为了遏制择校问题带来的诸多负面效应，2014 年，教育部印发《关于进一步做好重点大城市

---

① 陈进：《上海义务教育阶段家长择校意向调查》，《上海教育科研》2013 年第 1 期。
② 吴遵民、沈俊强：《论择校与教育公平的追求——从择校政策的演变看我国公立学校体制变革的时代走向》，《清华大学教育研究》2006 年第 6 期。

义务教育免试就近入学工作的通知》提出，"到 2015 年，重点大城市①所有县（市、区）实行划片就近入学政策，100%的小学划片就近入学；90%以上的初中实现划片入学；每所划片入学的初中 90%以上生源由就近入学方式确定。"划片入学进一步明确了城市学龄人口就近入学的对口学校，在一定程度上遏制了以"分"择校、以"钱"择校的现象，但也由此产生了"以房择校"的新问题。由于居住区与派分学校具有直接关系，以重点学校为中心的学区房价格居高不下。尽管"天价学区房"让人望而生畏，但并未动摇部分家长购买学区房的热情，学区房市场长期供不应求。划片入学在限制学生教育选择权的同时，也易加剧城市高收入群体和低收入群体居住空间的分异，造成高收入群体有更多机会获得优质教育资源，而低收入群体则不断地被边缘化。这对于实现社会阶层跃迁、阻断贫困代际传递是极为不利的。

（二）区域内优质校与薄弱校并存

城市内部优质教育资源分布不均造成区域间学校质量存在较大差距。部分城市优质资源高度集中，如北京市的东城区、西城区、海淀区和朝阳区以及上海市的徐汇区、杨浦区、浦东新区等等。这些教育强区依托传统优质公办学校及高端私立学校吸引了大量生源，并且通过提供优质教育服务、打通学生升学及未来发展渠道，不断强化学校内在品牌价值。以北京市为例，2014 年，西城区、海淀区、房山区普高升学率分别为 97.43%、83.38% 和 60.63%；高考一本达线率分别为 59.31%、44.35% 和 12.13%。② 城市内部区域间教育资源配置存在较大差异的主要原因在于城市多层级、多主体的教

---

① 注：2014 年，《关于进一步做好重点大城市义务教育免试就近入学工作的通知》中的重点大城市包括北京、天津、上海、重庆、沈阳、大连、长春、哈尔滨、南京、杭州、宁波、厦门、济南、青岛、武汉、广州、深圳、成都、西安 19 个城市。2015 年，重点大城市的范围扩展增加了福州、南昌、郑州、长沙、贵阳，共计 24 个。

② 张旭：《北京市"指标到校"政策实施的问题与对策》，《上海教育科研》2015 年第 3 期。

育管理体制。城市义务教育管理体制比较复杂，主要包括地级市政府及市教育局对城区市属学校（市直学校）的直接管理；中心城市城区内各区政府及区教育局对城区区属学校（区直学校）的直接管理；以及中心城市城区的各街道办及其中心校对街道办所属中小学的管理。[1] 部分省会城市内部除了具有市直学校、区直学校以及街道办所属学校外，还包括部分省级政府及教育厅所直接管辖的学校（省直学校）。城市内多层级教育管理主体的经济发展水平差距导致城市内各区域教育经费存在较大的差异。2019 年，上海市崇明区小学生均公用经费达到 53931.72 元，而松江区小学生均公用经费仅为27708.71 元，同为上海市两个区的生均公用经费相差接近一倍。[2] 这种差距悬殊的教育经费投入不仅仅是各区教育投入努力程度的反映，更多的是各区综合经济实力的较量。部分地区由于地处城市中心城区，较强的综合经济能力使其在教育投入占比不高的情况下仍能保持较大的教育经费投入规模。如2019 年，北京市西城区公共财政教育经费占公共财政支出比例仅为 15.75%，居于全市倒数第五，但是由于公共财政支出基数大，西城区公共财政教育经费财政投入达到 67.38 亿元，跃至全市 16 个区中第四。[3]

区域内校际教育质量同样也存在较大差异，并且随着教育均衡化稳步推进，城市校际差异逐渐由外显式资源差异转变为内隐式文化差异。自 20 世纪 80 年代"办好一批重点中学和重点小学"提出以来，城市重点学校发展迅速，这些重点学校的兴起也为当时社会发展培养了一大批优秀人才。随着我国经济社会稳步发展，教育发展的价值理念开始由"效率"转向"公平"，教育资源逐步实现均衡化配置，重点学校与普通学校之间的差距逐步缩小。尽管城市学校不再区分重点学校和普通学校，但是"老牌"优质学校

---

① 明庆华、王传毅：《亟待关注的中心城市城区义务教育发展不均衡问题》，《教育理论与实践》2013 年第 7 期。

② 注：数据来源为《上海市教育委员会 上海市统计局 上海市财政局关于 2019 年上海市各区教育经费执行统计情况的通告》（沪教委财〔2020〕83 号）。

③ 注：数据来源为《北京市教育委员会北京市财政局北京市统计局北京市发展和改革委员会北京市科学技术委员会关于本市 2019 年教育经费执行情况的公告》。

在社会中仍具有较好口碑，并且在每一位家长心中都有一份学校排位名单。对于广大"非专业"的普通民众而言，他们不但缺少判断学校优劣的专业知识，也缺少对学校之间差异进行判断的充分信息，"从众""跟风"就成为他们体认学校质量和差异的主要方式。① 优质学校通过长期积累的教育文化理念树立口碑，以此吸引优秀生源，而优质生源的学业成就能够进一步提升学校品牌价值。但事实上，学校质量之差距不仅仅是学校物质条件、教师水平、管理水平的差距，这种差距较大地取决于学生所来自家庭的社会背景。② 具有较高层次家庭背景的学生家长更重视子女的教育问题，他们普遍对子女教育抱有高期望，因此在为子女择校、配合学校工作甚至参加课外补习等方面愿意投入更多的时间和精力。而家庭社会资本较低的学生家长则较少有精力投入到子女的教育中。部分学校由于处于百货市场、批发市场等周边，学校生源主要来源于生意人或者打工者家庭，而学生家长对子女教育问题不够重视使学校整体风气较差，教育质量难以有效提升。

（三）郊区随迁子女学校发展堪忧

城市产业化发展吸引了大量农村劳动力进城务工，但由于城市学校入学门槛高，进城务工人员随迁子女就学情况并不乐观。为了保障随迁子女在城市有平等的受教育机会，我国出台实施了"两为主""两纳入"政策。但由于城市教育资源承载力有限，各地方对随迁子女进入城市公办学校仍有相应的限制要求。城市随迁子女入学门槛主要包括"材料审查"式和"积分制"两种。以"材料审查"作为随迁子女入学条件的城市对证件材料要求不一，相关证件涉及身份证、户口簿、住（租）房证明、公安部门出具的流动人口居住证明、法定监护人的合法工作证明（如就业劳动合同、个体工商营业执

---

① 邵泽斌、张乐天：《化解义务教育择校矛盾为什么这么难》，《教育研究》2013年第4期。

② 程红艳：《区域内学校非均衡发展与社会阶层分化——以中部省会城市W区为例》，《教育研究与实验》2008年第3期。

照等）、连续缴纳社保证明、计生证、小学新生需提供的预防接种证明、户籍所在地教育行政主管部门出具的就学联系函等。由于多数农民工难以提供相关的全部材料，农民工随迁子女入学面临极大的困难。针对农民工居住证/暂住证、租房合同/房产证、劳动合同/务工证明、连续缴纳社保证明和计生证拥有及办理难度情况的调研显示，84.72%的农民工拥有居住证/暂住证，这是拥有量最高的证件；其次是租房合同/房产证、劳动合同/务工证明，个案百分比分别为62.10%和58.84%；拥有连续缴纳社保证明和计生证的农民工较少，分别为44.11%和43.89%；而同时拥有五类证件的只占17.45%。[①] 为了保证随迁子女异地入学更科学、公平、灵活，一些地方逐步探索实施"积分制"入学政策。然而，"积分制"入学政策包含的评分项目类型十分冗杂，涉及在当地服务年限（缴纳社会保险年限、劳动合同、经商营业年限）、在当地居住年限（居住证、房产证）、参保年限、纳税情况、子女在当地接受教育年限、文化程度、国家职业资格或专业技术职称、科技获奖情况、职业技能竞赛获奖情况、义务献血加分项、志愿服务加分项、计生加分项等数十余项。这种看似公平的"积分制"政策实际上是"择优"取向下随迁子女入学门槛的变相设置，对于大多数农民工随迁子女而言，能够通过上述积分获得公办校入学机会十分渺茫。事实上，积分达到了也并不意味着能进入公办学校，更多随迁子女入学仍以民办学校为主，而能进入优质公办学校或者高端民办学校的随迁子女数量少之又少。以东莞市为例，2017年全市共为义务教育阶段随迁子女提供积分入学学位79354个（含优惠政策），其中公办学位29607个（积分制学位18231个，优惠政策11376个），积分制学位数仅占积分入学学位总数的22.97%；享受学位补贴的民办学校学位49747个，占积分入学学位总数的62.69%。[②] 多数为随迁子女提供

① 邬志辉、李静美：《农民工随迁子女在城市接受义务教育的现实困境与政策选择》，《教育研究》2016年第9期。

② 注：数据由《2017年东莞市异地务工人员随迁子女积分制入学（含优惠政策）学位供给情况公布》计算得出。

学位的公办学校与城市传统优质学校存有较大差距。部分公办学校由于随迁子女数量过多，本地学生家长不愿意其子女与"外地人"子女共读同一所学校，本地生源的不断流失导致这些原本较为薄弱的公办学校逐渐发展为随迁子女公办校。由于学校生源教育起点普遍偏低，加之学校硬件设施及师资配置水平相对落后，随迁子女公办学校发展举步维艰。

为了解决公办学校学位不足的问题，部分城市通过向民办学校购买学位的方式保障随迁子女在城市学校就学。然而，与大多数公办学校相比，随迁子女民办学校发展也并不乐观。随迁子女民办校的运转经费主要来源于流入地政府的财政资金支持和学生的学费，前者按学生数来拨付，额度高低取决于流入地政府的财政能力和对民办校的扶持力度；后者则必须按照物价部门根据学校办学条件出台的指导性收费标准来确定。[1] 从民办学校生均公用经费额度来看，目前各地逐步落实民办学校公用经费不低于公办学校的政策。如苏州市从 2016 年春季学期开始，民办学校生均公用经费为小学每生每年700 元，初中每生每年 1000 元。[2] 东莞市 2018 年各级财政投入 8.93 亿元，按每生每年小学 1270 元、初中 2155 元的标准对义务教育民办学校学生发放公用经费和教科书补助。[3] 然而，公办校的公用经费仅用于日常运转支出，而民办校的收费除了维持日常运转外还要支付教师工资、校舍的租赁费用等，因此，随迁子女民办校运转水平要远低于普通公办学校。[4] 随着人民对优质教育的需求越来越高，民办学校用于硬件设施改造、聘请教师等费用不断增长，维持学校基本运转的支出进一步增加。为了改善民办学校教育质

---

① 刘善槐、邬志辉：《农民工随迁子女普惠性民办校发展的困境与政策应对》，《华中师范大学学报（人文社会科学版）》2015 年第 5 期。

② 蒋廷玉：《江苏省统一城乡义务教育学校生均公用经费基准定额》，《扬子晚报》2016年 5 月 3 日。

③ 东莞市教育局：《东莞市 2018 年教育工作报告》，http：//zwgk.dg.gov.cn/007330133/0805/201801/78fc4eddacf6406180aef2bfc8b0f68c.shtml。

④ 刘善槐、邬志辉：《农民工随迁子女普惠性民办校发展的困境与政策应对》，《华中师范大学学报（人文社会科学版）》2015 年第 5 期。

量，提高民办教师整体收入水平，东莞市部分民办学校在 2015 年秋季及 2017 年秋季两次调整收费标准，连续调费叠加效应造成学费调幅较高，部分家长表示涨幅太大难以接受。① 尽管部分地方对民办学校提供了学位补贴，但是由于学位补贴标准难以抵消民办学校运行成本费用，相应差额只能由随迁子女家长来"买单"。以东莞市为例，2017 年东莞市民办学校补贴分两档（两个档次学位数量比为 2∶8），其中第一档次学位补贴标准为小学每生每学年 5000 元，初中每生每学年 6000 元；第二档次学位补贴标准为小学每生每学年 3500 元，初中每生每学年 4500 元。② 由于民办学校学位补贴包含免费义务教育公用经费补助和免费义务教育教科书补助，这也就意味着第一档次实际学位补贴标准为小学每生每学年 3730 元，初中每生每学年 3845 元；第二档次实际学位补贴标准为小学每生每学年 2230 元，初中每生每学年 2345 元。对于部分收费标准动辄七八千甚至上万元的民办学校而言，学位补贴标准远远不足。而为了保障学校运行成本，相关费用只能由家长自行承担，这对于农民工随迁子女家庭而言，无疑造成一定的经济负担。

三、 教育管理体制固化与人口动态变化难适应

教育资源配置难以适应学龄人口的动态变化凸显出教育管理体制固化的弊端。从属地间教育资源配置来看，学龄人口流入地与学龄人口流出地属地权责划分，使教育资源难以随学龄人口实现跨区域流动。从属地内教育资源配置来看，多重政策逻辑下各部门教育立场缺失，难以形成有效合力，导致教育资源配置难以适应城市教育发展的现实需求。

---

① 王慧、郭文君、何建文等：《东莞 102 家民办学校齐涨价》，《南方日报》2017 年 6 月 14 日。

② 东莞市教育局：《关于印发〈东莞市异地务工人员随迁子女积分制入学民办学位补贴暂行办法〉的通知》（东教〔2017〕8 号）。

（一）过度强调属地权责导致资源流动不畅

学龄人口流出地与学龄人口流入地学籍接管难以实现"无缝对接"，导致部分随迁子女在城市就读面临较大障碍。按照《中小学生学籍管理办法》规定，中小学学籍管理遵循"一人一籍，籍随人走"原则。这也就意味着每个学生都应拥有一个学籍且对应着某所学校，而一旦学生变更就读学校，学籍也应跟随其实现流动。然而，在学龄人口流出户籍地后，学籍如何在流入地"落户"却成为大难题。随迁子女在异地建立学籍的前提是要满足异地入学的基本条件。由于部分城市随迁子女"入学门槛"过高，部分随迁子女无法在城市学校就读。以北京市为例，随迁子女义务教育阶段入学要求提供"五证"（父母或其他法定监护人持本人在京务工就业证明、在京实际住所居住证明、全家户口簿、北京市居住证或有效期内居住登记卡或暂住证、户籍所在地街道办事处或乡镇人民政府出具的在当地没有监护条件的证明等相关材料）。[①]"五证"不仅是随迁子女入学的条件，也是能否在异地取得学籍的关键。长期以来，部分尚不满足进入城市公办学校就读条件的随迁子女，通过就读民办学校、学籍留在户籍地的方式绕过城市公办学校的"高门槛"。近年来，随着全国中小学学籍信息管理系统不断完善，各地加大规范学籍管理力度，而部分"人在城市，籍在老家"的随迁子女则成为学籍管理中的重点对象。在学龄人口流出地坚决杜绝"空挂学籍""人籍分离"限制下，将学籍挂靠在老家学校的做法难以达成，这使得无法达到城市学校就读要求的随迁子女只能回到户籍地学校就学。而即便是已经在城市民办学校就读的随迁子女，由于部分民办学校不具备建立学籍的资质，这部分随迁子女也需重新在城市择校或回到户籍地学校就读。据报道，至 2018 年 3 月，北京还有 107 所民办打工子弟学校，在校学生总数约 5 万人，其中有资质给学生建立

---

① 人民网：《流动儿童上学难：非京籍儿童北京念书需办 28 个证》，http://edu.people.com.cn/n/2015/0615/c1053-27155342.html。

学籍的学校占一半左右，但这一百多所学校的学生基本都没有北京学籍。①除了对相关材料有较高要求外，城市部分地区对于相关材料中居住地、工作所在地以及上学地点的一致性也有相应的要求。随着城市跨区域居住与工作的人口数量越来越多，居住地、工作地以及就学地三个属地间的权利分置必然对更多的随迁子女家庭造成困扰。

学龄人口流入地与流出地对接不畅直接导致"钱随人走""师随人走"的教育资源配置无法实现。按照户籍地学龄人口数量核拨生均公用经费，未能充分考虑到学龄人口流动情况，造成学龄人口流出地生均公用经费额度远高于实际学生应有额度，而学龄人口流入地政府生均公共经费额度则远低于实际学生应有额度，流入地政府因此面临较大财政负担。2015 年，《国务院关于进一步完善城乡义务教育经费保障机制的通知》（国发〔2015〕67 号）要求，"统一城乡义务教育经费保障机制，实现'两免一补'和生均公用经费基准定额资金随学生流动可携带。""钱随人走"政策的提出一方面有效保障了随迁子女在城市学校就读的权利，使农村学生到城市学校后仍享受"两免一补"政策；另一方面也使流入地政府能够享有随迁子女所携带的生均公用经费基准定额资金，尽可能地减轻学龄人口流入地政府负担。然而，由于学龄人口流动频繁，学龄人口流入地与流出地学籍对接困难，同时仍有大量随迁子女在城市学校就读但尚未建立学籍，如此种种造成"钱随人走"面临较大障碍。从我们实际掌握的情况来看，目前学龄人口流入地普遍没有获得随迁子女所应携带的生均公用经费，相关资金投入仍由流入地政府承担。事实上，由于城乡经济发展水平存在较大差异，城市用于土地征用、师资配置的财政支出要远高于农村地区，而按照现行生均公用经费标准，即使将这一部分经费转投至流入地政府，对于流入地政府用于保证随迁子女就读的财政支出而言，也只是杯水车薪。同样，"师随人走"也受制于学龄人口流入地与流出地的属地权责划分。由于编制核定具有一定滞后性，部分地方

---

① 吴秋婷：《学籍鸿沟：另类"上学难"正在上演》，《经济观察报》2018 年 6 月 1 日。

在编制核定时未能充分考虑学龄人口的变动情况，仍按照原有户籍学生数核定编制，导致学龄人口流入地教师编制数量远无法满足新增学龄人口的教育需求。而随迁子女流动性高，编制配置属地化强，这些都成为实现"师随人走"的现实障碍。

（二）多部门各自为政使资源配置难以协调

作为城市发展规划的一部分，城市教育用地规划涉及教育、发改、国土、房产等多个部门。由于各个部门在城市发展规划中承担的职能不同，在教育用地规划中可能缺乏教育立场，导致城市教育用地严重紧缺。一是教育用地规划未能充分考虑新增学龄人口数量变化及分布情况，导致城市预留教育用地不足。2002 年，《城市普通中小学校校舍建设标准》明确提出："新建、扩建、改建城镇居民住宅区时，城市规划、开发等有关部门应会同教育部门，根据规划的居住人口和人口出生率测算拟建学校的规模，并选择合适地段，按照本标准规定的生均校舍面积指标进行规划设计和建设。"然而，在城镇居民住宅区教育用地的实际规划过程中，并未将随迁子女涌入带来的大量新增学龄人口纳入其中，也未能充分考虑学龄人口分布与教育资源布局的相适应性。由于没有把随迁子女纳入发展规划中，许多城市出现了教育预留土地不足的问题，有些城市虽然有一定的教育用地储备，但其所处位置与随迁子女的集聚区域并不一致。① 二是教育用地规划实施容易受到其他部门或其他项目用地挤压，造成教育用地规划未能如期落实。城市规划涉及城市产业经济发展体系、城市公共设施和基础设施建设以及生态环境与文化环境等多个方面。由于教育部门在城市发展规划中并不具有权力职能，因此，当教育用地与城市发展规划中的其他项目用地相冲突时，原有教育用地规划容易被征用于其他项目实施。三是教育用地审批监管力度不足，造成教育用地预留不足或不符合教育用地规范。对于城市居民商品房建设，开发商应配套

---

① 刘善槐：《我国城镇义务教育学校布局调整研究》，《教育研究》2015 年第 11 期。

教育用地才能予以审批通过，但由于教育部门并不具备教育用地规划落实的督导职能，导致部分新开发居民住宅区的教育用地规划未能如期落实到位。在规划编制过程中，教育部门仅在中小学布局专项规划的编制阶段提出意见，并未参与控制性详细规划阶段的审查，无法检验专项规划在控制性详细规划层面的落实情况；在项目报建阶段，教育部门主要承担教育设施建设的报建工作，也并未参与其他项目的报建审批工作。[①] 而部分新开发居民住宅区尽管按照规划要求预留部分教育用地，但部分预留教育用地不能满足学校建设对周围环境的要求，也容易造成学校规划布点缺失。

　　教师资源配置也同样涉及编办、人社、财政、教育等多个部门，而各部门所遵循的政策逻辑难以统一，致使教师资源配置存在较大困难。作为事业单位的一部分，教师编制是教育部门为各级各类学校补充教师的主要方式。从教育部门的编制需求来看，编制数量既要保证学校基本教育教学需求，也应满足教师外出培训、职业发展的需求。按照当前的生师比编制配置方式，城市大量随迁子女涌入使学校规模不断扩大，教师编制数量也应随之增加。然而，在编制部门"财政供养人员只减不增"的政策逻辑下，城市教师编制数量并未随随迁子女数量剧增而有所增加，教师编制供给无法满足学校教育教学的实际需求。尽管部分地方通过补充临聘教师的方式缓解教师不足的局面，但是为了避免临聘教师数量过多而产生的劳务纠纷，部分地方编制部门对临聘教师数量也有相应的要求。在编制部门的政策框架内，财政部门依据编制部门核定的编制数量拨付人员经费。如果临聘教师数量超过编制部门的核定数量，财政部门将无法拨付超额人员的工资支出，相关人员的财政支出只能由学校自行承担。这也就造成了部分地方尽管有足够财政实力扩充教师队伍，但由于教师编制数量极其有限，临聘教师补充也并不顺畅。财政部门拨付人员经费的另一个依据是教师岗位职称数量，而教师岗位职称数量则由人社部门核定。人社部门在核定教师岗位职称数量时主要根据学校教师编制

---

①　万昆：《基础教育设施布局规划实施制度探讨》，《规划师》2011 年第 2 期。

数而定，而学校教师原有编制不足以及大量临聘教师未能纳入岗位职称核定，造成核定岗位职称数量无法与实际学校教师数量相匹配，从而严重阻碍了教师个体的职业发展。

第二节　县镇学校布局调整面临的问题

教育资源分布不均引发的教育城镇化、生育政策调整后人口出生率的增长以及县镇发展政策带来的生源回流，都导致了县镇学龄人口的增长。以县镇现有教育软硬件配套资源与体制机制的更新完善水平来看，尚无法满足人口变动对教育资源供给的多元需求。在学龄人口集中背景下，县镇学校布局调整面临的核心问题是小范围内大量集中的学龄人口的教育综合需求与不完善、不健全的教育资源供给之间的矛盾。这种矛盾具体体现在师资、配套设施和体制机制三个方面。

一、　师资配置的更新速度难以匹配学龄人口的增长趋势

教师队伍的数量充足、水平优质和结构科学是实现县域内教育均衡的基础。近年来，随着城镇化的发展和人口政策的变动，县镇学龄人口的分布也随之出现了变化，这就对县镇教师资源的数量、质量和结构都提出了新的且不同于城市和乡村的要求。但县镇仅仅是集中了县域内相对优势的教育资源，其教师资源仍十分有限，在应对生源数量急剧增长和逐渐趋向多元的受教育需求时，很难提供能够与需求相匹配的教师资源。

（一）专任教师供给不足

数量充足的专任教师是县镇学校教育教学工作顺利开展的基本前提。近年来县镇学龄人口不断激增，这就需要县镇学校在保持现有在编教师在岗率的同时有序新增教师，以应对学生数增加所产生的对教师数量的需求。但在

实际运转过程中，存在一些障碍。

第一，教师补充渠道不畅，数量供不应求。由于县域内教育资源的分布不均和村屯学校的撤并等原因，导致了大量学生涌入县镇学校。广西壮族自治区某些县城的中小学校由于周边农村学生"择校"或某些学校撤并后学生加入，教师负担的学生比例增大，导致教师不足或出现缺编现象。[1] 但县镇教师补充渠道的不畅通，影响了教师数量的更新速度。一方面，编制数量动态更新速度慢，不足以满足县镇迅速增长的教育需求。按照标准核定的编制数量并非逐年动态更新，而是相对稳定的。这就导致编制数量的动态更新速度无法满足县镇迅速增长的学生入学需求。那么一所学校要想补充新的教师，往往只能把当年退休教师空出来的编制作为补充。但这些编制空缺远远不足以满足县镇学校对教师数量的需求。另一方面，编制存量难以实现一次性释放。县域内的新教师补充通常是以循序渐进的方式，每年招收一部分新的教师，而很难做到短时间内一次性补齐。

第二，因教师个人原因脱离教学岗位，影响教学工作开展。目前县镇学校的教师大多属于"一个萝卜一个坑"，有一位老师请假都会导致其他教师的工作负荷大大增加，甚至影响学校的正常运转。然而教师因个人原因阶段性或长期不能从事一线教学工作的情况难以避免，这就给县镇学校教育教学工作的开展带来挑战。一方面，"产假式缺岗"现象普遍。义务教育学校中，女教师占大多数。大量新招聘的年轻教师在入职几年后陆续怀孕，加之生育政策的逐步宽松化，县镇教师响应政策号召，因此请产假的教师越来越多。课题组 2018 年的调查显示，某乡镇中心校仅有 4 名英语教师，新学期有 2 位老师请了产假，导致英语教学工作难以正常开展。2017 年秋季开学后，屯昌县向阳小学就有 9 名女教师休产假，通过调配县域其他学校教师补缺后，

---

[1]　马佳宏：《城乡义务教育教师队伍结构性失衡的问题与对策——基于广西情况的分析》，《广西师范大学学报（哲学社会科学版）》2013 年第 2 期。

向阳小学的教师数量仍然不足，最后只能又请了两名代课教师。① 另一方面，"专任转后勤"现象难以避免。县镇一些中老年教师因多年在农村教育一线，常年超负荷工作、条件艰苦且配套医疗条件较差，身体状况普遍不佳，很多患有眼疾、关节炎、咽炎等疾病，严重者甚至已经无法正常进行教育教学工作，只能转到后勤部门承担一些力所能及的工作。即使能够承担教学任务，也不如年轻教师受学生欢迎。吉林省某县一位乡镇中心校的校长表示，老教师跟学生间的代沟比较大，学生上课也都不认真听讲，小孩子们都喜欢年轻漂亮的老师，学生家长也会给学校施加压力，要求换成年轻教师来上课。但相当一部分中老年教师占用教学编制，使得县镇学校只能通过购买服务的方式补充新教师。

第三，功能性缺位较严重，教师"在编难在岗"。县域内教师编制被教育系统内部和教育系统外部挤占的情况均有发生，教师因为多种原因虽然占用县镇学校编制，但无法从事专任教师工作，导致学校实际运转中人员不足的现象较为普遍。其中教育系统内挤占主要包括行政工作挤占教学时间和挪用中小学编制到幼儿园两种。县镇中小学除了教育教学工作以外，安全稳定、后勤管理、政治学习、继续教育等诸多非教育教学工作量大大增加，并且需要"专人负责"，大大增加教师的工作量。在陕西的实地调研中，有校长反映，全校一共有 111 名教师，但学校借调人员 5 人，仅一学期就有 7 人请了产假，另外还要安排近 13 人专门从事教师继续教育、各种资料撰写等工作。教育系统外挤占主要是指县教育局并不能完全行使对辖区内学校的实际管理，而且事业单位都有从中小学借调教师补充人员不足的情况。实地调研中发现大部分学校都有教师被行政部门借调的情况。

---

① 人民网:《女教师扎堆生二孩 学校发愁"产假式"缺员》，http://edu.people.com.cn/n1/2017/1211/c1053-29698312.html。

（二）师资水平参差不齐

县镇虽然集中着县一级或乡镇一级较为优秀的教师，相比村小和教学点而言，教育水平相对好一些，但师资水平仍然有限，与城市有很大差距，有待于进一步提升。

第一，县镇教师入口环节质量难保证。县镇教师的来源渠道通常包括特岗教师招聘、社会统一招聘、从县域内农村学校抽调优秀教师和临时招聘编外教师等。其中特岗教师和统一招聘的教师大多数为非师范类专业但持有教师资格证的人员，教育教学实践能力与"科班出身"的师范类毕业生相比相对较弱。实地调研中，很多校长反映，通过这种招考方式招上来的学生应试能力较强，但教育教学能力较弱。县镇学校从村屯抽调的教师，虽然在原学校教学能力较强，但到了县镇学校却未必能够达到该学校教师的平均水平。临时招聘的编外教师往往是准备报考教师岗位的人，他们中相当一部分人并不具备教师从业资格，也不具备足够的教育教学能力。课题组 2017 年对浙江、江西、湖南、云南、宁夏 5 省 5 县的调研数据显示，县镇教师第一学历为全日制本科及以上的仅占 24.05%，大专学历的占 38.44%，还有 37.50% 的教师学历在中专及以下。虽然县镇教师的学历相比乡村相对有优势，但与城市学校仍有较大差距。

第二，音体美等学科教师的专业性不强。教师数量的绝对不足导致教师的多年级、多学科教学。同时在招聘教师时以数学、语文等"主科"为主，音体美等教师多由其他学科教师兼任。事实上，音乐、体育、美术这些学科对教师的专业水平是有一定的要求的，如果教师未接受过对应学科的专业教育，就很难保证教学质量和效果。据课题组 2018 年的调研数据，陕西省某县城小学的学科不匹配现象严重。全校共有专任教师 111 名，却仅有专业的计算机教师 2 人、音乐教师 5 人、美术教师 5 人、体育教师 5 人，根本达不到规定的学科教师配备标准。河南省一所县城小学的英语、体育、音乐、美术等课程无一名专职教师，均由语文、数学教师兼任课，常以语文、数学课代之，体、音、美、劳形同虚设，素质教育只是一句空话。①

（三）专业化的生活教师配给不足

教育城镇化的发展导致县镇学校寄宿学生增加，而寄宿生的生活需要有专门的生活教师来管理。尤其是低龄儿童的生活照料需求较多，需要有专人协助和引导。然而目前很多学校为寄宿生提供的生活辅导服务亟待规范，主要体现在以下三方面。

第一，增设生活教师这一编制类型存在体制机制障碍。近年来，学者对此的研究多建议设立生活教师编制。实地调研也发现，多个地区的编制部门反映现有政策并未要求其设立生活教师专用编制。而教育部门作为其平级单位，又难以强制编制部门具体落实相关政策。因此更多地区通常更为赞同通过政府购买服务的方式满足学校对生活教师的需求。但即使是政府购买服务，也没有对经费来源作出具体规定，在实施过程中往往演变成了"学校购买服务"，学校层面的购买通常是使用公用经费实现的，这就导致学校因此项花销而经费紧张。课题组 2016 年的实地调研发现，河南省某县的寄宿制学校经费运行总体情况入不敷出，资金缺口较大，有的学校甚至每年都会累积负债运转。当地教育局对于寄宿制学校并未设置专门的配套资金。经费特别紧张的小规模寄宿制学校难以拿出经费聘请生活教师；经费稍微充裕的学校会使用公用经费聘请生活教师、保安、食堂工作人员，月工资在 1000—1500 元不等。

第二，购买服务人员劳动素质良莠不齐。目前对生活教师的招聘、考核暂时没有统一的标准，且待遇也没有较为明确的规定。这就导致在入口环节对生活教师质量的管控疏忽。此外，对于生活教师的工作内容、工作流程和工作效果也没有可以依据的标准，因此服务质量也难以控制。许多地区在经

---

① 聂留军：《合理增加教师编制 发展鲁山教育事业》，《教育现代化》2015 年第 11 期。

历了学校撤并之后，家长最担心的问题就是孩子在校住宿的生活和安全问题。对重庆市某区 162 名生活教师的招聘途径调查显示，近半数的生活教师招聘过程中存在着不规范的问题，其中有 66 名生活教师是通过学校直接任命担任生活教师，占总教师数的 40.7%；有 14 名生活教师是通过在校亲戚朋友推荐，占总教师数的 8.6%；有些位于镇上的中心学校甚至聘用当地的农民作为生活教师。①

第三，专任教师兼任生活教师效果不理想。由于大部分地区暂时没有专门的生活教师编制，有些学校由于经费短缺又没有条件聘请生活教师，因此该项工作往往是由专任教师兼任。这就导致教师工作量增加，且挤占了备课和批改作业的时间，既对教育教学效果造成不良影响，也无法保证这些教师在学生生活方面的服务质量。如 Y 省某县没有为学生配备专职的生活教师，学生的日常生活和学习均由班主任一人负责，班主任集教学工作与学生生活管理任务于一身，其工作量大，责任大，压力也大，难以细致体察到学生情绪情感的变化。②

二、　配套设施不健全难以保证学生"上好学"

县镇新增学龄人口来源多样，因此教育需求也呈现多样化的特征，这对校内外基础设施建设的完善、更新都提出了要求。然而目前的县镇学校发展水平远远无法达到需求标准。

（一）县镇现有校舍无法满足新增教育需求

与城市土地资源紧张而无处扩建和新建学校的情况不同，在财政能力实为有限的情况下，县镇不能及时更新校舍及其他配套教育资源，以满足为追

---

① 刘佳：《义务教育寄宿制学校生活教师管理问题研究》，硕士学位论文，西南大学，2015 年。

② 杨兆山、姚姿如：《农村寄宿制学校生活教师队伍建设研究》，《教育探索》2012 年第 6 期。

逐优质教育资源而来的学龄人口的就学需求，由此产生了严重的县镇"大班大校"问题。

第一，县镇"大班大校"现象普遍存在。教育资源的分布不均引发了家长对优质教育资源的追逐，进而导致家长的无序择校，使得个别学校异常拥挤，而一些学校却无人问津。其一，班级规模过大。2002 年颁布的《教育部关于贯彻〈国务院办公厅转发中央编办、教育部、财政部关于制定中小学教职工编制标准意见的通知〉的实施意见》中规定，城市小学班额为 40—45 人。2017 年，全国义务教育阶段学校 66 人以上超大班额和 56 人以上大班额数量分别是 8.6 万个、36.8 万个，前者占全国总班数的 2.4%，后者占10.1%。[1] 教室中的空间紧张，不利于学生的视力健康和生长发育。如，三人一桌的情况较为普遍，课桌摆放异常拥挤，前排学生距离黑板过近等。其二，学校规模过大。在学校面积不变的情况下，学生数量持续增加，就会导致生均活动面积渐趋缩减，从而增加安全事故的发生频率。2017 年，国家教育督导检查组对河南省 33 个县（市、区）、陕西省 30 个县（区）义务教育均衡发展督导检查反馈意见显示，两省多数县均有 3000 人以上学校，部分县甚至有 5000 人以上大规模学校。[2][3]

第二，学校新建扩建具有滞后性。由于县域内学龄人口分布的变化趋势并非吻合自然增长规律，有一些难以预估的因素导致了学生数量大幅增加。加之学校新建或扩建需要时间周期，难以满足不断动态增加的学位需求，进而导致了学校占地面积的缺口。平顶山舞钢市在 2009 年确定的一批城乡教

---

[1] 中华人民共和国教育部：《2017 年全面改善贫困地区义务教育薄弱学校基本办学条件工作专项督导报告》，http：//www.moe.gov.cn/jyb_ xwfb/gzdt_ gzdt/s5987/201805/t20180510_ 335564.html。

[2] 中华人民共和国教育部：《国家教育督导检查组对河南省 33 个县（市、区）义务教育均衡发展督导检查反馈意见》，http：//www.moe.gov.cn/s78/A11/s8393/s7657/201712/t20171208_ 320924.html。

[3] 中华人民共和国教育部：《国家教育督导检查组对陕西省 30 个县（区）义务教育均衡发展督导检查反馈意见》，http：//www.moe.gov.cn/jyb_ xwfb/moe_ 2082/zl_ 2017n/2017_ zl79/201712/t20171208_ 320923.html。

育重点建设项目由于部分学校没有土地使用证而又无法及时办理到土地使用手续，使项目长期难以开展，导致许多农村中小学占地面积不足，学校想要进一步扩建和发展面临重重困难、举步维艰。①

（二）县镇学校标准化建设水平较低

县镇的学校标准化建设整体要优于乡村，但是相比城市还有许多地方有待改进。同时，考虑到县镇学生的寄宿需求较大，这就对这类学校的学生宿舍、食堂等方面的标准化建设提出了不同于城市和乡村的要求。进城读书的很大一部分学生是独自进城、没有父母陪伴，因此需要学校为这些学生提供较为完备的寄宿配套设施。但现实中县镇学校的寄宿配套建设与实际需求之间仍有很大差距。

第一，面积和功能上"不标准"。2015 年《普通中小学校建设标准（征求意见稿）》对包括非完全小学在内的普通中小学的建设规模和项目构成、学校选址与校园规划、面积指标、建筑与建筑设备等内容作出了规定，以适应普通中小学校标准化建设要求。义务教育均衡发展建设在很大程度上改善了部分县镇学校的标准化办学条件，但仍存在一些问题。在义务教育均衡发展督导检查中，全国多个县均发现了学校占地面积、校舍建筑面积、体育运动场地面积存在缺口的情况，如海南省的万宁市、乐东县、陵水县、临高县、定安县存在校舍面积、校园面积、体育运动场地面积不足、未达到省定标准、功能室不足等问题。② 县镇学校普遍反映学校安全管理压力比较大，经费也不足以更新完善安全设施。有学者在对河南省信阳市辖区 7 县 1 区的 37 所城区小学开展实地调查时发现，除了光山县和新县，其他县城小学均未达标，如果去掉为数极少的私立学校，所有学校生均建筑面积均不达标，给

---

① 刘振杰：《乡城人口流动背景下义务教育均衡发展规划布局研究——基于河南部分地市的调查》，《城市发展研究》2010 年第 10 期。

② 中华人民共和国教育部：《关于政协十二届全国委员会第五次会议第 0031 号（教育类 010 号）提案答复的函》，（教提案〔2017〕第 200 号）。

学生学习、教师办公带来了诸多不便。①

第二，寄宿制学校住宿条件艰苦。实地调研中我们发现有部分县镇学校没有建设学生宿舍，很多学生选择随家长租房或寄住在学校附近亲戚家里，甚至是寄住在就读班级的班主任家中。即便是有宿舍的学校，宿舍基本住宿设施也很简陋，生活条件艰苦。有些学校的床位不足，需要好几个学生挤住在一张床上，甚至有的床铺是大通铺，不仅拥挤且卫生条件差。许多学校都没有室内卫生间，学生晚上起夜如厕时有安全隐患，且绝大多学校没有供学生使用的淋浴室，部分南方学校没有取暖设备。基于 G 省 23 所农村寄宿制学校的调查发现，只有 51% 的学生和 45% 的学生分别认为自来水供应和厕所蹲位仅基本够用。由于自来水供应不足，宿舍厕所多数只在清早和晚上时间供水开放使用；宿舍楼全天没有热水供应，并且寝室基本没有设置桌凳。②

第三，食堂配套设施标准化水平低。为改善贫困地区和家庭经济困难学生营养健康状况，2011 年，农村义务教育学生营养改善计划正式启动。截至 2017 年，全国 29 个省份 1590 个县实施了营养改善计划。其中，国家试点县 710 个，地方试点县 880 个，覆盖学校 13.4 万所，受益学生 3600 万人，试点地区农村学生营养健康状况得到显著改善，身体素质得到明显提升。③ 义务教育均衡发展有专项资金负责投入试点学校的食堂建设，但是营养餐的运行缺少相关配套资金。实地调查发现，在营养餐项目运行过程中，学校食堂运转所需的水、电、煤气、炉具等相关硬件配套设施均无专项资金配套，实际实施时除个别学校争取到社会力量的资金支持外，更多时候使用的依然是学校公用经费，这给学校带来了很大的资金压力。

---

① 郑立坤、赵东方、黎骊等：《城镇化进程中县城城区小学"大班额"问题调查研究——以河南省信阳市为例》，《信阳师范学院学报（哲学社会科学版）》2017 年第 1 期。

② 甘琼英：《义务教育阶段农村寄宿制学校管理的现状与思考——基于 G 省 23 所农村寄宿制学校的调查》，《上海教育科研》2014 年第 5 期。

③ 中华人民共和国教育部：《关于政协十二届全国委员会第五次会议第 2721 号（教育类 270 号）提案答复的函》，（教提案〔2017〕第 32 号）。

三、　管理体制不完善导致统筹协调机制难以形成

目前"以县为主"的管理体制从财政水平、管理能力等多方面都提出了要求，需要相关部门凝心聚力、通力合作。然而在各项工作的实际开展过程中，仍存在许多发展水平上的限制和体制机制障碍。近年来受城镇化发展和政策影响而出现的人口变动，带来了乡村学校的进一步布局调整，在此过程中又给相关行政部门增添了新的管理难题，导致县级层面难以统筹。

（一）县级财政教育支出压力过大

人口变动导致教育支出的总量和种类逐年增加，"以县为主"的财政体制意味着承担经费增加的责任主体是县级财政部门，而县级财政能力和教育经费管理体制却在事实上限制了其在教育方面的投入。尤其对于一些财政收入较为紧张的地区，仅教育人员经费的支出就已经远远超出了县财政收入所能承受的范围，更遑谈在教育事业的其他方面增加投入。广西贵港市的绝大多数县（市、区）都是"吃饭财政"，教师工资由县统筹发放以后，每年教师工资的发放总额占当地财政总收入的比例普遍达到 60%，甚至超过 70%。①

（二）教育行政部门话语权相对较弱

县教育局和乡镇中心校作为统领县镇教育事业发展的中心环节，是对本县教育发展情况最了解也最有发言权的行政部门，应在教育工作中具备相当的话语权、主动权。然而在实践中，县镇两级的教育行政部门与县域内其他行政部门却多有博弈和制衡。在宏观规划方面，县域内的教育事业是与经

---

① 杨锦兴：《从教育行政的角度看"以县为主"的农村教育管理体制面临的问题——广西贵港市实施农村义务教育管理新体制的调查》，《现代教育管理》2009 年第 1 期。

济、人口等因素放在一起通盘考量的，诸如农村学校究竟是走向"小规模"还是要大力发展寄宿制这样的发展方向问题并非单纯由教育部门决定。在人员使用方面，教育行政部门也缺乏自主权。各地县级政府部门普遍存在从学校借调优秀教师充当工作人员的现象，导致学校教师不足，又受编制数量所限不能及时补充。在人事任免方面，教育部门有时也没有决策权。调研发现，一些县级地方政府会参与各层级学校校长的任命。在财政方面，教育部门向县级政府申请拨款也存在困难。连片特困地区国贫县的中央政府转移支付力度较大，财政状况尚可。但对于一些"吃饭财政"的地区，申请报批经费就变得异常艰难。西北地区某县教育局局长反映，目前政府对学校干预过多、权力滥用的现象普遍存在，教育局和学校的自主权受到一定程度的限制，其对教育工作的直接领导和管理日益被边缘化。[①]

（三）多部门参与的项目难以协同推进

课题组 2008 年对全国东西部的抽样调查显示，10 年间农村学生上学的平均距离增加了 4.05 公里。[②] 校车项目作为城镇化发展进程中对学校配套设施提出的新挑战，需要多个行政部门协同推进。学校布局调整导致部分学生上学距离变远。即使 2012 年国家主导规范了学校布局调整，但事实上学校数量仍在继续甚至加速减少，这就使得校车成为刚性需求。校车虽然是为接送学生上下学服务的，与县镇学校密切相关，然而其实际运行场域绝大多数都是在学校以外的地方。这就意味着如果相关部门无法密切配合、协同推进，就难免会导致校车项目运转受阻。

第一，没有专项资金用于公办学校校车项目开展。校车项目在购买校车、运转的能源消耗、聘请司机、日常维修等环节都需要有长期专项资金支

---

① 杨令平：《西北地区县域义务教育均衡发展进程中的政府行为研究》，博士学位论文，陕西师范大学，2012 年。

② 刘善槐：《我国农村地区学校撤并的问题与对策研究——基于东中西六地的调查分析》，《湖南师范大学教育科学学报》2011 年第 5 期。

持，以保证校车最基本的日常运转。然而，投入运转经费不足，甚至有些地区没有专项经费支持，一定程度上导致了全国多地区的公办学校校车项目处于半搁置状态。山东省某镇教育委员会刘主任谈到关于校车的问题时说道："我们没有接到上级部门的文件，校车的需求肯定是有，但操作起来比较复杂，责任归属不好界定。作为镇级教育主管部门，我们的级别低、权力小，如果上级部门不拨款，本级政府不采取具体措施，我们也是无能为力的。"①

第二，民营校车运营模式弊端诸多。地方相关部门对公办学校校车项目实施的积极性不高，间接促进了民营校车市场的发展。民营校车的存在很大程度上缓解了学生上学难、上学远的问题，但由于民营校车盈利属性大于公共事业服务属性这一特点，民营校车运转过程中为降低成本、提高收益，出现了安全隐患等方面的问题。位于辽宁北部山区的西丰县通过政府主导、个人经营、市场化运作的校车模式较好地解决了财力薄弱地区校车运力不足的问题，但是在缺乏有力监管的状况下，车辆超载和"黑"校车非法营运现象普遍，导致安全隐患十分严重。②

第三，相关部门管理权责难以剥离划分。校车运转的绝大部分时间都是在校园以外的区域，因此校车项目开展的顺利与否，取决于教育、财政、交警、交通、安全等多个部门的通力协作和配合。然而，校车运行过程中存在风险不可控的特点，相关部门在县域内的行政级别上多属于平级单位，在追责机制尚不健全的前提下，部门之间权利与责任的界定和分割过程就充满了博弈。如果没有相关政策法规予以明确界定，且由一个相对上位的政府部门统筹管理，校车项目的顺利运转就很难实现。湖北省荆州市监利县负责学生安全工作的科长表示，目前本县校车没有明确管理主体，名义上是教育、交警、交通、安监等部门协作，实际上责任全压在教育部门，其他管理部门重收费轻管理，重审批轻管理。③

---

① 李艳萍：《农村中小学校车管理问题研究》，硕士学位论文，曲阜师范大学，2014年。
② 李颖：《从辽宁"新民模式"看农村校车发展之路》，《中国教育学刊》2012年第9期。
③ 徐璐：《农村中小学校车发展政策研究》，硕士学位论文，华中师范大学，2012年。

第三节　乡村学校布局调整面临的问题

生育政策调整后的学龄人口平稳预期、城镇化背景下学龄人口外迁、高教育质量追求下的学龄人口外流等因素导致乡村学校的学龄人口不增反降。学龄人口的减少使得乡村学校处于动态变化之中，即原来的乡村小规模学校消失，规模较小的学校沦落为新的小规模学校。这种动态变化形成的学校分布现状将是乡村学校布局调整的重点所在。截至 2017 年底，全国仍有农村小规模学校 10.7 万所，占农村小学和教学点总数的 44.4%。[①] 乡村小规模学校以最小的教育单元放大了乡村学校布局调整所存在的问题，即如何处理教育资源紧缺与学校分布分散、追求教育质量与上学代价增加、满足当下需求与未来资源浪费这三对矛盾。

一、　学龄人口分散与教育资源有限的矛盾

学校布局调整是教育资源重新分配与组合的过程。这里的教育资源主要包括为保障学校良性运转所必需的公用经费、教师资源和基础设施。由于资源配置具有规模效益，因而学校布局调整中教育资源的压力程度往往与学龄人口的集中程度密切相关。一般来说，学龄人口越分散，教育资源压力越大。即与学龄人口集中的地区相比，学龄人口分散地区的教育资源配置难度更大。具体来说，当区域内学龄人口数量一定时，学龄人口越分散，教学点数量越多，要达到相同的教学标准所需的教育资源也越多。反之，学龄人口越集中，所需的教育资源也就越少。当前，乡村学龄人口分散是各地区的普遍特点。学龄人口分散意味着教学点数量较多且每个教学点规模较小，从而

---

① 潘志贤：《教育部：力争 2019 年秋季开学前两类学校基本办学条件达到省定标准》，《中国青年报》2018 年 5 月 14 日。

所需的教育资源也较多。

以某中部省份为例，假设该省 A 县和 B 县的乡村小学学龄人口都是 20000 人。其中，A 县学龄人口集中分布在 100 所学校，校均规模为 200 人，且各校规模均超过 100 人；B 县学龄人口分布较为分散，分别分布在 1000 所学校中，校均规模为 20 人，且各校规模均不足 100 人。在此前提下我们根据当前教育资源的配置标准来比较两个县对教育资源的需求程度。已知现行的公用经费是以学校的学生人数为基准，按照中西部地区普通小学每生每年 600 元、东部地区普通小学每生每年 650 元的标准进行核拨。农村地区不足 100 人的规模较小学校按 100 人核定公用经费。① 同时，该省小学编制是按师生比 1∶19 的标准核定，学生规模较小的村小、教学点至少应有 2 名编制。在学龄人口数量相同的情况下，按现行的公用经费配置标准，需给 A 县乡村小学分配的公用经费是 1200 万元，而需给 B 县 6000 万元。同理，按当前的编制配置标准，需给 A 县乡村小学分配的编制数量是 1053 个，而需给 B 县 2000 个。根据《农村普通中小学校建设标准》，不论学校规模多大，各校都需要建设最基本的功能区。然而，由于 B 县学龄人口分散，乡村学校数量是 A 县的 10 倍，因而 B 县在基础设施方面的投入很可能是 A 县的数倍。

当区域内教育资源可无限供给的时候，不论学龄人口集中还是分散，都能满足其对资源的需求。然而，现实中资源往往是有限的。当前县域内的教育资源总量难以应对分散的学龄人口对教育资源的大量需求。在"以县为主"的管理体制下，地方分担的经费仍是由县级财政负担，教育经费受限于县域经济水平。而县域经济总量是有限的，在县域财政收入总量的约束下，可用于支持教育的经费也是有限的。当前，我国县域经济发展水平不均衡，县域内可获得的教育经费收入一方面取决于本地经济水平，另一方面取决于国家转移支付的多少。对于财政能力弱的地区而言，经费负担会压垮县级财

---

① 中华人民共和国中央人民政府：《国务院关于进一步完善城乡义务教育经费保障机制的通知》，（国发〔2015〕67 号）。

政，加重地方的财政压力。当前，东部经济发达县由于本地经济水平高而能获得充分的教育资源，西部贫困县由于中央转移支付多也获得充足的教育资源，真正受财力限制的是中西部比较贫困但未被纳入贫困范围的县。

在县域教育资源总量一定的约束下，教育资源有限与学龄人口分散之间的冲突便在学校布局调整的实践中逐渐体现出来，两者之间的矛盾也成为乡村学校布局调整的核心问题。由于乡村学龄人口相对分散，需要的教育资源也较多，加之小规模学校教育资源使用效率相对较低，如果按标准化建设要求建设学校，就会加剧教育资源的紧缺程度。而在资源有限的背景下，县级政府限于财政压力而倾向于降低乡村学校的建设标准，使得各校往往不能获得足够的资源，从而不能达到与城镇相同的教育质量。其中，乡村小规模学校因处于劣势而更加难以获得足够的教育资源，具体体现在所获资源的绝对不足和相对薄弱两方面。

一方面是教学点的经费、师资与设施均不足。第一，经费数额不能满足学校各项支出需求。由于县级财政压力大，没有专项经费用于临聘教师、安保人员、寄宿制学校生活教师和实施营养改善计划的学校食堂从业人员的工资支出，学校只能从公用经费中列支临聘教师工资、营养餐配套服务经费、专项工程的配套经费等。西南某农村校长在调查中反映，学校现在有 8 个自聘教师，一个老师每月需要支付 1400 元的工资，一个月需支出 11200 元，一年需要支出 112000 元，这些钱全部由公用经费出，支付完临聘教师工资后公用经费所剩无几。[①] 第二，乡村学校的师资数量依然不足。当前，编制资源紧缺仍是一个普遍性问题，其在乡村的表现更加丰富。乡村学校由于规模太小，太分散，因而无法实现丰富化的师资配置。对于师资缺乏的乡村小规模学校来说，聘请教师代课是一种不得已而为之的做法。调查数据显示，有 82.51% 的农村小规模学校"标准上超编"，而仍有 11.42% 的农村小规模

---

① 刘善槐、韦晓婷、朱秀红：《农村学校公用经费测算标准研究》，《中国教育学刊》2017 年第 8 期。

学校教师是临聘教师。[1] 华东某县代课教师比例甚至高达 34%。[2] 临聘教师的存在说明乡村小规模学校教师现有数量不能满足学校正常运转所需。学校限于财力，只能让专任教师承担营养餐供应过程中产生的各项工作，这又放大了教师数量不足的问题。第三，许多学校的设施建设未达到国家标准。例如，《农村普通中小学校建设标准》规定要明确学校的功能分区（生活区、教学区、办公区），并进行合理布局。但实际校园建设过程中限于财力等因素，学校功能分区混乱。例如，调研中发现中部某完全小学共有 7 间房子，其中，1—6 年级每个班级一个教室；所有教师共用一间办公室，占用了原来的多媒体室。对于部分新恢复的教学点，由于准备时间不充足，除了有建筑物外，学校的硬件设施和软件配置还不到位，不能满足学校的需求；有的甚至还租用当地民房，3 个年级的学生在一个房间里上课，教师的办公室和学生教室仅用 1 个门帘隔开。此外，大部分学校没有专门的图书室，在教室内部开设一个小区域当成图书角供学生阅读，数字教育资源设施设备也相对缺乏。

另一方面是教学点的师资和设施质量相对薄弱。一是乡村学校师资质量较差。县级教育部门作为县域内教师管理和分配的主体，在教师数量不足的状况下，往往需要考虑县域内教师的整体发展。在决策过程中通常是基于大部分群体的利益，优先保障大规模学校的教师供给，再按管理体系逐层分配。也就是说，县域内教师编制的分配优势依城区学校、镇区中心校、村小和教学点依次递减。[3] 在这种弱势背景下，乡村小规模学校的教师往往是被层层筛选后的教师。有学者从学科知识、学科教学知识、一般教学法知识、课程知识四个维度，通过问卷测试了位于不同行政区的教师知识。测试结果

① 刘善槐、王爽、武芳：《我国农村小规模学校教师队伍建设研究》，《教育研究》2017 年第 9 期。

② 刘善槐、韦晓婷、朱秀红：《农村学校公用经费测算标准研究》，《中国教育学刊》2017 年第 8 期。

③ 刘善槐、邬志辉：《我国农村教师编制的关键问题与改革建议》，《人民教育》2017 年第 7 期。

显示，教师知识随着教师所处行政区划级别（省会城市、地级市、县级市、乡镇、村屯）的下降而下降。① 这也就意味着位于村屯学校的教师知识处于较低水平。此外，当前乡村小规模学校教师中仍存在一定比例的非师范专业毕业生。农村小规模学校的教师群体以本校在编教师、临聘教师、特岗教师为主，而这三类教师群体中非师范类专业背景的教师分别占 10.10%、61.11%、21.43%。② 二是乡村学校基础设施质量较为薄弱。例如，部分地区课桌椅不达标。调查显示，乡村小规模学校有 86.86% 的学校为学生配置了 1 人 1 桌 1 椅（凳）。但是，现有的课桌椅从低年级到高年级都是同一高度，与学生的身高不匹配，极易造成学生的视力下降。再如，运动设施设备也不足。调查显示，与乡镇学校和县城学校相比，乡村小规模学校的操场和设施设备只是一个基本保障场所，并未达到国家的标准。乡村小规模学校的操场多是水泥地，没有塑胶跑道；学生的乒乓球台多是一个水泥墩，用砖块替代球网。此外，还有将近一半学校（49.04%）的图书存量为 0，部分学校虽然有一定存量的图书，但是仅有 46.02% 的学校有适合学生年龄特点的正版图书。

二、 追求高质量教育与上学代价增加的矛盾

有限的教育资源在面临分散的学龄人口时难以兼顾到县域内的所有学校。为了寻求有限教育资源的效益最大化，往往以学校规模作为教育资源投入的决策依据，忽视小规模学校的实际需求。这种决策限制了乡村小规模学校的教育资源获取能力，制约了学校和学生群体的发展。为了追求高质量的教育，学生不得不选择到规模较大的学校就读。在这个过程中难免会增加学生的上学代价，如上学距离远、安全风险增大、寄宿低龄化等问题。

---

① 张源源：《义务教育教师职业城乡分层问题研究》，东北师范大学 2011 年博士论文。
② 刘善槐、王爽、武芳：《我国农村小规模学校教师队伍建设研究》，《教育研究》2017年第 9 期。

一是上学距离远。"就近入学"既是学校布局调整的重要原则，也是学生受教育权利的基本保障。那么，何为就近入学？其具体标准是什么？是否有可操作化的定义？这些均是学校布局的指导性依据。但在相关政策中未对此做出明确规定，这导致教育行政部门在执行政策过程中出现偏差。第一，学校服务半径扩大。学校的服务半径是指以学校为中心提供的教育服务所能辐射的范围。有关部门对"就近入学"的解释是，服务半径不超出 2.5 公里，最远不应超出 3 公里。[①] 国家审计署对 1185 个县农村学生就学距离的调查结果显示，2006 年农村小学平均服务半径为 2.96 公里，2011 年为 6.61 公里。[②] 无论从哪年的数据来看，学校的服务半径都超过了国家对"就近入学"服务半径的解释。学校的服务半径同时也存在区域差异，西部地区大于中东部地区。西部 270 个县农村小学的平均服务半径从 2006 年的 3.83 公里扩至 2011 年的 9.76 公里。[③] 第二，家校间物理距离增加。学校的服务半径扩大会加大部分学生家校间的物理距离，使得上学路程变得漫长。2018 年年初"冰花男孩"的走红反映了这一现实问题。"冰花男孩"王福满是云南昭通鲁甸县某小学的三年级学生，家离学校 4 公里多，平时需要走一个多小时的路程才能到学校；再加上当地气温低、冰凌天气多，赶到学校时已经是满头霜花，连睫毛上都是。[④] 另有一项基于东中西六地的调查结果显示，有 58.56% 的小学生上学距离比以前远，平均远了 9.19 千米。[⑤] 第三，上学路上花费的时间增加。学校服务半径的扩大、家校间物理距离的增加必然会使部分学生花费更多的时间在上学路上。2012 年，教育部公布的《规范农村

---

① 袁桂林：《布局调整应充分考虑服务半径》，《中国教育报》2011 年 8 月 29 日。

② 中华人民共和国中央人民政府：《1185 个县农村中小学布局调整情况专项审计调查结果》，http：//www.gov.cn/zwgk/2013-05/03/content_ 2395337. htm。

③ 中华人民共和国中央人民政府：《1185 个县农村中小学布局调整情况专项审计调查结果》，http：//www.gov.cn/zwgk/2013-05/03/content_ 2395337. htm。

④ 张凡、吉哲鹏、王甄言：《"冰花男孩"背后的问题如何解决》，《中国教育报》2018 年 1 月 15 日。

⑤ 刘善槐：《我国农村地区学校撤并的问题与对策研究——基于东中西六地的调查分析》，《湖南师范大学教育科学学报》2011 年第 5 期。

义务教育学校布局调整的意见（征求意见稿）》提出，学生每天上学单程步行或乘车时间不超过 40 分钟。① 国家审计署的统计数据显示，在 1257.63 万农村学生中仍有 4%（49.31 万）的学生需徒步 3 公里以上，其中 10.03 万学生需要徒步 5 公里以上。② 从这个维度上来说，学生在路上所花费的时间远远多于 40 分钟。学生用于上学路上的时间存在学校层级差异。基于西部某县的研究表明，中心校就读的学生花费在上学路上的时间比教学点就读的学生时间长，步行时间小于 20 分钟的学生中有 79.10% 就读于教学点，而步行时间在 1 小时以上的学生中有 87.50% 的学生就读于中心学校。③

二是安全风险增大。地形、道路、交通等因素与上学距离远的问题交互作用，增加了学生上学路上的安全隐患。第一，自然条件差。我国地形复杂多样，其中，山区面积占全国总面积的三分之二。天然的地形条件使得这些地区难以规划出科学合理的现代化道路网络，影响了地域内的交通可达性。在这样的现实条件下，位于这些地区的学生只能选择徒步上学，这无疑会增加学生在上学路途中的时间花费、体力消耗和安全隐患。课题组在宁夏西吉县调研时，有家长反映学生在上学路途中会遇到狼等野生动物。第二，交通工具缺乏安全保障。学校撤并后，不住宿的学生上学，要么步行或骑自行车，占到了 64%，要么乘坐交通工具，包括校车、公交车、租用车、私家车等。④ 而乘坐交通工具的安全系数并不是很高，主要体现在交通工具和专业人员配置两方面。国家审计署的统计数据显示，只有 7% 的学校配置了校车，这些校车有 8% 年检不合格，22% 未配备逃生锤等安全设备，5% 驾证不相

① 中华人民共和国教育部：《规范农村义务教育学校布局调整的意见（征求意见稿）》，http://www.moe.gov.cn/jyb_xwfb/s248/201207/t20120722_139757.html。

② 中华人民共和国中央人民政府：《1185 个县农村中小学布局调整情况专项审计调查结果》，http://www.gov.cn/zwgk/2013-05/03/content_2395337.htm。

③ 赵丹、吴宏超：《"一千米""半小时"：农村教学点撤并的政策期待——以对西部某县的实证研究为基础》，《中小学管理》2011 年第 11 期。

④ 中华人民共和国中央人民政府：《全国人大常委会专题询问目击记：追问校车校园安全》，http://www.gov.cn/jrzg/2011-12/30/content_2034347.htm。

符，35%未配备专职管理人员，还有12%的学生自行包租社会车辆上学；由于监管难度大，这些车辆往往车况差且超载严重，交通事故时有发生。①

三是学生寄宿低龄化。2012年《国务院办公厅关于规范农村义务教育学校布局调整的意见》指出，"农村小学1至3年级学生原则上不寄宿，就近走读上学；小学高年级学生以走读为主，确有需要的可以寄宿"。而在政策执行过程中，学生低龄化寄宿已经成为普遍现象。调查显示，在调研地的小学住校生中，从一年级、二年级和三年级开始住校的学生人数分别为36人、118人和116人，占总住校人数的比例分别为27.13%、13.56%和13.33%。② 住宿低龄化使儿童面临着学校适应水平低、亲情关爱缺失等问题。首先，学校适应水平低。由于低年龄段学生的生理心理发展尚未成熟，过早地让学生离开家人步入群体生活容易带来不适应学校生活的问题。有调查显示，低龄寄宿生（1—4年级）群体认为"学校不适应"的比例占69.3%，主要体现在生活不适应和心理不适应两方面。③ 生活不适应是指低龄学生还未形成较强的生活自理能力和人际交往能力，难以适应学校的寄宿生活和群体生活。心理不适应是指学生因住宿而形成的心理情绪障碍，如思念家人、内心孤单、缺乏归属感等。其次，亲情关爱缺失。上学距离变远、交通条件不利导致多数学生不得不选择住校，这种就读方式无形中降低了学生的回家次数。调查显示，经历撤并的学生在撤并前平均每周回家2.6天，撤并后回家次数平均为每月4天。④ 回家次数的减少疏离了家庭成员间的关系，减少了亲子间的情感沟通。

---

① 中华人民共和国中央人民政府：《1185个县农村中小学布局调整情况专项审计调查结果》，http://www.gov.cn/zwgk/2013-05/03/content_ 2395337.htm。
② 刘善槐：《我国农村地区学校撤并的问题与对策研究——基于东中西六地的调查分析》，《湖南师范大学教育科学学报》2011年第5期。
③ 赵丹、于晓康：《农村小学低龄寄宿生学校适应性及影响因素研究——基于陕西省两县的实证分析》，《教育科学研究》2017年第5期。
④ 刘善槐：《我国农村地区学校撤并的问题与对策研究——基于东中西六地的调查分析》，《湖南师范大学教育科学学报》2011年第5期。

三、 满足当下需求与未来资源浪费的矛盾

受多重因素影响，我国学龄人口将长期处于动态变化中，这种不可预期的学龄人口变动使乡村学校布局调整决策面临撤留两难的局面。教育部统计数据显示，2012—2018 年，乡村小学在校生减少了近 1000 万人，乡村小学学校数量减少 6 万多所，而乡村教学点增加 2 万多个。这也就意味着，乡村小规模学校并不会随学龄人口减少而逐渐消失，反而会有所增加。由于乡村小规模学校聚集着大量"走不掉"的弱势群体，保留这些乡村学校成为保障这部分弱势群体就学权益的必要途径。然而，由于乡村学校规模较小且相对分散，教育资源配置难以达成规模效益，满足当下教育需求必然需要投入更多的教育资源。

如果按照当前教育需求进行乡村学校布局调整，未来学龄人口波动极易造成教育资源浪费。乡村学校布局不仅仅是学校撤并还是保留的问题，也是能否使乡村适龄人口接受高质量教育的关键。《国务院办公厅关于全面加强乡村小规模学校和乡镇寄宿制学校建设的指导意见》（国办发〔2018〕27号）要求，"到 2020 年，基本补齐两类学校短板，进一步振兴乡村教育，两类学校布局更加合理，办学条件达到所在省份确定的基本办学标准，经费投入与使用制度更加健全，教育教学管理制度更加完善，城乡师资配置基本均衡，满足两类学校教育教学和提高教育质量实际需要。"为了使乡村小规模学校能够达到与县镇学校同等水平的教育质量，地方政府需要花大力气保证教育资源供给。而未来学龄人口一旦减少，原有的教育资源配置将由"供给不足"转为"供给过剩"，对相对过剩的教育资源处置将面临多重难题，具体将表现在以下三个方面：

第一，新改建校舍面临闲置废弃。从目前学龄人口向城性流动的整体趋势来看，现有校舍数量基本能够满足学龄人口就学需求。但是由于部分校舍建设标准不达标，加之使用年限过长、自然老化严重，乡村学校办学条件与

县镇学校仍存在较大差距。尽管各地对于学校基本办学条件有明确标准，但是基本办学标准普遍适用于规模适中的学校，并不适合于乡村小规模学校。如果要给乡村小规模学校配备功能室、食堂、宿舍等，必然给地方政府带来较大的财政负担。而在投入大量资金实现乡村学校标准化后，未来学龄人口减少将使新改建校舍难以派上用场，大量校舍面临闲置废弃。2010年，长阳县原有的76所"希望小学"，有53所遭废弃，按建一所希望小学平均花费10万元计算，53所希望小学的废弃，就意味着长阳县价值530万元固定资产遭闲置。① 基于978所撤并中小学校的资产处置调研发现，有543所学校的资产划归教育部门，占55.52%；有229所学校的资产划归村委会，占23.42%；有206所学校的资产因产权不清或其他原因而闲置、荒废或倒塌，占21.06%。② 由于校舍产权复杂，这些校舍产权一旦被处置将产生不可逆的结果。而如果未来学龄人口有所回流，办学场地和校舍产权纠纷将使重新办学面临更大的困难。

第二，教学设施设备使用效率无法得到保证。与县镇规模较大的学校相比，乡村小规模学校生均教育资源占有率较高，但实际上教育资源并未能充分发挥使用效率。有调查研究表明，教学点生均教学楼面积为46.21m²，高于小学生均教学楼占有面积32.26m²；教学点生均图书达74.25册，高于平均值33.76册；教学点每百人计算机拥有量为25.69台，高于平均拥有量近3台。③ 乡村学校教学设施利用效率不高有两方面原因：一是缺乏专业化师资配置，老龄教师尚不具备应用信息化设备、乐器、体育器材等教学设施的能力；二是部分地方资源使用的外部条件不足，如有的地方尚未覆盖互联网、有的信息化资源与实际教学需求不符等。由于大量教育教学设施缺乏基

---

① 马晖、张雯闻：《那些废弃的希望小学》，《21世纪经济报道》2010年8月2日。

② 邬志辉、王存：《农村被撤并学校资产处置的政策选择》，《教育发展研究》2009年第21期。

③ 周霖、邹红军：《县域义务教育学校硬件配置状态及改进对策》，《东北师大学报（哲学社会科学版）》2017年第6期。

本维护与更新，闲置教学设施设备常年老化，越来越难以适应教育现代化发展需求，未来乡村学校教育资源闲置的问题将可能进一步加剧。

第三，相对富余的乡村教师安置将成为难题。要使一所学校维持正常运转，至少应保证每个班级配置一名教师。而要配齐配足国家所规定课程的各个学科专任教师，乡村学校教师缺口无疑是巨大的。长期以来，乡村学校通过补充大量民办教师、代课教师的方式维持学校正常运转，而一大批民转公教师、代课教师等老龄教师整体素质参差不齐也成为制约乡村教育发展的主要因素。为了缓解当前乡村教师数量不足、结构性失衡的局面，各地积极通过拓宽乡村教师补充渠道、编制标准向乡村倾斜等方式大力扩充乡村教师队伍。但如果未来乡村学校生源进一步减少，则极有可能造成大量教师富余，这些富余教师的安置将成为较大难题。一方面，部分教师长期在乡村学校从教，已经完全"扎根"于乡村，不愿意离开乡村到县镇学校工作；另一方面，部分乡村教师素质堪忧，教育思想固化且缺乏自我发展动力，难以胜任县镇学校教育教学工作。值得一提的是，近年来部分地方陆续开始探索实施针对乡村学校实际需求的定向教师培养，大量全科教师、一专多能教师补充到乡村学校。但是，从长远来看，如果乡村学龄人口持续减少，这些完全针对乡村学校而培养的教师去留将成为未来乡村教师安置的新难题。

如果完全基于避免未来资源浪费考量，乡村学龄人口的当下教育需求则难以保障。乡村小规模学校数量多且分布广，如果优先考虑教育资源利用效率，避免未来教育资源浪费，大量乡村小规模学校无疑是要被撤并的。然而，由于部分学龄人口仍有在乡村小规模学校就学的需求，甚至部分暂时没有生源的"0人学校"隔年也存在就学需求，那么完全基于教育资源利用效率进行学校布局调整，必然会造成部分学龄人口就学需求无法得到满足。一方面，部分地方大量撤并乡村学校，造成学生就近入学难以得到保障。尽管农村地区大规模撤点并校已经被叫停，但出于利益最大化的考量，部分地方仍选择牺牲部分群体利益来服务于地方教育整体发展。据统计，十年大撤并的时候，全国每天有63所村小消失；叫停"撤点并校"六年后，村小仍以每天 16 所的速度消失。① 乡村学校撤并使部分学生家庭不得不承担更多经济负担供子女进城读书。对于部分家庭经济负担过重，甚至还需要帮忙分担家庭重担的学生而言，乡村学校撤并也就间接地意味着其学业生涯的结束。另一方面，部分地方对于乡村小规模学校往往秉持置之不理、任其自然消亡的态度，造成乡村学龄人口接受的教育教学质量无法得到保证。基于当前学龄人口减少、避免未来教育资源浪费的理性考虑，部分地方对于乡村小规模学校的投入仅以维持学校正常运转为目的，缺乏对乡村学校发展的综合考虑，造成乡村学校发展长期停滞不前。以乡村学校教育资源配置为例，课题组 2016 年基于全国 6 省份 6 县（区）调查数据显示，仅有 26.98% 的学校有图书室，其中有 74.69% 的学校图书更新周期超过一年。在中部某小学访谈时了解到，该校图书最早是 2000 年左右配备的，最近一次更新是 2013 年下半年。由于部分图书过于陈旧、图书内容不适合学生阅读，部分学校图书室成为仅供参观的"阅览室"。乡村小规模学校教育资源短缺、教学质量不高使得部分经济条件好的家庭不得不将子女送到更高层级地区的学校就读，而乡村学龄人口的进一步流失无疑推动乡村学校走向被撤并的边缘。

---

① 21 世纪教育研究院：《一天消失 16 所村小，谁会在意农村孩子的未来》，https：//mp. weixin. qq. com/s/Xkco_ JB3EDwPVGWGCQgq2g。

第四章　学校布局调整的多重价值选择

学校布局调整是一个对教育资源或相关主体利益的分配与再分配过程，这一过程包含了对涉及主体的价值定位、价值选择与价值排序。[①] 为此，学校布局调整应该体现出价值分配的合理性。首先，学校布局调整在整体把握上应当遵循科学性原则，统筹考虑，合理规划。其要义在于，学校布局调整过程中既要考虑现实需求，又要关注学校的长期发展问题。其次，教育的过程性及阶段发展性特征决定了学校布局调整决策应当同时具有教育、社会与经济三重效用。其中，教育效益表现为学校布局调整应当坚持以学生发展为先，提高教育质量，最大限度地促进学生全面发展；社会效用要求决策层应关注弱势群体的利益，包容和接纳教育系统内的学生群体，使全体学生都能享受公平而有质量的教育；学校布局调整的经济效率则主要强调教育资源的配置效率，其旨在不违背教育发展规律以及教育资源总量有限的情况下，合理高效地进行学校布局调整。

---

① 刘善槐：《科学化·民主化·道义化——论农村学校布局调整决策模型的三重向度》，《教育研究》2012 年第 9 期。

第一节 学校布局调整应遵循科学理念

义务教育阶段学校布局调整是一项事关地方义务教育长远发展的战略措施，应兼具"现实合理性"和"未来发展性"的双重特点。因此，学校布局调整应遵循科学理念，基于区域教育全局发展的战略视角，由政府整体统筹，科学规划。所谓"现实合理性"，指的是学校布局调整要面向现在，考虑当前学龄人口的现实教育需要，应当与当前学龄人口分布、居住空间格局、社区文化以及地方经济发展水平等相适应。其中，学龄人口分布和居住空间格局决定学校的精准定位，保证服务区域内的学生都"能上学"；而学龄人口的分布、社区文化和地方经济发展水平共同决定教育资源的合理差异分配，确保在有限的教育资源总量内，学生能够获得相对均等化的教育公共服务，都能够"上好学"。所谓"未来发展性"，指的是学校布局调整不仅应与当前的形势和环境相匹配，更要着眼长远，考虑到未来学龄人口对教育发展的需求。这就要求政府及教育行政部门对于未来一段时间内的教育发展形势和需求做出一个合理的预估和评判，以便提前做好教育资源储备。进行科学的学龄人口预测是有效手段之一，它也将成为学校布局调整科学规划中的关键环节。

学校布局调整应遵循科学理念，主要是基于以下三方面的考虑：

第一，现有教育资源有限，需要科学规划以提高资源配置精准率和使用效率。当前我国学龄人口分布呈现城镇地区过于集中而农村地区过度分散的两极样态：在城镇，外来人口大量涌入，随之带来的是数量庞大且日益增长的随迁子女群体，这些外来学龄人口给当地有限的公共资源带来巨大的压力和挑战，首当其冲的便是教育资源，城镇"大班大校"现象屡见不鲜；在农村，为了追求更好的就业机会或更高质量的教育，大量农村人口向城镇流动，农村学龄人口随之减少，从而产生大量小规模学校。对于城镇来说，布局调整面临的最大挑战莫过于有限的教育资源承载力与不断增长的外来学龄人口之间的矛盾；对于农村来说，布局调整面临的最大挑战是教育资源有限与学龄人口分布过于分散之间的矛盾。而科学合理的布局规划能够有效提高教育资源的配置精准率，使教育资源被利用得"恰到好处"，实现使用效率最大化。

第二，学龄人口数量和分布持续动态变化，需要科学规划以应对当前和未来需求。只有可持续发展的教育才能适应社会发展的需求。由于学龄人口的数量和分布总是持续动态变化，学校布局调整也应当与之同步发展才能维持平衡。从数量上来看，"全面二孩"及"三孩"政策的全面实施给学龄人口带来了新的增长预期，而城镇化的进一步推进使得城镇学龄人口不断增加而农村学龄人口不断减少，在两者的共同影响下，城乡学龄人口的数量必然发生变化，但这种变化具有非预期性。从分布上来看，城镇产业空间结构正在逐步优化，城市扩容以及高层高密的居住空间使得学龄人口的分布密度正在发生变化，且在将来还会持续变化。① 提前做好学龄人口预测，客观评估城镇教育资源承载力，预判农村教育发展趋势，既可以为未来教育资源储备预留空间，也可以避免教育资源过度浪费。

第三，教育的当前需要与未来发展偶存冲突，需要科学规划以规避"选择风险"。这里的"选择风险"主要是指经济风险和道义风险。如果一所学校条件非常艰苦，只有六年级的 4 个孩子，作为该地教育部门的决策者，应当如何选择？是选择加大投入还是将该学校撤并？如果加大投入，意味着这所学校第二年很有可能会成为一所闲置学校，造成资源的过度浪费，你的选择就陷入经济风险；如果将该校撤并，意味着 4 个孩子面临"上学远""上学成本高"等难题，更甚者可能辍学，易陷入道义风险。同理，在整个学校布局调整过程中，学校的现实需求和未来发展往往存在冲突和矛盾，需要协调好二者之间的关系，才能做出最为合理的布局决策。也就是说，既能根据

---

① 刘善槐：《我国城镇义务教育学校布局调整研究》，《教育研究》2015 年第 11 期。

当前教育发展的需要有效解决当前的一些紧迫问题，又能根据未来学龄人口数量和分布变化以及教育改革与发展的长远需要，对布局调整进行精心的安排，使其有助于未来教育获得更加良好的发展，是新时期布局调整必须重视的问题。①为此，科学地进行布局规划对于教育发展而言非常重要。

现代科技的进步和教育主体的调整为学校布局调整进行科学规划提供了技术支持和人文基础。一方面，现代科技的发展使得我们的预测软件更加成熟和准确，而社会的多元发展和城镇化发展也让信息更加流通，我们能够全方位且快速地掌握并获得预测所需的各类信息，这为我们提前做好预测提供了技术支持。另一方面，近几年各部门的整合与调整以及教育政策的不断完善，使得部门间配合起来更加高效和默契，这为我们科学规划提供了人文基础。

学校布局调整过程中应当如何遵循科学理念呢？首先，学校布局调整应当是"自上而下"与"自下而上"相结合，政府在顶层设计过程中应积极听取来自基层的声音。县级教育行政部门应该充分考虑地区实际发展状况，在国家政策与地域特征的差异之间制定出最优规划策略，让县域教育发展规划既能适应地方实际，体现出自主创新的特征，又能契合国家的政策导向，顺应教育发展趋势。其次，相关部门和人员在对学校布局进行科学规划时，应当始终秉承"综合统筹""均衡发展"的理念：在教育行政部门主导下，从区域一体化发展的视角出发，综合把握县域内义务教育发展全局，对义务教育学校布局调整进行统一筹划；综合考虑区域内各学校在资源配置、发展条件、均衡状况等方面的差异，坚持区域内教育一体化发展。

---

① 廖其发：《论我国基础教育学校布局调整的基本原则与主要策略》，《河北师范大学学报（教育科学版）》2018年第1期。

第二节　学校布局调整应注重教育效益

科学发展观的核心是"以人为本"，科学发展观在教育领域内的核心体现是"以生为本"，以学生发展为先，促进学生全面、健康、可持续发展。学生发展是以学校生活为主导影响下实现的发展，是学生的潜能转变为显能，提高自己适应和改造环境能力的过程，[①] 具体包括学生身心健康的发展、知识和能力的发展、品德与行为的发展。学校布局调整必须坚持"学生发展为先"的价值取向，注重布局调整的教育效益。这就要求相关部门和人员在推动学校布局调整过程中不能像商业投资或者是工厂生产产品一样，一味地追求"投入—产出"效益，而应尊重人性，尊重学生成长与发展的规律，充分考虑学生的发展需求，始终将学生的利益放在学校布局调整规划中的重要位置，一切以学生的全面发展为价值旨归。

学校布局调整的教育效益主要体现在布局调整活动始终坚持"以学生发展为先"。首先，学校布局调整的顶层设计要"以学生发展为先"。相关部门在制定学校布局调整的政策文件、规划学校布局调整的蓝图时，将学生的发展作为首要考虑因素，以"学生优先发展"作为统筹全局的核心理念。其次，学校布局调整的政策执行要"以学生发展为先"。学校布局调整政策的执行者要坚守"以学生发展为先"的理念，尊重学生发展规律，重视学生发展权益，严格而又不失"温情"地使学校布局调整的相关政策和精神落到实地。再次，学校布局调整的评价要"以学生发展为先"。相关部门和人员在对学校布局调整结果进行评价时，不单纯以学校数量、班级数量为唯一标准，而要将学生是否获得充分、自由而全面的发展作为重要的衡量标准。

学校布局调整坚持注重教育效益有着重要的时代价值：

---

① 唐荣德：《论学校生活中学生发展的实现》，《广东师范大学学报》2009 年第 6 期。

第一，学校布局调整注重教育效益的理念符合国际教育发展的大趋势。联合国教科文组织认为教育的首要作用之一就是使人类有能力掌握自身的发展，使每个人都能掌握自己的命运，每个人的潜能得到充分的发展，这既符合教育人道主义的使命，又符合使任何教育政策的指导原则公正性的需要，也是尊重人文环境和自然环境又尊重传统和文化多样性的内源发展的真正需要。① 2015 年，联合国教科文组织发布"教育 2030 行动框架"，该教育行动框架是基于教育是一项基本人权和适应性权利的原则而生成。为此，教科文组织提出各国必须确保每个人公平地接受全纳的优质教育，接受免费的义务教育。教育应是一项公益性事业，应当致力于学生个体的全面发展。此外，为了提高教育质量，增加民众受教育的机会，各国教育机构应该有充分、公平的教育资源，有安全便利、环境友好的教育设施，有足够的优质教师和教育者，使用以学习者为中心的教学方法，有各种书籍和学习材料，有开放的教育资源和技术。② 这样的优质教育有助于学生的全面发展。

第二，学校布局调整注重教育效益的理念契合了教育发展的内在要求。党的十六大提出了科学发展观的重大思想战略，其核心是以人为本。2007年，党的十七大正式把科学发展观写入《中国共产党章程》。2010 年，《教育部关于贯彻落实科学发展观进一步推进义务教育均衡发展的意见》（教基一〔2010〕1 号）重申了现如今高质量的教育需要在以人为本的科学发展观中落实、发展和完善。其中明确提出各地要围绕全面实施素质教育，促进学生德智体美全面发展，并且要制定面向全体学生、关注所有学生健康成长的工作制度和机制。党的十八大明确地将科学发展观列为党的指导思想，再次肯定了以人为本的发展理念，这也侧面说明了"以学生发展为先"的价值理念符合时代发展的趋势与价值诉求。十九大着重强调发展的重要性，提出了

① 联合国教科文组织总部中文科译：《教育——财富蕴藏其中》，教育科学出版社 1996年版，第 45—69 页。

② 胡佳佳、吴海鸥：《"教育 2030 行动框架"描画全球未来教育的模样》，《中国教育报》2015 年 11 月 15 日。

新时代我国社会的主要矛盾是人民日益增长的美好生活需要和不平衡、不充分发展之间的矛盾，必须坚持以人民为中心的发展思想，不断促进人的全面发展、全体人民共同富裕。① 党的十九大还充分强调了教育的重要性，认为建设教育强国是中华民族伟大复兴的基础工程，要把教育放在优先发展的位置，办人民满意的教育。将立德树人作为根本任务，发展素质教育，培养德智体美劳全面发展的社会主义事业的建设者和接班人。

第三，学校布局调整注重教育效益的理念是学校的组织特性和育人功能的基本要求。学生的大部分时间都在学校。学校对学生而言是一个小型社会，是学生经验不断重组和改造的地方。学校教育在促进人的发展中有着自身的独特性。这主要表现在：学校教育是专门培养人的活动，具有明确的目的性和方向性；学校教育具有较强的计划性和系统性，给人的影响比较全面、系统和深刻；学校教育的环境具有可控性。② 学校教育的这些独特性彰显了学校教育的重要性，特别是对学生身心发展的重要作用。教育是一种培养人的活动，对人的发展具有重大的影响，促进人的发展应是教育的出发点和落脚点，促进学生的发展是学校教育的一项基本职能。学校教育不能为了成绩和升学率而忽略了学生的身心发展。为了片面追求学校的经济利益，个别学校扩大招生，建立分校，收取高价的择校费；为了实现学校的社会利益，部分学校力争排名，提高升学率，加大学生考试排名的频率。这些现象使得学生的心理压力和精神压力与日俱增，无疑会影响到学生身心健康的发展，违背了学校教育的个体功能实现。因此，现代的学校教育应回归到学生发展的宗旨上。

学校布局调整作为一项公共决策，在不同的价值理念驱动下会产生不同的影响结果。提高教育效益应成为学校布局调整的内在追求。那么在学校布

① 中华人民共和国中央人民政府：《习近平：决胜全面建成小康社会夺取新时代中国特色社会主义伟大胜利——在中国共产党第十九次全国代表大会上的报告》，http://www.gov.cn/zhuanti/2017-10/27/content_5234876.htm。

② 黄藤：《学校教育基本功能研究》，陕西人民教育出版社2006年版，第74页。

局调整中如何将"以学生发展为先"的布局理念落到实处呢？要想实现学校布局调整的教育效益，需要从以下几个方面努力：

第一，学校布局调整政策应体现"以学生发展为先"的基本理念。相关部门在制定学校布局调整的政策时，应更加注重学生的发展。2010年，教育部印发的《关于贯彻落实科学发展观进一步推进义务教育均衡发展的意见》（教基一〔2010〕1号）指出，在学校布局调整的过程中要改善办学条件特别是住宿条件，保障学生的学习和生活。2012年，国务院办公厅出台《关于规范农村义务教育学校布局调整的意见》（国办发〔2012〕48号），强调要充分考虑学生的年龄特点和成长规律，处理好提高教育质量和方便学生就近上学的关系，努力满足农村适龄儿童少年就近接受良好义务教育需求。这些政策关注了学生的身心发展，但在应对多重价值冲突时，未明确"以学生发展为先"，更缺乏相应的落实机制，应尽快改进完善。

第二，加强舆论宣传，让注重教育效益的布局理念深入人心。相关部门和人员要借助多种媒介，多途径宣传"以学生发展为先"的布局理念。务必使学校布局调整的决策者能够一切从学生的切身利益出发，统筹规划，优化布局，尽量做出最有利于学生全面发展的布局规划蓝图；使学校布局调整的执行者能够公开、公正落实学校布局调整的政策精神，在具体学校布局调整的过程中要具体问题具体分析，切不可盲目地"一刀切"，当布局调整的措施有违学生的根本利益时，要审慎考虑，优先考虑学生的发展利益；使学校布局调整的评价者要一切以最广大学生的利益为根本衡量标准，不能因为对规模效益的过度追求，导致规模效益与公平正义的天平更多地偏向规模效益，进而在实现教育公平的过程中滋生不公平。[1]

---

① 白亮、万明钢：《城乡义务教育一体化发展中县域学校布局优化的原则与路径》，《教育研究》2018年第5期。

第三节　学校布局调整应关注社会效益

学校布局调整的社会效益主要体现在学校布局调整的包容性以及在布局调整过程中对弱势群体的关照。

学校布局调整应体现包容性。包容，现代汉语解读为宽容、容纳，具有兼容并蓄之意；从哲学上讲，包容表明事物存在和发展的一种状态，意味着在同一矛盾统一体中，两个或两个以上矛盾共时并存，既存在差异，又并行不悖，相互联系，相互影响，相互促进。① 当今的社会正在走向包容，教育也不例外。教育的包容性是指教育事业作为一项基本的公共服务，义务教育学校应该实现区域内常住学龄人口的全覆盖，让所有人都享有受教育的权利，享受到公平而有质量的教育。学校布局调整理应体现包容性。从学校布局调整的主要受益主体——学龄人口来看，其包容性主要体现在三个方面：一是入学机会（也可称作学位的包容），保证学龄人口的入学机会均等，接纳区域内一切学龄人口，满足区域内所有常住学龄人口的学位需求；二是教育质量，即在学位满足的情况下一视同仁、无差别地对待区域内一切学龄人口，统筹规划学校布局，尽量使每个学龄儿童（无论本地学龄人口还是外来常住学龄人口）都能享受到公平而有质量的教育；三是文化差异，在学校布局调整过程中要尊重文化差异，努力消除文化壁垒，帮助外来学龄人口真正融入当地校园文化中。

学校布局调整应体现弱势关照理念。教育是典型的公共领域，教育的公共性决定了学校布局调整政策是一项公共政策，其目的在于维护公众的教育权益。学校布局调整在本质上是不同主体之间利益重新划分的过程，义务教育的公共产品属性决定了其不仅要满足大多数人的利益，也要关注少数弱势

---

① 周位彬：《高职教育应树立包容性人才观》，《河南科技学院学报》2018 年第 4 期。

群体。弱势关照理念解决的是少数人的利益受损问题，即在学校布局调整中，政府要特别关注弱势群体的基本权利和利益，使其中的每一个学生都能安全、便利地享受到公平而有质量的义务教育。其中，政府是弱势关照的主体，"边缘化"群体是弱势关照的对象，保护其基本权利与权益是弱势关照的主要内容。具体来说，贫困儿童、留守儿童、偏远地区学生和随迁子女是当前学校布局调整中主要的弱势群体。其中，随迁子女的弱势性可通过包容性理念得到关注。因而，此处重点关注的对象集中在农村地区的贫困儿童、留守儿童以及偏远地区学生。农村贫困儿童的弱势性主要体现在家庭经济困难，其家庭可支配收入非常低，往往只能满足基本的生存需要。

社会效益在学校布局调整中的重要性主要体现在以下几个方面：

第一，关注社会效益的学校布局调整是实现教育公平和正义的内在要求。罗尔斯提出，正义是社会制度的首要价值，每个人都拥有一种基于正义的不可侵犯性，这种不可侵犯性即使以社会整体利益之名也不能逾越；因此，正义否认为了一些人分享更大利益而剥夺另一些人的自由的正当性，不承认许多人享受的较大利益能够绰绰有余地补偿强加于少数人的牺牲。[①] 党的十九大提出，要努力让每个孩子都能享有公平而有质量的教育，正是对教育公平和正义的追求，学校布局调整不仅要保障大多数群体的利益，同时也要体现对弱势群体的人文关怀。然而，当前我国教育内部还存在巨大的群体性差距，假如在学校布局调整中忽视弱势学生的教育需要，就会加剧这种不平等，这也违背了教育改革的初衷。教育公平目标的实现就是要关注那些处境最不利的弱势群体，处于农村教育最末端的孩子牵动着教育改革最敏感的神经，他们理应享有与其他孩子平等的受教育机会。因此，学校布局调整要特别关注弱势儿童的利益，使他们享有公平而有质量的义务教育。

第二，关注社会效益的学校布局调整是在多样化世界中实现社会和谐的

---

① ［美］约翰·罗尔斯：《正义论》，何怀宏等译，中国社会科学出版社1988年版，第3—4页。

必要条件。张国清提出，和谐哲学主张人与自然、人与人、人与社会全面的良性的共存和发展，各个社会阶层有效的分工和合作，社会资源有效的配置和利用，公民、社会和政府相互的支持和配合，整个社会所有公民对基本社会公共物品的公平分配和分享。① 当前，我国社会阶层之间还存在较大的差距，弱势群体在教育资源分配中的不利地位是群体差距拉大的重要原因，而群体差距拉大本身又不利于社会和谐。在发展中社会，严重的社会不公是危害社会的毒药，它会慢慢地消解弱势群体的弱势感和尊严感，继而迅速产生一种挫折感、不安全感扩散到社会整体，它会一点点地销蚀人与人之间正常的有机合作关系，加剧矛盾和仇视、激化对抗和冲突。② 从这种意义上来说，学校布局调整不仅是教育问题，也是关系社会公平和谐的问题，在实现社会和谐的过程中，弱势关照理念的价值得以彰显。

第三，关注社会效益的学校布局调整有利于教育与社会经济、文化之间的协调发展。目前我国正处于工业化、城镇化急剧变革的社会转型期，随之而来的人口流动已经成为一种常态。在我国，流动人口的数量继续保持增长的态势，流动人口已成为城市中不容忽视的一个群体，尤其在区域间经济发展不均衡的背景下，越来越多的农村劳动力向就业机会多、收入较高和生活环境更好的城市流动。在 20 世纪 80 年代，中国人口流动基本上处于单个人流动的"先锋"阶段，进入 90 年代，这些"先锋"流动人口在流入地具有了一定的经济实力和社会基础，并积累了一定的物质生活资料和社会生活经验，于是出现了大量举家迁移的现象。③ 例如进城务工人员已经由原来的季节性流动转向常住化，携带子女到城镇生活的比例越来越高，随迁子女呈现出规模大、涌入速度快和分布集中的特征。教育的发展要契合新型城镇化的

---

① 张国清：《和谐：一种提倡兼容的公共哲学》，《哲学研究》2005 年第 6 期。

② 李金河、徐锋：《当代中国公众政治参与和决策科学化》，人民出版社 2009 年版，第 128 页。

③ 梁勇、马冬梅：《现阶段我国城市流动人口变动的新特点及服务管理创新》，《理论与改革》2018 年第 1 期。

总体发展规划，与城镇化的发展形成良性互动的态势。新型城镇化的核心是人的城镇化，人的城镇化重视人的权利、人的福利、人的主体性，以人的全面发展为出发点和最终归宿。① 而实现人的城镇化最为重要的就是基本公共服务的供给均等，尤其是作为最具民生特点的基本公共服务产品，如教育的供给均等。② 因此，实现外来学龄人口教育机会均等对人的城镇化有重要影响，这就要求提供更加公平、更高质量的教育，特别是要求破解城市内部的教育二元结构。

在学校布局调整过程中关注社会效益可以从以下三个方面努力。第一，通过村民支持与大数据技术精准识别学校布局调整中的弱势群体。在村民支持下，政府工作人员负责收集当地农民和学生的群体特征，并设定弱势群体底线标准，运用大数据技术精准识别弱势群体。第二，发挥政府的兜底保障作用。政府的性质决定了政府本身有关注弱势群体的责任。学校布局调整的责任主体为地方政府，地方政府是公共利益的代表，必须承担其弱势关照的主体责任。③ 第三，关照弱势群体。政府应精准识别弱势群体，并评估学校布局调整对其产生的影响。当布局调整有损弱势群体的利益时，应进行利益补偿；当损失超过一定阈值，学校布局调整应"一票否决"。

第四节　学校布局调整需兼顾经济效率

"公平"和"效率"是学校布局调整的两大目标，没有"公平"的学校布局调整是不道德的，没有"效率"的学校布局调整是低水平的。学校布局调整追求的是有公平的效率和有效率的公平，即"公平"与"效率"的统一。学校布局调整的"公平"关注更多的是"以学生发展为先"，关注弱势

①　褚宏启、贾继娥：《新型城镇化与教育管理改革》，《教育发展研究》2015 年第 23 期。
②　郅庭瑾：《人的城镇化：教育何为》，《人民教育》2015 年第 9 期。
③　刘善槐：《农村学校布局调整决策的科学化、民主化与道义化研究》，博士学位论文，东北师范大学，2012 年。

群体利益，注重教育机会与教育质量的平等。学校布局调整的"效率"更多地体现在学校布局调整的经济效益，学校布局调整需要在关注"总成本收益"前提下，统筹所有利益主体的成本收益，避免成本的"转嫁"和利益的"恶性"争夺，尽量降低学生就学的经济成本，切实提升教育资源的利用效率。①

学校布局调整需在有限的教育资源条件下提高资源的使用效率，在保证学校教学质量的基础上兼顾"经济效率"。"经济效率"在经济学领域的解释是以尽可能少的劳动消耗和物质消耗生产出尽可能多的符合社会需要的产品。② 学校布局调整中的经济效率指在资源有限的条件下，充分挖掘学校教育资源的内在潜力，提高资源利用效率，以满足现实需要。其中，在财力资源方面，是指合理分配有限的教育经费，提高经费的使用效率，以取得"1+1>2"的效果；在人力资源方面，是指不要将优秀的教师限制在所属学校，在适当范围内通过运用更灵活的方式如"轮岗制""走教制"等让这些教师教授更多的学生；在物力资源方面，是指充分利用现有的学校建筑、教育用地，在充分考虑未来教学需求的前提下，合理规划教育用地和校舍数量。学校布局调整是一个公共价值选择的过程，本质是教育资源的重新配置，合理配置教育资源是布局调整决策的核心议题。在这个过程中，需要以经济效率理念为指导，通过创新资源分配体制等措施充分挖掘教育资源潜力，不断提高资源配置效率。

学校布局调整之所以需"兼顾经济效率"是出于以下几点思考：

第一，各级政府尤其是县乡两级政府财政能力有限，学校布局调整中需兼顾经济效率，合理借助于规模经济，提高教育经费的使用效率。改革开放以来，我国经济发展取得巨大进步，教育财政投入总量也在不断增加。但区域间发展不平衡，经济发展水平差异显著依然是教育发展不均衡的重要原因

---

① 李彬彬、葛文怡、吴玲：《农村幼儿园布局调整的原则及路径》，《教育研究》2017 年第 4 期。

② 高等院校函授教材编写组编：《政治经济学》，人民出版社 1984 年版。

之一，给当地的学校布局调整带来极大的阻碍。对于经济发展状况不好的县镇地区，教育支出给地方政府带来巨大的财政压力。即使在经济发展情况比较可观的地区，由于受到城镇化影响，大批的适龄儿童进入城镇就读，教育部门和财政部门也无法及时应对这么大的教育需求。例如广州市天河区，2013 年进城务工人员随迁子女 59276 人，如果全部进入公办学校，按每校 1000 人测算，至少需要新建学校 59 所，用于预征地、基本建设和教师工资等费用需要 380 亿左右，而全区可支配财政收入仅有五六十亿元，教育财政投入短缺 300 多亿。① 这使得新建、扩建学校无财力支持，将会导致"大班大校"情况出现。因此，无论对于财政吃紧的县镇，还是受人口流动影响的城区，只有将教育经费投入到关键处，提高使用效率，合理利用规模经济带来的经济效益，才能更好应对经费无法满足实际需求的困境。

第二，优秀教师的培养往往需要较多的时间和精力，在培养过程中亦会消耗不少的教育资源。注重经济效率，合理分配现存的优质教师资源，能有效地弥补当前教师数量不足，让更多学生接受更优质的教育。一方面，由于城镇化及"两纳入"政策的落实，城镇新增学龄人口较多，对教师的需求增加。另一方面，越来越多的家长将孩子从农村学校送入县镇学校，希望孩子能享受到更加优质的教育资源，甚至不计生活成本而专门陪伴在孩子身边，由此产生了"陪读热"。然而一名优秀的教师并不是一朝一夕就能培养出来的，需要经过长期的教学工作训练，从中不断进行学习和积累教学经验。因此，在布局调整过程中注重人力资本的使用效率，对现存的优秀教师资源进行有效配置，让教师在合理范围内教授更多学生是缓解当前教师需求压力的可行性策略。

第三，规划教育用地与新建校舍建筑需要较长的周期和庞大的经费投入，布局调整中需注重经济效益以避免物力资本的浪费。由于生育政策的宽

---

① 刘善槐：《新城镇化、"单独二孩"政策与学校布局调整新走向》，《东北师大学报（哲学社会科学版）》2015 年第 4 期。

松化、"两为主"政策的落实及城镇化发展，城市学龄人口增加，教育用地需求总量增加。城区规划建设时并未能预见当下政策环境和现实环境的改变，致使许多地区未能预留充足的教育用地，而老城区的改造拓展难度较大。如若仅考虑当前需要，盲目扩建教育用地和新建校舍，而非结合现有的土地和校舍资源进行合理的重组和优化，势必造成大量的财力、人力和物力资源的浪费。未来学龄人口的变化尚未明确，是否会出现新的环境变化也尚未可知。因此，学校布局调整应兼顾经济效率，通过对土地和校舍资源的适当改造和灵活运用以应对当前实际需求，避免出现修建完校舍后又空置浪费的情况。

基于对现实情况的客观分析，我们发现"经济效率"是学校布局调整过程需要兼顾的重要理念之一，那么该如何做到呢？

首先，对于政府能力薄弱的地区，鼓励多渠道筹集教育经费。教育发展是一项公共事业，保障公民接受良好的教育不仅是政府的责任，也是社会的期待。为此，应拓宽经费筹集渠道。第一，挖掘校友资源。当前我国关于校友的研究主要集中在高等教育阶段，对于义务教育阶段而言，他们的优秀校友资源或许不多，但仍值得挖掘。第二，发挥乡贤力量。乡贤在地域范围内比较有带动作用，他们的带头捐赠可以吸引更多有意向的村民。这种捐赠所得的资金含有人们对教育的重视和对教师的尊重，在一定意义上更能激发教师的工作积极性。

其次，对于人力资本匮乏的地区，建立城镇内或城乡间的师资交流共享制度。相关部门应为教师流动创设必要的环境和条件，规范教师在教育领域内合理的、有效的、规范的流动，激发教师的主动性和创造性，最大程度地开发和实现教师的自身价值。①

再次，对于物力资源供需紧张的地区，政府可以通过积极改造旧城区和

---

① 张黎、余志君：《城镇化进程中县域教育资源整合新探》，《教育发展研究》2007年第12期。

开发周边郊区土地来新建校舍。一是根据现有资源科学规划学校分布。相关部门还需做好布局预判工作，根据当地的社会发展状况和人口流动情况，制定现阶段及未来一段时间内的学校布局规划方案。二是分散现有学校布局，打造"小而美"的乡村学校。物力资源中的土地和校舍资源往往很难在短时间内解决，为此，可以鼓励有理想、有抱负的校长或教师到农村创办小微学校，以优质师资配置和特色学校建设提升农村教育的自我造血能力，增加农村学校的吸引力，从而缓解布局调整中城镇地区存在的土地压力。①

第五节　学校布局调整理念的协调与相容

作为一项公共决策，学校布局调整的本质是资源的重新调配。在此过程中，为了充分保证各相关主体的利益，学校布局调整必须遵循四大理念，即科学规划、注重教育效益、关注社会效益以及兼顾经济效率。但是，学校布局调整必然不能同时使这些理念都能发挥出最佳效用，这些理念在学校布局调整的实践中，可能会相互制约、彼此冲突。为此，如何平衡和协调布局理念之间的关系和矛盾，是学校布局调整决策过程中应当直面的问题。这就意味着，在学校布局调整政策实施之前，我们首先应对决策价值进行选择和排序。

学校布局调整是一项系统工程，所涉主体较多，耗费成本较高。这便意味着，如果不能使布局调整的决策结果更加吻合我们追求的价值，且其产生的整体效用较之前更高，新的布局调整则不应该发生，即学校布局调整应该是一个帕累托改进的过程。这就要求各地在进行布局调整的时候有一个高位统筹的价值理念，即科学理念。科学理念在学校布局调整过程中处于统摄全局的位置。学校布局调整离不开系统的科学规划，遵循科学理念意味着学校

---

① 张辉蓉、盛雅琦、宋美臻：《我国义务教育均衡发展的实践困境与应对策略——以重庆市为个案》，《西南大学学报（社会科学版）》2018 年第 2 期。

布局调整在顶层设计时需要同时具备"现实合理性"和"未来发展性"的双重特点。科学理念可以说是学校布局调整的"启明灯",学校布局调整的教育效益、社会效益以及经济效率只有在科学理念的指引下才能合理协调,达到最优效果。

权衡教育效益、社会效益和经济效率的过程中,教育效益是根本追求,社会效益是底线要求,经济效率是约束条件。教育活动是以育人为旨归的实践活动,教育活动的本质属性要求学校布局调整应当以学生为本,其最终目的是为了使每一个学生都能享受到公平而有质量的教育,获得最大程度的发展。在保证学生基本教育发展的前提下,重点关注弱势群体和随迁子女的受教育状况,适当倾斜教育资源,使他们也能接受均等化的优质教育服务。在满足教育效益和社会效益的情况下,还需考虑经济效率。我国的现实国情要求我们在学校布局调整过程中,尽量提高资源的利用效率,避免资源的浪费。因此,在有限的教育资源中,通过调配重组,最大化利用这些资源也是学校布局调整的重要意义。需要强调的是,学校布局调整注重经济效率的前提是不能损害布局调整的教育效益和社会效益,在保障布局调整的教育效益和社会效益的基础上追求经济效率才是有价值、有意义的。教育效益、经济效率与社会效益存在一定的冲突,但这并不代表它们是决然对立、不可调和的:教育效益的最终成果——培养出全面发展的人,有助于构建和谐社会,提升社会效益,而学校布局调整的经济效率越高,越能抽调出资金关照布局调整的社会效益。

在具体的布局调整决策实践中,这些价值的顺序和重要性主要反映在政府学校布局调整决策模型的价值参数上。这将在后文展开说明。

第五章　学校布局调整的体制机制改革

　　学校布局调整是一项系统工程，不仅有赖于顶层理念更新与决策模型优化，在落地过程中更需要相应体制机制改革的配合。在我国义务教育从低位均衡走向高位均衡的过程中，城镇化步伐不断加快，学龄人口急剧变动，在教育资源总量有限的约束下，如果不破除体制机制障碍，会使得资源调配的速度赶不上学龄人口变动的速度，导致学校布局调整政策在实施中出现低水平兑现的问题。创新体制机制改革是推进学校布局调整的现实需求，也是提升教育质量的关键举措。学校布局调整体制机制改革的核心问题是资源供给、责任主体及主体动力。具体而言，应以需求为导向健全资源保障机制，以理顺权责关系为原则创新组织保障机制，以提升专业化水平为基础强化督导问责机制。

第一节　健全资源保障机制

　　教育的发展既要立足于现在，也要着眼于未来。教育规划必须建立在人口统计的基础上，因为它关系着教育发展"目标人口"的数量、分布以及未来就学需求。在人口变动背景下突破资源配置障碍，合理布局学校是科学制定教育规划的前提。教师、经费、教育用地是学校得以运转的保障，也是学校布局调整需要调配的资源要素。由于资源的本质属性不同，对其改革方向也不同。具体来说：教师的配置应以需求为导向，探索多元化的师资保障体系；经费的配置则需打破不同层级、不同部门、不同类别间的体制约束，形成相互协调共同保障的多重机制；教育用地的改革则要从规范化入手，着力保证其充足性。

一、 创新师资配置体系

充足的师资配置是保证学校教育教学工作正常运转的基本前提，也是实现教育改革与发展的必要条件。当前教师管理体制僵化难以适应学龄人口的动态变化，师资配置越来越无法满足学校的基本教育教学需求。围绕如何实现师资总量实体性增长这一时代命题，各地方进行了一系列师资配置改革的探索。这些改革举措既包括传统意义上在编教师补充和编外教师聘用模式的创新，也涉及颇具颠覆性意义的取消教师编制的大胆尝试。尽管部分改革实施成效初显，但由于我国区域间社会经济发展状况存在较大差异，部分地方师资配置改革的探索目前仍具有一定的局限性。随着我国教育改革进入"深水区"，师资配置改革应秉承普适性、灵活性和可操作性的理念，突破事业编制管理局限，探索实行教师编制单列管理。

（一） 盘活现有编制

作为事业编制的重要组成部分，教师编制是各级各类学校师资配置的重要保障。在事业编制总量严格控制下，通过盘活事业单位编制以用于教育所需，成为各地缓解师资不足的重要途径。盘活现有编制主要遵循两条路径：一是调剂事业单位编制用于扩大教育编制供给，二是精简事业单位编制用于教师补充和人才引进。遵循上述两条路径，目前各地探索实施盘活事业编制主要有以下三种模式。（见表5-1）

表 5-1　部分地方盘活事业编制的主要模式

	机动编制	临时专户编制	"蓄水池"编制
管理部门	编制部门	编制部门	编制部门
使用部门	教育部门	教育部门	事业单位
编制来源	事业编制调剂	事业编制精简	事业编制精简
编制用途	教师补充	教师补充	人才引进
回收方式	自然减员后核减	自然减员后核减	自然减员后核减

第一，设置机动编制或弹性编制。机动编制指在确定的区域范围内（全国或者某地区、某层级、某系统）的人员编制总量中，未下达到具体机关、事业单位暂由机构编制部门掌握的人员编制。[①] 为了应对部分学校教师外出培训、产病假等增编需求，部分地方在原有教师编制总量的基础上，按照一定比例增设了教师机动编制。教师机动编制设置后，教师编制总量由原有编制数量扩充为"原有编制＋机动编制"的数量，有效地实现了教师编制总量的增加。从目前各地教师机动编制实行情况来看，教师机动编制的来源包括区域内事业单位编制的横向调剂和不同层级间事业单位编制的纵向调剂两种方式。区域内事业单位编制的横向调剂即以区（县）为单位，调剂区域内部分事业单位编制作为教师机动编制。如 2012 年，山东省淄博市张店区试行弹性教师编制（同机动编制），在科学核定教师编制的基础上，增加占全区教师总数 3% 的教师编制，专门用于替换教师培训和进修，促进全区教师整体素质的提高。[②] 2013 年，《山东省人民政府办公厅转发省教育厅等部门关于进一步加强农村中小学教师队伍建设的意见的通知》（鲁政办发〔2013〕11 号）提出，"在现有编制标准核编基础上，结合当地实际，以县为单位，按不超过农村中小学教师编制总量 5% 的比例核定部分教师机动编制，全部

---

① 济南市市中区机构编制委员会办公室:《机动编制》，http：//sz. jnbb. gov. cn/articles/ch00147/201605/295cff56-a3b4-4060-8fb1-522115e7b58c. shtml。

② 魏海政:《淄博张店区弹性编制解培训难题》，《中国教育报》2012 年 11 月 28 日。

用于补充农村中小学急需的学科教师。"与区域内编制的横向调剂方式不同，编制的纵向调剂则主要是由高一层级机构编制部门统筹，为低一层级机构编制部门预借部分事业编制作为教师机动编制。如2017年，内蒙古自治区对于历史成因造成的学生少、在岗教师多且超出新核定的编制总量的地区，自治区编办向各盟市预借23534个编制，确保在岗人员人人有编制。① 随着中小学自然减员，占用机动编制的教师将逐渐转为占用所在学校编制，原有机动编制数量将实现逐年核减。

第二，设立临时周转编制专户。临时周转编制是指在事业编制总量内，利用精简压缩和事业单位改革等方式收回的编制，用于满编、超编中小学补充教师的专项编制。② 临时周转编制不需要调剂其他事业单位编制，而是通过整合编制资源、提高事业单位编制利用效率，将空余编制用于教育系统补充教师。由于临时周转编制不计入教育编制总额，已经满编、超编学校可通过向机构编制管理部门申请使用临时周转编制，待学校教师自然减员后，再核减其所占用的临时周转编制。2015年，山东省在《关于解决城镇普通中小学大班额问题有关事宜的通知》中提出："在事业单位编制总量内，利用精简压缩和事业单位改革等方式收回的编制，建立中小学教师临时周转编制专户，对满编超编的中小学确需补充专任教师的，使用临时专户编制予以补充。"截至2017年，山东省17个市建立了教师临时周转编制专户，共调剂出1.88万余名编制，用于超编、满编学校补充教师，解决大班额问题和农村紧缺学科教师。③

第三，设置编制"蓄水池"。与临时周转编制相同，编制"蓄水池"也是利用精简压缩和事业单位改革等方式收回的编制，设置的用于人员补充的

---

① 中华人民共和国教育部：《教育部办公厅关于中小学教职工编制管理创新工作案例的通报教师厅函》（教师厅函〔2017〕8号）。

② 刘善槐、朱秀红、李畇赟：《农村教师编制制度改革研究》，《中国教育学刊》2019年第1期。

③ 张婷、魏海政：《跳出编制的"框"——山东省教师队伍建设调查》，《中国教育报》2017年2月20日。

专项编制。但是，编制"蓄水池"不仅仅用于教师补充，更多的是用于满编、超编的事业单位引进人才。"蓄水池"编制由机构编制部门统一管理，满编、超编事业单位在引进符合条件的人才时可向机构编制部门申请"蓄水池"编制。2017 年，烟台在全市范围调剂 300 个事业编制作为人才编制"蓄水池"，主要用于校（院）地共建人才（产业、技术）研究院等机构平台和引进具有博士学位的高端人才及配偶；① 济南设立泉城"人才驿站"，在全市范围调剂 500 个事业编制作为人才编制"蓄水池"。② 由于"蓄水池"编制总量有限，利用"蓄水池"编制的事业单位需要在一定年限内通过内部自然减员的方式，将占用"蓄水池"编制的人员调整到事业单位编制限额内，以此保证编制"蓄水池"灵活。如陕西省汉中市提出，对确因工作需要急需招聘和引进高层次人才的市属事业单位，在满编（不超编）的情况下，近两年内有自然减员名额，按照不超过自然减员人数且不超过单位编制总数10%的比例向机构编制部门申请使用机动编制。③

以调剂事业单位编制、精简压缩事业单位编制等方式盘活现有编制，加大了教育系统编制供给，为中小学教师补充注入了新动力。然而，在事业单位编制"大盘子"总量不变的情况下，"拆东墙补西墙"式的编制配置改革必然面临诸多难题。一是多部门难以协调造成编制统筹阻力较大。盘活现有编制涉及教育部门、编制部门、财政部门以及各级各类事业单位机构。部分单位对部门编制认识有偏差，觉得编制是自己的"私有财产"，增加了乐意，减少了心疼。④ 在这种偏差的认识作用下，部分事业单位即使存在空余编制也不愿意拿出来，造成编制统筹极为困难。二是事业单位编制"吃紧"难以

---

① 中共烟台市委、烟台市人民政府：《关于进一步加快创新驱动发展的意见》（烟发〔2017〕13 号）。

② 济南市人才工作领导小组办公室：《关于深化人才发展体制机制改革促进人才创新创业的实施意见实施细则（试行）》（济人才办发〔2018〕1 号）。

③ 陕西机构编制网：《汉中市编办用创新思路引进高层次人才》，http：//www. sxbb. gov. cn/info/1664。

④ 苗运全：《优化机构编制资源配置的探索与思考》，《机构与行政》2018 年第 2 期。

周转更多编制投入教育系统。在"财政供养人员只减不增"的政策背景下，部分事业单位同样面临编制配置不足，有的事业单位只能通过"蓄水池"编制解决人才无法引进的问题。正因如此，精简压缩事业单位编制、甚至调剂事业单位编制用于教育系统，实际上只能够暂时缓解教育系统"缺人"的局面，却无法从根本上解决教师编制不足的问题。三是教师队伍"超编"严重且更新缓慢，难以实现周转编制良性运转。尽管部分地方通过设置机动编制使编制总量有所增加，但对于"超编"比例已经达到甚至超过了机动编制比例的地方，仍无法进一步为"缺人"学校补充教师。由于教师队伍更新缓慢，通过自然减员的方式使"超编"学校消化编制需要较长时间，以临时周转编制或"蓄水池"编制补充教师极易造成周转编制运转"堵塞"。

（二）聘用编外教师

在城镇化和生育政策调整的双重因素作用下，城乡学龄人口规模及分布不断变化，教师编制配置越来越难以与学龄人口教育需求相匹配。为了应对编制不足造成的临时性"缺人"，部分地方探索以聘用编外教师的方式补充教师。编外教师的聘用主要有两种模式：一是教育部门或用人学校直接招聘未纳入正式编制的临时岗位教师；二是教育部门或用人学校通过向第三方购买教育服务的方式间接聘用编外教师。

第一，"同工同酬"聘用临聘教师。临聘教师也称合同制教师，是通过地方教育部门公开招聘但未纳入教师编制的临时性岗位教师。临聘教师一般用于缓解学校教师产病假、外出培训等临时性"缺人"的情况，但对于部分编制不足、长期性"缺人"的学校而言，临聘教师已经成为其补充教师的重要途径之一。临聘教师由地方教育部门统一选拔、统一管理，相关的人员经费支出也由地方财政承担。与早期低工资、无保障的代课教师不同，临聘教师与地方教育部门签有正式的劳务合同，其中明确规定了临聘教师薪资待遇标准、服务年限以及其在岗期间的各项权利和义务。然而，由于不具有正式的教师编制身份，临聘教师与在编教师薪资待遇水平仍存在较大差距，这也使得临聘教师队伍稳定性较差。为了进一步规范临聘教师管理，部分地方探索以"同工同酬"的方式招聘临聘教师。2018年，广东省《关于推进中小学教师"县管校聘"管理改革的指导意见》（粤教师〔2017〕13号）提出，"加强县域内公办中小学临聘教师管理，县级教育行政部门会同有关部门按照规定统一标准、统一招聘、统筹调配临聘教师，所需人员经费由本级财政核拨，确保临聘教师与公办教师同工同酬。""同工同酬"不仅要求保障临聘教师与在编教师薪资待遇持平，同时要求保证临聘教师与在编教师享有同样的职业发展机会。

第二，以向社会购买服务的方式补充教师。以社会购买服务的方式补充教师是指服务购买主体通过采取采购、委托、承包等方式，将教育服务事项交付给承接主体，由承接主体与临聘教师签订劳务合同并完成购买服务。从服务购买主体与承接主体来看，目前中小学购买服务主要包括两种模式。一是以政府为购买主体、第三方机构为承接主体的"政府—第三方机构"式社会购买服务。作为购买服务主体，教育部门制定包含购买服务数量、购买服务内容以及购买服务经费拨付标准等内容的购买服务目录，并通过采购、委托、承包等方式确定第三方机构。作为服务承担主体，第三方机构按照与教育部门签订的购买服务目录要求，公开招聘购买服务岗位的教师并将其派遣至用人单位，由用人单位统筹安排教师工作岗位。聘用教师薪资待遇的经费支出由政府承担，并经第三方机构发放至教师个体，如若出现劳务纠纷也将由第三方机构出面协调解决。二是以用人学校为购买主体、第三方机构为承接主体的"学校—第三方机构"式社会购买服务。以用人学校作为服务购买主体的社会购买服务，使用人学校具有制定购买服务目录、选择第三方机构、并自主签订社会购买服务合同的权限。作为服务承接主体，第三方机构同样需要承担招聘教师、薪资待遇发放、人员管理等责任。为了保证用人学校购买教育服务的经费充足，部分地方划拨专项经费用于学校购买教育服务。2016年，《深圳市公办中小学购买教育服务实施办法》提出，购买教育服务的主体是本市公办中小学，财政部门将购买教育服务专项经费按照生均拨款标准足额拨付至学校，中小学需要补充的教育服务在购买教育服务专项经费总额内向社会购买。这也就意味着，用人学校具有购买教育服务经费的自主配置权限，同时具有对第三方机构服务监督、管理及验收等职能。

聘用编外教师能够以不占用编制的方式缓解学校临时性"缺人"的局面，并且能够通过调整聘用教师规模不断适应学龄人口规模及分布变化。无论是教育部门或学校直接聘用临聘教师，还是教育部门或学校间接聘用临聘教师，实现"同工同酬"已经成为聘用编外教师的改革趋势，这也使得聘用编外教师逐步趋向规范化。然而，从目前各地方实践探索的情况来看，聘用编外教师仍存在诸多弊端。一是各地方财政能力不一，致使聘用编外教师不具有可推广性。对于编制不足的大城市而言，地方财政有能力承担聘用编外教师的财政支出，部分地方甚至能够通过"高薪用人"的方式吸引优秀人才应聘编外教师。如 2016 年，北京市海淀区拟拿出 2000 万元，聘用 100 名左右没有事业编制的中小学教师，提出无编制教师的各种福利及职称评定与在编教师将实现无差别对待。[1] 但是，对于部分编制不足且财政能力较为薄弱的县镇而言，地方财政能力保障现有编制内人员经费支出已经较为吃力，根本无法承担聘用编外教师的额外财政支出。即使有的地方聘用了部分编外教师，但受地方财政能力所限，编外教师的薪资待遇也无法保障，在编教师与编外教师的身份差异造成的收入差距将长期无法消解。二是临聘教师与在编教师身份属性不同，难以实现"同工同酬"。作为事业单位编制，在编教师享有事业单位保险，而未纳入事业编制的临聘教师则只能缴纳企业保险。尽管事业单位和企业单位有望实现"并轨"，但从目前来看，机关事业单位保险与企业保险的缴费基数和缴费比例存在一定差距。因此，临聘教师与在编教师只能在基本工资上实现同等，而两者间的社会保险与其他待遇仍难以持平。三是编外教师综合素质难以保证。编制所附带的薪资待遇与身份象征吸

---

① 三九木：《乐见招聘无编制教师》，《中国教育报》2016 年 1 月 15 日。

引了大量优秀高校毕业生报考，而临聘教师岗位只是部分没有考取编制人员的次优选择。编外教师多为临时性岗位，教师流动性较大，这对于学校人才梯队建设以及长期规划发展是极为不利的。

（三）取消教师编制

取消教师编制即教师不纳入事业编制管理，教师编制附属的薪资待遇、社会保障、职称评聘等也不再由国家统一管理。作为计划经济时期国有单位人员配备与财政核算的重要依据，编制在历史特定时期发挥了不可替代的作用。然而，随着经济社会发展及财政、人事、收入分配制度等改革推进，这种管理方式已经难以适应简政放权、优化服务、推进供给侧结构性改革和实施创新驱动发展战略的需求。[①] 在事业单位编制管理改革的背景下，部分地方探索实施取消高校和医院编制。2015 年 5 月，中共北京市委办公厅、北京市人民政府办公厅印发的《关于创新事业单位管理加快分类推进事业单位改革的意见》明确提出，"对现有高等学校、公立医院等，逐步创造条件，保留其事业单位性质，探索不再纳入编制管理。"高校、医院取消编制引发部分地方对取消中小学教师编制的探索。2017 年，济南高新区打响了教师编制改革的"第一枪"，全区 34 所学校中，有 33 所学校递交了申请，1700 多名教师自愿放弃"身份"，纳入济南高新区基础教育集团进行"岗位"管理。[②] 对于教育集团或者学校而言，取消编制意味着师资配置将不再受编制总量限制，学校具有自主的人事聘用权；对于教师个体而言，取消编制意味着薪资待遇将与职称脱钩，能够实现"优绩优酬、多劳多得"。这种"双赢"推动了取消中小学教师编制的改革实施。

取消中小学教师编制突破了编制总量控制下师资难补的问题，打破了编制制度壁垒所致的教师流动困难，这对于激发学校办学活力、提高教育质量

---

① 中央编办事业单位改革司：《贯彻落实中央全面深化改革精神加快推进事业单位分类改革》，《中国机构改革与管理》2017 年第 10 期。

② 尹萍：《济南高新区打响中国教师编制改革第一枪》，《济南日报》2017 年 9 月 11 日。

无疑是大有裨益的。但是，如果不考虑各地方教育发展的实际情况，全面取消中小学教师编制必然引发诸多问题。第一，取消中小学教师编制将不利于实现教育均衡发展。长期以来，"按编定人"的师资配置模式使教师在初次配置到校后难以实现流动，不少教师也因此"一辈子只在一所学校任教"。取消编制将突破固化的编制限制，实现无障碍流动。但是，在市场化师资配置模式下，教师个体出于理性决策往往会选择向优质学校流动，造成优质资源过度集中，区域内校际差距显著。对于地处偏远、条件艰苦的农村学校，如果教师岗位没有编制保障，更难以吸引优秀人才到乡村任教。第二，取消中小学教师编制容易引发部分学校逐利行为。2011年，《中共中央、国务院关于分类推进事业单位改革的指导意见》（中发〔2011〕5号）提出，"按照社会功能将现有事业单位划分为承担行政职能、从事生产经营活动和从事公益服务三个类别"，"从事公益服务的事业单位细分为两类：承担义务教育、基础性科研、公共文化、公共卫生及基层的基本医疗服务等基本公益服务，不能或不宜由市场配置资源的，划入公益一类；承担高等教育、非营利医疗等公益服务，可部分由市场配置资源的，划入公益二类。"与高校和医院所属公益二类事业单位不同，基础教育属于公益一类事业单位，不具有从事生产经营活动或市场配置资源的能力。取消编制也就意味着教师工资、社会保险等人员性经费支出均由学校自行承担。而一旦没有充足的财政经费予以保障，学校必将陷入教师工资无法保障、正常运转难以为继的局面。为了维持学校正常运转，部分学校不得不通过"变相"收费的方式获得一定收益，而这必然造成教育的公共服务属性缺失。第三，取消中小学教师编制容易使部分教师产生"功利化"教育倾向。对于手捧"铁饭碗"的在编教师而言，如果没有在师德师风等方面触碰"底线"原则，基本上不会遭遇开除、解聘等情况。但是，在取消中小学编制后，类似企业管理的全员聘用制将依据教师的考核评价结果决定教师能否继续聘用，而学生的学业成绩往往成为学校考核评价教师的重要指标之一。尚不健全的教师评价考核制度容易使教师的教育教学理念产生偏差——以成绩作为教学业绩的唯一追求，这对教师职业发展和学生的身心健康成长都将产生深远的负面影响。

（四）编制单列管理

当前，我国教师编制配置按照"自上而下"的统筹分配方式进行。在事业编制总量"大盘子"既定的情况下，教师编制总量受到严格控制，因此分配到学校的教师编制数量并不能完全满足学校的实际需求。由于事业编制配置涉及发改部门、财政部门、人社部门以及多个事业单位部门，教育部门在事业单位编制分配中往往处于弱势地位，这进一步加剧了教师编制配置不足的问题。在紧缩的编制政策和分配处于劣势的双重因素作用下，教师编制供给越来越难以适应学龄人口的剧烈变化和教育教学改革的迫切需求。[1]"自上而下"的统筹分配实际上是基于投入者视角的资源配置方式。基于投入者视角的师资配置理念实现了生均意义上的公平，但无法保障每个学生获得的教育服务是均等的。如以生师比的方式配置教师表面上实现了均等化，但实际上由于农村小规模学校规模过小、难以达成规模效益，以生师比方式配置教师必然造成农村小规模学校教师编制不足。为了保证每个学生获得的教育服务均等化，师资配置理念应从"投入公平"转为"获得公平"。这也就意味着，师资配置方式应由"自上而下"的统筹分配转变为"自下而上"的按需供给。基于此，应探索实施教师编制单列管理，保障教师编制供给能够满足学校的实际教育教学需求。（见图5-1）

为了保障教师编制单列管理改革的有力实施，应同时对教师编制标准、编制类型、编制管理等方面进行综合改革。第一，基于学校实际需求重新核定教师编制总量。为了使不同规模学校的学生获得均等化教育服务，师资配置的核心准则应是教师工作量均等化。因此，应构建以学校课程设置、学生数量的年级和班级分布为基本参数的教师编制标准测算模型，科学测算不同

---

① 刘善槐、朱秀红、李昀赟：《农村教师编制制度改革研究》，《中国教育学刊》2019年第1期。

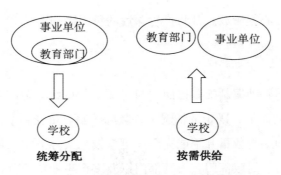

图 5-1　基于不同师资配置理念的编制配置模式

规模学校教师编制数。① 第二，充分结合当前教育的多样态发展特征，合理确定教师编制类型。在城镇化快速推进与教育改革深入实施的背景下，学校对师资配置的需求也呈多样化发展态势。因此，应基于学校开展日常教育教学活动的工作类型，合理划分教师编制的类别，如承担教学工作的专任教师编制；承担寄宿制学生管理、留守儿童和随迁子女关爱工作的专职教师编制；承担营养餐管理、校园安保等工作的后勤人员编制等。在合理确定教师编制类别的基础上，科学测算不同类型教师的配置数量。第三，创新教师编制管理模式，实现师资动态调配。为了使师资配置能够适应学龄人口的动态变化，可基于学籍动态管理系统实现教师编制动态调配，真正实现"编随人走"。

二、 完善经费保障体系

充足的经费投入是保证学校正常运转的关键。我国义务教育经费已全面纳入政府财政保障范围，其中主要是人员经费、公用经费和基本建设费。然而，在学校布局调整的过程中，各地依然普遍面临义务教育财政经费不足的问题。为解决义务教育经费短缺的问题，各地积极探索建立财政转移支付制

---

① 刘善槐、邬志辉、史宁中：《我国农村学校教师编制测算模型研究》，《教育研究》2014 年第 5 期。

度、建立"钱随人走"制度、购买民办学校学位等解决途径，这些措施一定程度上缓解了义务教育财政经费不足的问题，但仍然有改善的空间。例如，当前的财政转移支付制度并没有增加地方的教育经费，反而产生了"挤出效应"；"钱随人走"的制度也存在合理性的争议和难以落实的问题；民办学校依然面临办学动力不足和质量低下的困境。因此，亟须建立更加科学合理的义务教育经费保障体系。其目标是为义务教育发展提供充足的教育经费，使所有学龄儿童都能享受最低标准的教育服务；方法是通过一系列制度安排规定经费由谁来出、出多少及其如何来出；核心内容是合理划分各级政府间、各地政府间及政府与市场间的教育财政责任。具体来说，一是建立基于政府财政承载力的财政转移支付机制，通过规定各级政府间教育财政责任，解决县级政府财力不足和投入意愿不高的问题；二是在部分地区建立"钱随人走"的经费流转机制，通过畅通经费流转渠道，缓解随迁子女大量聚集地区的财政压力；三是鼓励创办普惠性民办学校，通过理顺政府与市场的办学关系，缓解政府的财政压力。

（一）建立财政转移支付机制

财政转移支付是通过上级转移支付来弥补地方财政能力的不足，从而保障学校的正常运转。为此，需要回应的核心问题是，在地方政府财力和教育经费需求不同的前提下，义务教育的财政责任应如何在各级政府间划分？

划分各级政府间财政责任的一种办法是统一规定各级政府对义务教育的财政分担比重，以此确立各自拨款的金额，这也是当前各地财政转移支付制度采取的方式。《国务院关于进一步完善城乡义务教育经费保障机制的通知》（国发〔2015〕67号）规定，生均公用经费基准定额所需资金由中央和地方按比例分担，西部地区及中部地区比照实施西部大开发政策的县（市、区）为8∶2,中部其他地区为6∶4,东部地区为5∶5。这种按区域划分的经费分担比例虽然建立了东中西部不同的支付比例，但实质上还是一种"一刀切"的方式。因为县级教育财政供给是由其财政能力与投入意愿决定的。在一定时期内，其财政能力和所需教育经费是固定的。然而，各县经济发展不平衡，所需经费也有高有低。如果单纯地规定各级政府间的分担比例，则意味着经费需求相同但财政能力不同的两个县，县级所需承担的教育经费是相同的。显然，这种转移支付制度未能体现县级政府之间财政承载力的差异。此外，在接到上级资助后，地方会降低其自有财政资金对义务教育的投入，将部分原本由自己财力负担的资金转为由上级政府转移资金来负担。[1] 从 2006 年教育经费统计数据看，当年全国农村义务教育财政预算内拨款比 2005 年增加了 314 亿元，而中央和省级财政增加的资金就达 351 亿元。[2] 大量增加的上级财政投入并没有提高地方政府对教育投入的努力程度，相反产生了"挤出效应"，成为整个教育投入不足的原因之一。[3]

另一种办法是在合理评估各级政府教育财政承载力的基础上，统一规定县级政府教育财政经费占财政总收入的比重，在此基础上确定上级转移支付金额，缺口由各级政府转移支付资金逐级填平。由于县域内所有的资金最终都到达了县级人民政府，因而县级人民政府最终的教育经费实力取决于本级财力与上级给予的转移支付资金，而最终能花在教育上的经费却还要由政府对教育的重视程度决定。因此，转移支付的比重应该与各地重视教育程度挂钩。当前，某些县的教育财政已经超出本级政府的财政承载能力范围，需要更多的上级转移支付；有的县却产生了挤出效应，政府在教育投入的努力程度显然不足。基于政府财政承载力的财政转移支付方式既不会降低县级政府对教育投入的努力程度，也不会使地方政府承担的经费超出本级财政承载力。

---

① 黄斌：《基层渴望更加灵活的转移支付》，《中国教育报》2016 年 4 月 12 日。

② 孟庆瑜：《当前我国农村义务教育面临的突出问题和对策建议》，《教育理论和实践》2008 年第 5 期。

③ 范先佐、付卫东：《农村义务教育新机制：成效、问题及对策》，《华中师范大学学报（人文社会科学版）》2009 年第 4 期。

那么，如何建立基于政府财政承载力的财政转移支付制度呢？第一，客观评估各级政府的财政承载力。当前，政府的财政供给能力是有限的，且在一定时间内相对稳定。那么，中央政府、省级政府和县级政府财政承载力分别是多少？应根据科学的标准对其进行评估。第二，设定县级政府教育财政占财政总收入的合理比重。在县级层面，到底县级政府教育财政占财政总收入的多大比重，才既能体现对教育的重视，又不超出县级财政的承受能力？当前依然没有一个底线性的要求，这就给了县级政府操作的空间。这个比重应该基于客观的教育财政可承受度评估结果和科学的义务教育经费需求测算结果来确定。此外，要通过相关制度确保该比重是有弹性和可预见的，即随着经济增长，义务教育的财政投入也要增长，且经费增长能满足支出成本的变化。第三，确立上级政府的财政转移支付金额。上级政府应承担的经费责任取决于该级政府的财政能力和县级政府的缺口。因此，应在明确县级政府缺口的基础上，根据省级政府的财政承载力确定省级部门应承担的金额，最后的缺口再由中央补足。举个例子，当前的制度是，假如某个县的义务教育经费需求是10000元，按中央和地方8∶2的比例分担，即县级政府教育财政支出占教育经费总需求的20%，那么中央出8000元，地方政府出2000元。应该建立的制度是，假如某县的义务教育经费需求是10000元，规定县级政府教育财政支出占总支出的合理比重是50%，若某县县级政府总的财政收入是10000元，那么其可承受的教育财政是5000元，也就意味着县级政府出5000元，缺口再由省级政府和中央政府补足。

（二）建立"钱随人走"经费流转机制

在学龄人口流动越来越频繁的背景下，随迁子女大量迁入城镇。在按户籍地拨付公用经费与随迁子女"两为主"的政策限制下，随迁子女经费不可流动，这给随迁子女数量较多的地区带来了巨大的财政压力。因此，除建立合理的财政转移支付制度外，还需要在部分地区建立畅通的经费流转机制，

"钱随人走"的制度设计正是对这一问题的有效回应。目前，各地出台了"钱随人走"的政策，旨在突破经费的属地配置和管理，"两免一补"和生均公用经费随学生流动，人到哪里钱就到哪里，这有利于缓解流入地政府的财政压力，使其更有动力为随迁子女提供基本的教育服务。毫无疑问，这种"钱随人走"的经费转移机制，对于保障1407万进城务工人员随迁子女接受义务教育是一大利好。但是，这一制度的合理性和适用范围仍存在争议，流动儿童的财政责任应该由谁承担？"钱随人走"是否适合所有地区？

需要注意的是，并不是所有地区都应该"钱随人走"，该制度主要适用于随迁子女大量聚集的地区。因为，人的流动一般是从经济欠发达省份流向经济发达省份。经济欠发达省份教育经费紧张，如果"钱随人走"，学生流失将使其教育经费更加紧张。原因在于，学龄人口数量和所需教育经费数量之间并不是简单的线性关系。对于一个县、一个市来说，并不会因为转移出去了多少学生之后其教育经费的需求就变少，除非全部人口都转移出去。①此外，不同区域、不同规模和不同类型的学校对教育经费数量和结构的需求也是不同的。例如，农村小规模学校由于经费使用效益低而往往需要更多的经费。农村寄宿制学校也需要相应的经费聘请生活教师和食堂工作人员等。因此，如果在全国统一建立"钱随人走"的制度，那么对于只有少量学生流出的农村来说是不公平的。而如果全国都不允许"钱随人走"，那么对于随迁子女聚集的城镇来说也是不公平的。

如何实现某些地区"钱随人走"呢？第一，规定"钱随人走"制度具体的适用条件，即什么地区适合，什么地区不适合，在此基础上可进一步识别出适合实施"钱随人走"的省份。第二，完善全国中小学生学籍信息管理系统。随着全国中小学生学籍信息管理系统的建立，特别是"一人一籍，籍随人走"的学籍管理原则的确立，有利于对随迁子女就学状况实施动态监管

---

① 张晓冰：《教育经费"钱随人走"值得商榷》，《中国县域经济报》2015年2月9日。

和全程跟踪，从而使随迁子女的教育管理工作变得更加规范有序。[1] 第三，通过实施"教育券"等方式促进义务教育经费由户籍所在地向非户籍所在地转移。在这方面，安徽省已进行了相关的实践探索，从 2011 年秋季入学的义务教育阶段起始年级学生开始，安徽省"本省外县"迁入的义务教育阶段学生在注册电子学籍时，将获得具有户籍来源特征的电子教育券，以电子教育券为收支凭据，就可以到输入地义务教育阶段学校就读。[2] 这一措施有利于学龄人口流入地与流出地更好对接。

（三）鼓励创办普惠性民办学校

教育作为一项公共服务，所需经费理应由政府承担。但在学龄人口不断涌入城镇的背景下，如果把随迁子女全部纳入公办学校教育体系中，许多城镇的财政经费将面临巨大挑战。即使全部投入教育，政府财政也显得捉襟见肘。以广州市天河区为例，2013 年，全区进城务工人员随迁子女为 5.93 万人，如果全部进入公办学校就读，至少需要新建学校 59 所（按每校 1000 人测算），用于征土地、学校建设和教师工资等项目的基本费用至少需要 380 亿元，而全区的可支配财政收入仅有 50 多亿元，资金缺口巨大。[3] 显然，当前我国各地的经济发展水平还不足以将全部随迁子女都纳入到公办学校教育体系中。在此背景下，可以通过引进社会力量办学的形式为随迁子女提供基本的教育服务。其中，普惠性的民办学校作为一种灵活的办学形式，具有办学成本低廉的优点，可以有效缓解政府的财政压力。

为鼓励民间资本创立更多普惠性民办学校，政府应该完善对民办学校的财政支持制度和经费监管制度。第一，完善对民办学校的财政支持制度。政府应该建立对民办学校的财政补贴标准，除采取"以奖代补"的方式扶持接

---

① 汪明：《"钱随人走"利好随迁子女》，《中国教育报》2017 年 3 月 10 日。
② 俞路石：《安徽务工人员子女有了电子教育券》，《中国教育报》2011 年 12 月 6 日。
③ 刘善槐、邬志辉：《农民工随迁子女普惠性民办校发展的困境与政策应对》，《华中师范大学学报（人文社会科学版）》2015 年第 5 期。

收随迁子女的民办学校外，采用购买学位、专项经费支持等多种方式支持民办学校发展，使政策惠及所有接受随迁子女的地区和学校。同时，根据民办学校的办学成本合理确定收费标准。这样既节约了政府的办学成本，又保证了社会资本的收益率，又能使其收费在学生的可承受范围之内，从而有利于保证民办学校的教育质量，提升民办学校办学的内部动力。第二，建立对民办学校的经费监管制度。加强对民办学校经费的监督管理是保证民办学校达到最低标准经费投入和提供基本教育服务的外部动力。教育部门应通过建立科学的经费投入监测考核指标体系等多种监测考核形式，加强对民办学校经费投入方向和使用效果的监督，并对其违反相关规定的做法进行严厉惩罚。

三、 规范教育用地管理

教育科研用地是指高等院校、中等专业学校、中学、小学、科研事业单位等用地，包括为学校配建的独立地段的学生生活用地。① 它属于建设用地中的公共管理与公共服务用地，随着城市总体规划的变动而变动。教育用地是学校布局调整的基础之基础，在城市总体规划布局中应优先保障教育事业发展的土地资源配套。教育用地的规划应基于城市整体发展的考量，结合区域内学龄人口的变动数量、分布结构、年龄结构等因素，合理规划布局学校，以确保教育用地充足且不浪费。土地资源作为一种不可再生资源，其特有的有限性和固定性限制了供给，这一现实迫使我们只能在总量既定的前提下，通过合理规划、重组资源等方式来保证教育用地的充足性。

（一） 完善土地保障机制

在土地资源总量既定的前提下，如何保证教育用地按标准核拨并落到实

---

① 中华人民共和国住房和城乡建设部：《关于发布国家标准〈城市用地分类与规划建设用地标准〉的公告》，https：//www. mohurd. gov. cn/gongkai/fdzdgknr/tzgg/201201/20120104_208247. html。

处是城市总体规划和管理的主要职责之一。教育用地的使用要经过规划、审批、监管等程序，每个环节都离不开教育部门的参与。教育部门的参与是确保教育用地能够足额核拨并且实现科学规划的重要因素。

第一，实行责任制，将教育用地的指标落实到人。责任制有利于追究责任，能够避免出现各环节推诿责任，是提高行政效率的重要手段。河南、山东等地为了解决教育用地不足问题，专门出台了相应政策，将教育用地的指标落实到个人，并将其纳为年度考核的项目，部分地区还制定了奖励考核机制。《河南省人民政府关于优化城乡基础教育资源配置解决城镇基础教育资源不足问题的意见》（豫政〔2014〕78 号）指出："政府主要负责同志是新建、改扩建初中、小学的第一责任人，要亲自抓、负总责，分管负责同志要具体抓，有关部门要各司其职、各负其责。"从 2015 年起，省政府把此项工作列入省十项重点民生工程，纳入对省辖市和省直管县（市）的年度考核目标体系，实行目标管理。河南省周口市委、市政府成立了中心城区学校项目建设领导小组，并设立中心城区教育发展奖励基金，每年拿出 100 万元表彰奖励先进。①《山东省人民政府办公厅关于解决城镇普通中小学大班额问题有关事宜的通知》（鲁政办字〔2015〕152 号）明确要求，"要在 2017 年解决大班额问题，且实行目标责任制，省、市、县（市、区）政府逐级签订责任书，市、县（市、区）主要领导对解决学校大班额问题负总责；各级政府将解决大班额问题纳入推进新型城镇化工作考核内容，并作为评价各级政府教育工作的重要指标。"

第二，教育部门参与城市功能分区的审批工作。我国的城市总体规划实行分级审批。城市总体规划包括城市的发展布局，功能分区，用地布局，综合交通体系，禁止、限制和适宜建设的地域范围，各类专项规划等。② 教育用地作为公共服务设施的一部分，属于城市总体规划的强制性内容。教育用

---

① 陈强：《河南周口破解"大班额"》，《中国教育报》2014 年 1 月 24 日。

② 全国人民代表大会：《中华人民共和国城乡规划法》，http://www.npc.gov.cn/npc/c198/200710/e0cf2aa82e6b4a7592b9e304b2c6a3f4.shtml。

地的审批工作涉及城建、规划、发展改革、国土资源等多个部门。① 而学校所在地的县级及以上的人民政府是教育土地的行政主管部门,教育行政部门作为教育用地的使用者,有权利参与到教育用地的审批、管理、监督等工作中。因此,应将教育部门作为城市总体规划的重要参与部门,使其享有教育用地的审批权。甘肃、安徽、河南等地实行联审联批制度,将同级教育行政部门作为新建配套学校建设方案的审批参与者。②③④

第三,加强教育用地使用的监督问责。教育用地审批后是否用于教育事业的发展?新建小区是否按要求配套建设了学校等设施?教育用地是否因经济发展而被挪为他用?为了确保教育用地审批后的使用功效,应设置专门部门负责后续的监管工作。城市总体规划一经批准,任何单位或个人不得任意改变。若规划的教育用地确需修改,必须在区域范围内另寻同等面积的土地用于教育,并征求教育部门的意见,报请人民政府批准。对于新建社区,应着重监管社区内教育用地的配套建设情况,依据控制性详细规划严格预留足够的教育用地面积,实现教育设施配套建设"三同步"制度,即同步规划设计,同步建设验收,同步交付使用。⑤ 对于已经规划的教育用地,督促开发商将楼盘开发与学校建设同步进行,学校不建好不发放楼盘预售许可证。⑥ 若教育用地被私自挤占或未与房产同期建设,则需对土地占用者予以处罚,并列入土地审批黑名单,不准再参与该地区的土地竞标活动。对于乡村被撤并学校的资产处理建立激励和问责机制,杜绝学校资产被侵占、流失、闲置和荒废的现象。

---

① 河南省人民政府:《关于优化城乡基础教育资源配置解决城镇基础教育资源不足问题的意见》(豫政〔2014〕78 号)。

② 王海川:《甘肃实行教育用地联审联批制度》,《中国国土资源报》2017 年 2 月 13 日。

③ 洪曙光:《安徽实行教育用地联审联批》,《中国国土资源报》2017 年 4 月 11 日。

④ 王继倩:《为新乡教育均衡发展上一道"法律保险"》,《人大建设》2017 年第 11 期。

⑤ 魏海政:《抓住三要素,山东省将用两年时间解决大班额》,《人民教育》2016 年第 12 期。

⑥ 黄建辉:《城市中小学教育用地问题探析》,《教学与管理》2014 年第 1 期。

（二）整合现有教育资源

人口变动背景下学龄人口数量增加导致城镇教育用地承载力达到极限，出现学位供给不足、学校面积不达标、大班大校等现实问题。由于教育用地有限，城镇地区只能通过整合现有资源才能实现区域内和区域间的教育用地扩展。

第一，向外拓展教育用地，实现教育资源的规模效应。合理规划区域内的功能分区是城镇总体规划的基本宗旨。对于发展起步早的城镇而言，通过调整区域内的土地利用结构，实现不同功能分区的重新组合是优化城镇布局的有效途径。基于区域发展现状规划教育园区是实现教育资源规模效应的主要举措。基于学龄人口的基本情况，考虑交通条件、服务半径等因素，通过撤并、新建、改扩建等渠道将区域内可以整合的学校集中到一个片区，形成教育园区，以实现城镇教育用地的集约发展。位于教育园区内的学校可以共享部分公共设施，享有安逸的校外环境。据芜湖市国土资源局局长向继军介绍，至2014年，全市通过两轮教育资源整合，集中兴建高等教育园区1个，撤并中小学、幼儿园80所，节约教育用地2100亩；在全市实施镇村（居）中小学改造项目20个，盘活教育用地135亩。[①] 南昌县也通过兴建教育园区应对城镇化新局面。教育园区建设规划面积18.92万平方米，建设4所学校，总投入资金2.79亿元，用3年时间完成。[②]

第二，下移优质教育资源，缓解城镇教育用地紧张。城镇化背景下大量随迁子女涌入城镇，"编随人走""钱随人走"可以解决流入地与流出地的师资和资金对接问题，但是土地资源的固定性使得"地随人走"不具有实现的可能性。面对日益增加的学龄人口，如何解决城镇教育用地不足、乡村教

---

① 洪曙光、许礼华、赵无名：《教育用地，该省一定要省》，《中国国土资源报》2015年3月2日。

② 徐光明：《教育应对城镇化的有效"答卷"》，《中国教育报》2011年4月30日。

育用地相对充足是不得不考虑的现实问题。通过多种形式将城镇的优质教育资源逐层下移不仅能够缓解城镇面临的教育用地不足问题，还能促进城乡教育均衡发展。实现优质教育资源下移的关键是提高位于不同行政层级的学校教育质量，吸引部分学生生源回流。其具体途径包括城乡学校间一对一帮扶，实现共同提升与进步；推行教师交流轮岗实现优质教师资源共享；加大对乡村学校投入，改善学校基础设施建设。

（三）科学规划教育用地

按照《中华人民共和国城乡规划法》规定，城市总体规划期限一般为20年。① 这也就意味着城市总体布局规划具有超前预见性。在规划城市布局时，应明确义务教育是一种公共产品，划定教育用地红线保证，以城市的资源承载力作为规划高线，合理分配不同功能区。

第一，配套城市发展改造，合理预留教育用地。菲利普·H. 库姆斯认为，"教育规划的核心任务之一是决定如何在动态的情境中，最佳地使教育系统那些盘根错节的内外部关系保持合理平衡，并不断将之引向制定的方向。"② 城镇化带来的人口涌入加剧了城镇的资源供给压力，城市普遍采取向外拓展和旧区改造等方式来扩大城镇教育容积。在此过程中，规划部门会同教育部门确定教育用地的位置和界线，在确保教育用地达到基本要求的基础上营造良好的周围环境。《香港规划标准与准则》要求，"为新开发区预留用地时，除按标准预留小学用地外，还应多预留相当于该用地数目10%的额外用地，以便规划工作能灵活变通。"③

第二，建立教育用地储备管理制度。储备用地是原先在城市规划当中，

---

① 全国人民代表大会：《中华人民共和国城乡规划法》，http：//www. npc. gov. cn/npc/c198/200710/e0cf2aa82e6b4a7592b9e304b2c6a3f4. shtml。

② ［美］菲利普·H. 库姆斯等：《教育规划基础》，丁笑炯等译，上海教育出版社2009年版。

③ 香港特别行政区政府规划署：《香港规划标准与准则》，https：//www. pland. gov. hk/pland_ sc/tech_ doc/hkpsg/full/pdf/ch3. pdf。

根据人口增长的预测所预留下来的用于建设中小学的科教用地。① 教育用地储备管理制度是保障教育用地足额的基本路径。当前各地已对此项管理制度进行了实践探索，如，兰州市于 2014 年建立了城区教育用地储备制度。② 《河南省人民政府关于优化城乡基础教育资源配置解决城镇基础教育资源不足问题的意见》（豫政〔2014〕78 号）指出，"实行义务教育用地储备制度，将规划预留的中小学幼儿园建设用地限期纳入教育用地管理范围，实行储备管理。储备的教育用地以划拨的方式确保中小学、幼儿园建设需求，做到规划到位、位置不动、面积不减。"

第三，单列管理教育用地。义务教育作为公共产品，具有非竞争性和非排他性。政府有义务为区域内的适龄儿童提供接受义务教育的基本设施保障。土地作为教育基本设施最基础的资源保障，应考虑对其进行单列管理。一是设立教育建设用地专项指标。破除经济效益优先禁锢，优先考虑教育用地的征地要求，保证区域内居民的公共需求。二是开通教育用地审批绿色通道。从明晰教育用地的缺额需求到完成教育用地的实质供给需要将近两年的时间。③ 城镇化背景下随迁子女数量的不可预测性给学校布局带来困难，如若按照程序重新审批教育用地，难免会损伤这部分群体的受教育权利。为此，应缩短审批周期，缓解因随迁子女涌入而带来的教育用地紧张问题。

第二节　创新组织保障机制

学校布局调整的实施需要明确的责任分工和有效的机制设计。在现有的教育管理体制框架下，各级政府及相关部门是学校布局调整的责任主体。就

---

① 陈昌盛：《城镇化背景下城市义务教育供给侧结构性改革研究》，硕士学位论文，东北师范大学，2017 年。

② 孙亚斐：《今年我市建立城区教育用地储备制度》，《兰州日报》2014 年 2 月 17 日。

③ 陈昌盛：《城镇化背景下城市义务教育供给侧结构性改革研究》，硕士学位论文，东北师范大学，2017 年。

政策执行的角度而言，学校布局调整是一个涉及多部门、多层级、多区域的过程。相应的，学校布局调整不可避免地面临三个层次的部门关系，第一个层次是横向平行关系，指的是各职能部门间的关系；第二个层次是纵向层级关系，涉及县级、省级和中央政府之间的关系；第三个层次是跨区域部门之间的关系。各部门的职责、利益和功能不同，需要相互配合才能形成学校布局调整的强大合力。为此，应建立高效的内部联动机制、合理的层级分担机制和科学的区域合作机制，为学校布局调整提供强有力的组织保障。

一、 建立内部联动机制

学校布局调整涉及教育、财政、人事、编办等多个部门。各级政府财力约束、部门功能和政策弹性为各部门博弈创造了充分的空间，不同的博弈过程会导致不同的结果，而博弈结果也影响着政策的最终走向和实施效果。因此，有必要建立起高效的部门协调机制，理顺部门关系，加强部门配合，形成部门合力。由于各级政府以不同的角色参与到政策运行的各个环节，因此平行部门间的协作涉及中央平行部门、省级平行部门和县级平行部门三个层面。

首先，中央层面平行部门间需要协作。以编制配置为例，在制定编制标准的过程中，中央编办、财政部和教育部之间的主要矛盾是编办、财政部严控编制供给与教育部要求拓展教师编制空间的矛盾。在"财政供养人员只减不增"的政策要求下，中央编办和财政部严控编制总量。然而，从教育部的角度来说，由于当前教师编制难以满足实际需求，因此教育部的要求是拓展教师编制空间，这就意味着提高教师编制标准，而提高编制标准意味着财政部的财政支出压力加大。也就是说，编制标准每提高一个比例，中央财政部就需要提供更多的经费。假设小学编制标准从生师比19∶1调整到17∶1，那么，按2018年全国小学生数估算，大约需要新增小学教师62万人。在这种背景下，教师编制不太可能有一个大的拓展空间。其次，省级层面平行部门间需要协作。中央相关部门关于编制、经费和土地的博弈结果以文件的形式下达到省里，由省级相关部门负责具体执行，最终省内教师配置状况主要取决于省级层面内部相关部门之间的博弈关系，而省级各部门间的博弈关系主要取决于本省制度环境。由于各省制度环境不同，各部门之间的博弈关系也不一样，最终导致博弈结果不同。如山东省之所以能够推行"编制蓄水池"的主要原因就在于制度环境。在"副省长统管编办、财政部和教育部"的制度环境下，针对编制紧缺的问题，山东省政府通过与其他部门协调，建立了一个"编制蓄水池"，规定教师三年之后可以入编。虽然最终的编制空间没有得到拓展，但是这种以时间换空间的方式增加了现有教师供给量。这使得山东省在没有突破编制限制范围的前提下，"既保证了编，又保证了人"。最后，县级层面平行部门间需要协作。在"以县为主"的管理体制下，各项规定最后都由县级层面具体落实。以编制配置为例，2014 年国家出台了新的编制标准。然而，学校的实际编制数量与按现行编制标准核定的编制数量并不一致，这个事实足以说明地方政府并没有完全按照中央规定的编制标准核定和分配教师编制，主要原因是财政部、编办和教育部之间存在很强的博弈关系。在"以县为主"的教育财政体制下，人员性经费支出由县财政保障。为了缓解财政压力，财政部门倾向于严控编制数量。编制部门严格遵循"财政供养人员只减不增"的原则，也倾向于严控教师编制。对于县级教育部门而言，基于满足学校课程开齐开足的基本需求和提升教育质量的客观要求是其与编办、财政等部门博弈的基本依据。但在博弈的过程中，教育部门处于弱势，难以获得充足的编制。①

　　教育编制难以拓展的原因，一方面是各部门权力关系不对等。在编制配置中，编办和财政部是核心的权力部门，财政部需要控制总财政，编办需要控制总编制，教育部门处于弱势地位。另一方面是缺乏有效的部门合作机

---

　　①　刘善槐、王爽、武芳：《我国农村小规模学校教师队伍建设研究》，《教育研究》2017年第 9 期。

制。多部门参与的编制治理场域内，权力分布不均衡问题凸显，部门之间缺乏衔接，机构编制、人事招录、管理调配、财政保障相互独立，缺乏有效协作，难以形成有效的编制管理运行机制。[①] 为此，应加强组织保障，协调各部门之间的活动。第一，将学校布局调整列为"一把手"工程。为了保证统筹力度，学校布局调整应由地方党政最高领导亲自抓。第二，提高教育部门在学校布局调整过程中的行政地位。为使各个学校都能获得足够的资源，应该适当提高教育部门在编制配置、经费分配及教育用地审批中的地位。应督促其他部门与教育部门密切配合，积极承担部门职责，共同保障学校布局调整的顺利进行。第三，建立高效的多部门联动机制。一是建立编制配置工作联动机制。教育部要向编办和财政部说明实际需要多少编制，还应增加多少编制以及编制标准的合理性。财政部要说明当前总的财政压力大小，编制部门和人力资源社会保障部门要为落实城乡教师编制实际需求提供政策支持。二是建立经费保障联动机制。财政部门要统筹安排财政资金，会同教育部门共同建立合理的义务教育经费保障机制，重点支持农村小规模学校、寄宿制学校以及城市学龄人口大规模流入地区的学校建设。三是建立教育用地审批工作联动机制。教育用地的审批工作涉及城建、规划、发展改革、国土资源等多个部门。[②] 在学校用地规划编制与建设中，城乡规划主管部门要与教育部门及时沟通，了解当地义务教育学龄人口变动趋势与教育建设用地需求状况，实现学校布局调整与城乡规划协调一致。国土部门要依法切实保障学校建设用地，为教育用地预留空间。发展改革部门要将学校布局调整列为当地经济建设和教育发展的重点工程，在制定相关规划时切实考虑学校布局调整的需求。在厘清各部门权责的基础上，通过部门联动形成各部门各负其责、密切配合、协力推进学校布局调整工作的运行机制。

---

① 李廷洲、薛二勇、赵丹丹：《中小学教职工编制的政策分析与路径探析》，《教育研究》2016 年第 2 期。

② 河南省人民政府：《关于优化城乡基础教育资源配置解决城镇基础教育资源不足问题的意见》（豫政〔2014〕78 号）。

二、 完善层级分担机制

根据城镇化发展阶段理论，城镇化发展通常要经历三个不同的阶段，而城镇化率达到50%之时正处于城镇化发展中期阶段的中间点，从变化趋势来看，在城镇化率超过50%之后，城镇化仍将维持快速发展的趋势，但城镇化率的增速逐渐趋缓。[①] 2021年，我国城镇化率为64.72%，未来我国人口依然会大规模向城镇聚集，且人口向城镇聚集的模式也越来越趋向于"举家迁移"，人口的聚集效应往往会增大资源负载压力。在人口剧烈变动的背景下，学龄人口大量涌入城镇，城镇教育资源将面临很大压力。当本级教育资源难以支撑学龄人口的实际需求时，上级政府应充分发挥资源统筹的作用。

以广州市天河区为例，由于学龄人口大量涌入，区级财政已难以支撑巨大的财政压力。调查显示，2013年进城务工人员随迁子女59276人，如果这些学生全部进入公办学校，按每校1000人测算，至少需要新建学校59所，用于预征地、基本建设和教师工资等费用需要380亿左右，而全区可支配财政收入仅有五六十亿元。[②] 那么，所需经费、土地、编制等从哪来呢？区财政只能向广州市请示予以解决；若市级政府也难以解决，压力将传导至省级政府。在这种情况下，如何合理分担流入地的教育投入压力，成为必须直面的问题。各级政府参与学校布局调整的过程具有明显的层级化特征，各级政府需要加强联动，共同破解资源困境难题。为此，应完善多层级财政分担机制。各级政府应将学校布局调整纳入当地教育发展总体规划，强化省级政府的统筹职能，依据各地财政能力建立合理的财政分担机制，弥补地方财政能力的不足。具体来说，应客观评估各级政府的财政能力，在此基础上制定合

---

① 李浩：《城镇化率首次超过50%的国际现象观察——兼论中国城镇化发展现状及思考》，《城市规划学刊》2013年第1期。
② 刘善槐：《新城镇化、"单独二孩"政策与学校布局调整新走向》，《东北师大学报（哲学社会科学版）》2015年第4期。

理的财政分担比例。

三、 建立区域合作机制

在人口剧烈变动的背景下，人口跨区域流动频繁，主要从中西部欠发达省份流向东部发达省份。为了提高教育资源与学龄人口的耦合度，应加强跨区沟通合作。

第一，建立区域间信息共享机制。学校布局调整需要及时掌握学龄人口变动的信息，一个地区人口变化的方向往往决定着学校布局调整的方向，包括学校数量和空间分布形态等。例如，当人口从A省大量流入B省时，就需要了解具体有多少人从A省流入了B省，在B省产生了多少新的就学需求，在此基础上才能规划应建多少学校，提供多少学位。如果流入地与流出地之间缺乏沟通，流入地就不能及时了解学龄人口流动的信息，使得资源调配的速度永远赶不上学龄人口变化的速度，从而导致部分学生在流入地难以顺利地接受教育。此外，各区域信息不对称使得政府难以做出科学的教育规划，这也是影响学校布局调整效果的一个重要因素。为此，应建立区域间学龄人口信息沟通机制，从信息和技术层面重构区域间关系，搭建区域间信息联网平台，利用先进的科技手段积极畅通学龄人口信息在区域间的流通渠道，保障信息传递的及时性、真实性和有效性。公安部门要积极配合教育部门工作，建立随迁子女登记制度，及时向同级教育部门同步数据。

第二，建立区域间新增成本分担机制。人口流动现象在历史上的每个时期都存在。每个时期人口流动的特征不同，从传统社会到现代社会是一个人口从低度流动向高度流动的变化过程。在低度流动的社会，一个区域的人口保持相对的稳定，教育资源配置与属地管理的体制大体适切，但是在一个人口高度流动的社会，两者之间就产生了矛盾。在属地管理的体制下，人口大量聚集的流入地承受着巨大的资源压力，由此带来的难题是，随迁子女的教育责任应如何在流入地与流出地之间划分？对于流入地财政能力较强的地区，应以流入地为主承担新增学龄人口教育经费；同时督促流入地政府增加教育投入，保证外来学龄人口享受公平且高质量的义务教育。对于流入地财政能力难以承担新增学龄人口教育经费，但省、市政府财政能力较强的地区，可探索省、市、区三级财政分担机制，共同保障新增学龄人口的教育支出。对于新增学龄人口的教育成本远远超出本级财政能力，且市、省经济较为薄弱的地区，可探索跨区域经费流转机制，并完善跨级跨区的多级财政分担机制。

第三节　强化督导问责机制

十八届三中全会提出，要把强化国家教育督导、开展教育评估监测纳入全面深化教育领域综合改革的总体部署。督导问责机制实质上是通过制度构建形成的一个外部压力机制，这种外部压力经过各级政府的层层传导，可以转化成政策执行者的执行动力。当前，学校布局调整的督导力度仍然不足。这也是现实中政策落实不到位、出现政策执行偏差、政策文本成为"一纸空文"的关键原因。因此，要强化学校布局调整的督导问责机制，通过对各地学校布局调整的实施情况进行强力监督评估，充分调动各级政府的积极性，从而推动学校布局调整的有效落实。

一、　实施效果纳入政绩考核指标

作为政府行为的个体代表，官员有其自身的利益追求，在现行的激励机制下，地方政府奉行"向上负责"原则，当教育不在政绩考核之列，地方政府尤其是县级政府会不自觉降低对教育投入的积极性，更加关注能够在短期内凸显效益的其他方面。[①] 以往，在对政府履行教育职责的考核中，没有对

---

① 祁占勇、王君妍、司晓宏：《我国西北地区义务教育均衡发展的现实困境与政策选择——基于国家教育督导〈反馈意见〉的研究》，《中国教育学刊》2017 年第 10 期。

学校布局调整工作成效赋予足够权重，在激励不足的情况下，学校布局调整工作并未引起政府及其主要负责人的足够重视，地方政府对学校布局调整投入的努力程度相对较小。只有将学校布局调整实施状况纳入对各级政府政绩的评价，才能强化政府的压力，充分调动其进行学校布局调整的积极性，使其同时做到"对上负责"和"对下回应"，既满足上级政府的要求，又能回应社会公众的需求。为此，应把学校布局调整实施情况列为政府政绩考核的重要指标，将学校布局调整的实施情况作为对各级政府、人事、财政、教育等相关部门和主要领导人每年政绩考核的重要内容，如将随迁子女的教育状况纳入政府政绩评估的指标，以此强化地方党政领导的主体责任。中央应把学校布局调整作为各省人民政府暨省级党政主要领导督导评估考核的重要指标，各省应把学校布局调整作为对县级人民政府暨县级党政主要领导督导评估考核的重要指标，纳入政府督查工作重点。各级政府层层签订责任书，紧抓学校布局调整督导问责工作的"牛鼻子"。对于现实中出现的盲目撤并中小学、学校资产流失、经费滥用等问题，必须依法追究相关领导干部的责任，并依照考核标准严肃处理。

二、 提升督导专业化水平

督导评估的核心问题是专业化，提升专业化水平有利于督导质量的提高。督导的专业化主要体现在督导内容、督导人员及督导手段等方面。第一，完善考核指标体系。在设计考核指标体系时，应坚持定量考核与定性考核相结合、静态考核与动态考核相结合、过程考核与结果考核相结合、增量考核与目标考核相结合的原则；以是否满足了学龄人口的就学需求，是否促进了教育质量的提升为考核标准；把农村小规模学校和寄宿制学校发展状况和城镇地区随迁子女教育状况作为评估重点；将各级财政投入状况、教师编制配置状况等作为考核的基本内容。

第二，加强督导队伍建设。教育督导作为一项高门槛和高技术性的工作，教育督导人员对教育现状和问题的判断不可能完全是数量化的，在某些定性评价的层面需要特别依赖教育督导人员的专业知识和日常经验。[①] 现实中各地仍普遍存在督导机构不健全、督导人员数量不够和能力不足等问题，难以充分发挥督导在学校布局调整中的作用。为此，各级教育督导部门应将学校布局调整督导评估作为重点工作，加强督导队伍建设力度。具体来说，一是成立独立、专门的学校布局调整督导机构，并会同相关部门组织开展对学校布局调整实施情况的专项督导检查工作，依据科学的督导评价指标体系对学校布局调整实施情况进行评估定位。二是大幅提升大中小学校长、教科研人员在督导队伍中的比重，充分发挥专家直指学校布局调整中核心问题的专业力量。同时，加强对督导人员的培训力度，培养一批专业的、稳定的、有发展的督导人员，使督导工作向精细化方向发展。三是引入社会评估和公众满意度调查。动员社会力量积极参与监督，选派学生家长和社会代表全程参与学校布局调整的督导工作，提高公众参与性。通过吸纳社会力量进行民主监督，使学校布局调整更符合家长和学生的真正需求。

第三，优化督导方式。一是坚持过程性监测和结果性监测相结合的原则，学校布局调整是一个持续的过程，应该进行全过程动态监测，各级教育督导部门不断强化全程督导，定期开展对学校布局调整实施情况的专项督导检查，通过层层把关，对学校布局调整中出现的违法违规行为严格审查。二是进一步完善督导手段，通过督导检查、问题清单、问题整改、通报约谈、经费奖补等多种手段，强化政府责任，保障学校布局调整目标的有效落实。三是将大数据技术运用到学校布局调整督导工作中。随着大数据时代的到来，大数据将普遍应用于政府的监管领域，以促成数据治理思维的养成，推动治理实践的科学化。[②] 应利用大数据技术对学校布局调整过程进行及时跟

---

① 周海涛、朱玉成：《教育督导的国际共性特征和我国变革动向》，《社会科学战线》2018 年第 6 期。

② 陈良雨、陈建：《教育督导现代化：制度逻辑、现实挑战与行动策略——基于教育治理能力提升的视角》，《四川师范大学学报（社会科学版）》2017 年第 5 期。

踪，对督导结果进行智能分析，推动督导工作实现专业化、科学化和高效化。

三、 健全督导反馈机制

督导的核心目的不是为了评价谁好谁坏，也不是为了奖励或惩罚，而是通过定位问题使相关责任主体明确进一步努力的方向，引导督促地方改正，把学校布局调整工作做好。为此，应建立学校布局调整督导反馈机制，充分发挥督导的激励、约束和指引作用。具体来说，一是积极表彰，奖励先进。2015 年，《国务院教育督导委员会办公室关于印发〈教育督导报告发布暂行办法〉的通知》（国教督办〔2015〕2 号）明确指出，教育督导报告将作为对被督导单位及其主要负责人进行考核、奖惩、问责的重要依据。在督导评估过程中，要对学校布局调整实施成效好的先进典型进行表彰奖励，并在全国范围内进行宣传学习。二是及时反馈，重视指导。要转变"重督轻导"和"只督不导"的工作作风，将每次督导过程中发现的问题及时反馈给各级政府和相关负责人，明确指出存在的问题、改进的方向以及改进办法，提升学校布局调整的督导效能。三是严厉追责，督促整改。在督导过程中，依据考核标准将存在的问题及时反馈给各县。对于尚未达到考核标准的地区，要追究相关部门责任，对该县及所在省、市领导约谈并督促整改，确保整改落实到位。

第六章　学校布局调整的决策模型

学校布局调整是一个公共决策问题，是公共利益和公共价值的一个分配或再分配的过程，其优劣成败取决于理性化水平。[①] 学校布局调整的决策过程实际上可看作多元线性规划模型求最优解的过程，即在若干决策变量的影响作用下，学校布局调整的价值目标达到最大化的过程。但不同于传统学科的线性模型规划问题，学校布局调整决策的最终目标具有深层次的价值内涵。这也就意味着，学校布局调整应兼顾并协调工具理性和价值理性，工具理性用于解决"合理或不合理"的问题，而价值理性用于解决"应该或不应该"的问题。[②] 因此，在明确学校布局调整价值目标的前提下，应系统性整合工具理性层面的决定因素和价值理性层面的底线标准，构建科学化学校布局调整决策的理论模型，为不同地区进行学校布局调整提供具有意义的参考标准。

第一节　学校布局调整的多维目标

学校布局调整本质上是资源整合与重新分配的过程。近年来，学龄人口

---

① 刘善槐：《我国城镇义务教育学校布局调整研究》，《教育研究》2015 年第 11 期。
② 刘善槐：《我国城镇义务教育学校布局调整研究》，《教育研究》2015 年第 11 期。

变动及空间分布结构优化使得原有教育资源配置格局被打破，这对各地教育发展提出新的要求，学校布局调整势在必行。作为一项重要的公共教育决策，学校布局调整的实施应及时适应教育发展规律及变化，且能吻合国家教育发展总体战略。当前，我国教育发展主要目标仍然是公平、质量及效率。为了响应教育发展总体目标，学校布局调整也应当有利于促进义务教育均衡发展、提升义务教育质量以及提高教育资源配置效率。

一、 促进教育均衡发展

追求教育公平是我国教育发展的长期目标，义务教育均衡发展是促进教育公平的有效途径。长期以来，国家多次提出要促进义务教育均衡发展，促进教育公平。《国家中长期教育改革和发展规划纲要（2010—2020 年）》指出，要"把促进公平作为国家基本教育政策，要点是促进义务教育均衡发展和扶持困难群体，根本措施是合理配置教育资源"。随后，《国务院关于深入推进义务教育均衡发展的意见》（国发〔2012〕48 号）再一次强调，要"深入推进义务教育均衡发展，着力提升农村学校和薄弱学校办学水平"。义务教育均衡发展包括义务教育在区域间和区域内的均衡发展。其中，区域间的义务教育均衡发展主要体现在城乡均衡发展，其关注的更多是城乡教育资源分配问题以及城乡教育发展一体化问题。而区域内义务教育要实现均衡发展则意味着，校际及不同群体应当有相对均衡的教育资源、平等的教育机会和无差异化的教育质量。近年来，随着城镇化进程的进一步加快，城乡差距愈加凸显，区域发展越来越不平衡，学校布局调整应当有利于缩小这些差距，为国家进一步促进义务教育均衡发展，实现教育发展公平目标提供路径支持。

第一，学校布局调整应当助力于缩小城乡义务教育发展差距。当前，我国城乡教育发展差距仍然较大。一方面，受二元经济结构的制约，我国城乡教育长期发展不平衡。基于产业结构与经济发展的比较优势，城市人力资本不断积累，为教育发展提供了充足的人力保障，而快速发展的经济也为城市教育发展奠定了稳定的财力基础。与此同时，农村优秀人才与青壮年劳动力大量外流，致使农村发展竞争力大幅下降，农村整体发展推进缓慢，继而影响农村教育发展进程。城乡教育发展差距显著，且这种差距在城镇化的推动下有进一步扩大的趋势。另一方面，数量庞大的农村小规模学校和寄宿制学校教育质量亟待提升。在城镇化的推进中，学龄儿童大规模向城镇集聚，农村学生数量骤减且分布零散，由此形成了一大批小规模学校。而在过去几十年的农村学校布局调整过程中，农村寄宿制学校作为解决农村偏远地区家庭子女上学问题的有效手段，一直普遍存在。由于地理位置偏远，这些学校在资源分配中长期处于劣势，学校办学水平十分薄弱。基于此，学校布局调整应有助于均衡城乡教育资源配置和扶持农村薄弱学校发展，以缩小城乡义务教育发展差距。

第二，学校布局调整要发挥其促进区域内教育融合的功能。学龄人口向城流动在一定程度上使得城乡教育差距发生了空间转移，导致城市内部出现随迁子女与本地学生的群体差异、农村内部出现留守儿童与非留守儿童的群体差异以及公办校与打工子弟校的学校差异。为了避免群体差异或学校差异转换成教育差异，应当保证区域内所有学校和学生能够获得均等化的教育供给和公共服务。这便意味着，学校布局调整应当发挥其促进教育融合、包容群体差异的功能。这就要求政府在进行学校布局调整决策时，不仅要使学校布点符合学龄人口的空间分布特点，还应充分考虑随迁子女及弱势群体的教育需求，为他们提供无差异化的教育服务。

二、 提升教育质量

在学校布局调整过程中不仅要关注布局调整的公平性，还应关注布局调整的质量。《国家中长期教育改革和发展规划纲要（2010-2020 年）》指出，"把提高质量作为教育改革发展的核心任务"。作为教育改革重要组成部分的学校布局调整亦应追求高质量的目标，高质量的学校布局调整主要体现在两方面：一是学校布局调整过程的高质量；二是学校布局调整效果的高质量。

学校布局调整的过程应体现高质量的特点。学校布局调整的过程主要涉及布局调整方案的制定、出台、执行以及评估和反馈四个环节。高质量的学校布局调整过程不仅要求在以上每一个环节操作过程中所涉及的人、事、物配合默契，高效运转，且操作完每一环节后及时执行下一环节，环环相扣，整体上呈现一种高效运作的模式。此外，学校布局调整的效果应体现出高质量特点。高质量的学校布局调整体现在以下几个方面：首先，学生身心得到全面发展。教育是一种以育人为目的，为了人的发展和人自身素质提高的实践活动。① 真正意义上的"育人"教育是为了学生全面发展的教育。教育所具有的"育人"特点要求学校布局调整的终极追求应指向区域内所有学生身心全面发展，以最有利于区域内绝大多数学生身心健康发展的方案和方法开展学校布局调整，"是否有利于学生身心健康发展"也理应是衡量学校布局调整成败的根本标准。其次，区域内优质资源均衡分配。高质量的教育需要以优质教育资源的获得为前提，学校布局调整应尽量使更多学龄人口享受到优质的教育资源。要坚持"统筹配置城乡教育资源，方便学生接受优质教育"的原则，科学合理地配置城乡教育资源，让学生能够就近入学接受优质教育，而不是把优质教育资源都集中在城区"用教育促进城镇化"。② 再次，各方满意度高，社会和谐稳定发展。教育不是一个孤立的系统，而是植根于大的社会土壤中。学校布局调整能否顺利开展以及布局调整的成果能否持续的存在主要取决于社会大众的态度，故而学校布局调整应尽量照顾到区域内大多数人的利益，要尽量使教育部门、学校、家长以及社会各方满意度达到最大。社会满意度高的学校布局调整才算是高质量的学校布局调整。

---

① 王北生：《教育的人性基础与人性化教育》，《教育科学》2010 年第 4 期。
② 白亮、万明钢：《城乡义务教育一体化发展中县域学校布局优化的原则与路径》，《教育研究》2018 年第 5 期。

三、 提高教育资源配置效率

效率是指产出与投入之间的比率，高效率就是指用最少的投入获得最大的产出。当前我国还处于发展中国家阶段，加之人口基数大，人均资源占有量十分有限。我国的现实国情要求在学校布局调整中要合理调配资源，尽量避免资源浪费、分配不均、"大材小用"等现象。帕累托法则是经济学中衡量经济效率的一般准则。所谓帕累托最优是指社会资源配置在不使任何人情况变坏的情况下，也不能再使某些人的处境变好。这是一种最优改进，但现实往往是次优改进，即在一部分人处境变好的同时，也会使另一部分人的处境变坏，但总体上利大于弊。学校布局调整的"效率"更多地体现在学校布局调整的经济效益。学校布局调整需要在关注"总成本收益"前提下，统筹所有利益主体的成本收益，避免成本的"转嫁"和利益的"恶性"争夺，尽量降低学生就学的经济成本，切实提升教育资源的利用效率。① 教育是一种以育人为旨归的实践活动，教育的本质属性决定了学校布局调整不能仅仅从经济效率出发，以最小成本追求利益的最大化并不是最终目的。学校布局调整需要追求效率，但追求的是"好"的效率。"好"的效率是建立在公平和质量基础之上的效率，既使教育资源充分利用，又能兼顾到家庭的教育成本，同时能考虑到学生的受教育状况。为此，学校布局调整应坚持公平、质量和效率三维目标，当面临目标冲突时应合理协调和平衡三者关系，争取在促进教育公平和提升教育质量的同时，也使教育资源利用效率实现最大化。

---

① 吴玲、汪秋萍、葛文怡：《农村幼儿园布局调整的挑战、评价与策略——基于安徽省各地市学前教育的调查分析》，《安徽师范大学学报（人文社会科学版）》2016 年第 6 期。

第二节   学校布局调整的影响因素

为了实现公共价值目标的最大化，学校布局调整决策应综合考虑地理、经济、人口、文化及教育等多元变量的影响，系统分析不同决策中相关利益主体的损益情况，从而作出客观理性的决策选择。

一、 地理因素

地理因素是指影响学校布局调整的外部客观条件，主要包括自然地理、人工环境和交通路况三个方面。

第一，自然地理条件。我国幅员辽阔，区域间地形、气候、水文、土壤、资源等自然地理条件存在较大差异，不同地区在进行学校布局调整时需要充分考虑客观条件的复杂性和特殊性。东部沿海地区和中部平原地区人口相对集中，交通条件相对便利，适宜采取集中办学的方式进行学校布局。由于部分临近海岸的地区，容易受到台风气候影响，暴雨时路面容易被水淹、路基被冲垮，部分临近江河湖泊的地区，每到汛期容易发生洪水等自然灾害。因此，这些地方在学校布局调整时应选择地势较高的地方，减少自然灾害可能对学校产生的不利影响。相对而言，西部地区地形多为山地、丘陵及高原，学龄人口分布较为分散，更适宜采取分散办学的方式进行学校布局。由于部分西部地区山路崎岖、坡陡坎深，遇到降水、冰冻等天气时不利于出行，且容易发生泥石流、山体塌陷等自然灾害，西部地区学校布局调整应尽可能缩小学校服务半径，降低学生往返家校间路途的安全风险。

第二，人工环境条件。人工环境指人类在利用、开发、改造自然环境的过程中所构造出来的、有别于原有环境的一种新环境，是影响自然环境及人类后续活动的重要因素和约束条件。① 人工环境与学校布局调整存在着相互制约的关系。一方面，人工环境在一定程度上影响着学校布局的区位选择。城镇地区公共服务设施相对完善，优质的社区环境为学校布局调整创造了良好条件。然而，部分城市商业区喧闹繁华、人潮涌动，不仅难以为学校提供安静优美的外部环境，也容易加大学生在上下学期间发生意外事故的风险系数。在远离城市中心的城乡结合区或者镇乡结合区，部分工业厂区在生产过程中排放有毒有害的废气、废水等污染物，不利于学生身心健康发展。因此，学校应远离这些工业厂区。另一方面，学校布局调整在一定程度上也影响着社会生活秩序和人工环境。由于城市部分学校所在地段道路狭窄、人口密集，家长们接送孩子上学或放学不仅使学校门口秩序混乱，也容易造成学校附近路段交通堵塞。

　　第三，交通路况条件。交通路况直接影响学生的上学时间和安全程度。在交通路况条件较好的地区，学生往往能够通过校车、公交车、自行车等交通工具在相对较短的时间内安全到达学校。但是，如果学校服务半径超过合理范围，部分学生可能因高峰期堵车等情况需要付出更多的时间才能到达学校。上学路途时间过长必然挤压学生的休息和学习时间，对学生身心健康和学业成绩造成不利影响。有研究表明，在学业成绩方面，每天乘坐校车一小时的小学生比不乘坐校车的平均低 2.6 分。② 而对于交通路况条件不利的地区，家校距离过远不仅仅会增加上学时间成本，更可能加大学生上学途中的安全风险系数。由于部分偏远地区地势凶险、路况复杂，无论校车还是其他车辆通行均存在较大的安全隐患，不适宜学生走读。因此，这些地区学校布局调整应尤为谨慎，避免学校过度撤并造成学生上下学路途不便。

---

　　① 朱洪法主编：《环境保护辞典》，金盾出版社 2009 年版，第 9 页。

　　② Lu Yao-Chi & Tweeten Luther. "The Impact of Busing on Student Achievement", *Growth and Change*, Vol. 4, No. 4（October 1973），pp. 44-46.

二、 经济因素

学校布局调整的有序推进依赖于地方政府的财政投入力度，而财政投入水平与地方经济社会发展水平紧密相关。不同经济社会发展水平的地区，学校布局调整方式存在较大差异。在经济社会发展水平较高的城市地区，进城务工人员随迁子女大量涌入，新建、改扩建学校必然成为这类地区进行学校布局调整的主要方式。然而，由于城市中心区房屋建筑较为密集，教育用地严重不足，新建、改扩建学校往往需要支付高昂经济成本。为了保证随迁子女异地就学，一些地方在公办学校学位有限的情况下，不得不采取向民办学校购买学位的方式缓解学位不足的局面。在保证学位供给充足的基础上，地方政府还需要投入相应的资金用于优化学校硬件设施、强化学校师资配置，从而提高民办学校教育教学质量。如果地方财政能力有限，不仅难以保障随迁子女与本地户籍学生享有同等的教育质量，甚至无法保障随迁子女异地就学的教育机会。

在社会经济整体发展水平较低的地区，不少地方政府为了整合教育资源、提高办学效益，将撤并小规模学校作为学校布局调整的主要方式。由于长期处于人口净流出状态，部分地区存在大量规模较小且相对分散的农村学校。事实上，无论规模大小，学校日常开展的教学活动和教育管理等工作事项是一致的。如果按照生均标准配置师资或投入公用经费，一些规模较小的学校容易陷入师资不足或经费短缺的困境，学校正常运转难以维系。为了满足农村小规模学校的基本教育教学需求，地方政府往往需要投入更多的教育资源，如采取生师比和班师比相结合的方式配置师资，或者不足 100 人学校按照 100 人的标准核拨学校公用经费等。在规模效益理念驱动下，部分地区进行了以撤并为主的学校布局调整。然而，在学校布局调整后，地方政府仍需要投入大量资金用于兴建寄宿制学校，配套教学、住宿、食堂等硬件设施，配置专任教师及工勤人员等。如果地方政府无法提供充足的经费保障，必然使学校布局调整的经济成本转嫁至学生及其家庭，造成学生上学的时间成本和安全风险系数增加，学生家庭教育费用支出负担加重。

三、　人口因素

人口因素对学校布局调整有重要影响，在其他条件不变的情况下，某一区域内学龄人口规模和分布状况、教师规模和变动情况将直接影响学校的数量和分布情况及师资配备政策等。而农村父母外出打工比例会影响农村留守儿童的数量，进而在某种程度上影响到学校的存废和形态。

第一，学龄人口的数量、密度和变动趋势影响学校数量和分布形态。学校的空间布局与学龄人口的空间分布息息相关。当其他因素不变时，学龄人口的数量越多，需要的学校数量也越多。人口密度越小，分布越分散，那么学校的分布也更趋向于分散。由于学龄人口的变化具有一定的规律性，因此，准确把握学龄人口的变动规律可以使学校布局调整做到未雨绸缪。如果学龄人口有较大的增长预期，那么就可以在学校布局调整中提前做好预留学位的规划。当前，在城镇化的背景下，乡村和城镇的学龄人口数量正朝着两个相反的方向变动，因而其学校布局调整的方向也不同。具体来说，由于乡村学生不断外流，学龄人口在不断减少，因此撤并学校和建立寄宿制学校仍将是未来很长一段时间内乡村学校布局调整的主要方式，乡村的学校数量可能会持续减少。与此相反，城镇的学龄人口仍在不断增加，学校布局调整的方式将以新建和改扩建为主，城镇学校的数量也会不断增多。

第二，教师规模、分布和变动趋势影响师资配置的方向。充足的教师数量是学校教学工作正常进行和教学质量提升的基本保障。然而，无论是区域内还是学校内，教师数量都在不断变动。其中，教师的离岗离职是引起乡村学校教师队伍不稳定的关键因素。由于教师离职具有非预期性和无序性，而教师培养是一个长期的过程，教师补充也需要一定的时间和周期进行准备。如果不能在有限的条件下尽可能准确地掌握教师的流动规律，提前做好教师储备，学校的教育教学将会受到较大影响。为此，应该建立区域内教师流动信息库，实时监测教师数量及变动情况。与此同时，科学预测教师未来需求，并按需提前制定教师培养规划。如果教师培养储备不足，那么就需要通过及时引进和招聘教师以补足缺额。而一个地区具体需要多少教师、每年流出多少教师、还需补充多少教师等，这些问题都需要在学校布局调整的过程中结合当前教师数量变动规律作出回答。

第三，学龄人口中父母外出打工比例影响学校的存在形式。城镇化进程中，农村青年普遍外出打工，乡村的家庭形态已经悄然改变，由留守老人和留守儿童两代人组成的隔代家庭越来越多。为此，在进行学校布局调整时，应当考虑什么样的学校能更有利于隔代家庭孩子的成长，而这种学校组织形式受留守儿童的比例和年龄结构影响。那么，该地区究竟有多少适龄儿童的父母在外打工？其中，随父母进城的比例是多少？留在农村由爷爷奶奶隔代抚养的留守儿童比例有多大？爷爷奶奶能否承担起对这些孩子的教育责任？这些问题均需要具体考虑。由于老人知识更新缓慢，且难以为他们提供较好的教育条件，被隔代抚养的乡村留守儿童所能够接受的家庭教育往往比较缺乏甚至基本没有。为此，如何让这部分群体享受到与其他学生同等程度的教育服务将是学校布局调整中需要直面的问题。此外，适合留守儿童的学校组织形式还受他们的比例和年龄结构的影响。对于高年级（3年级及以上）留守儿童群体较多的地区，可以适当建设一定数量条件较好的寄宿制学校，通过专任教师和生活教师的共同关爱和陪伴，部分弥补因家庭不在场给儿童带来的情感缺失；而对于那些低龄留守儿童，应当尽可能保证他们能够就近入学，使其在监护人身边得到更多的照料和关爱。

四、 文化因素

地方文化是长期流传积淀而成的，它具有地域性的特色，具有传承的价值。因此在学校布局调整过程中应注重保护可传承的地方文化。

第一，民族文化传承。在学校布局调整中，部分少数民族学校由于其特定的民族文化背景而不能轻易被撤并。一是少数民族学校具有特殊的文化传承功能。少数民族有特定的文化习俗，学校负责培养当地的一些特定的才艺和习俗，是传承民族文化的载体。二是少数民族学校愿意使用民族语言教学。中国有 56 个民族 129 种语言，每一种语言都是一个民族文化的遗传密码。在多民族聚居地区，尽管在经济、社会和文化交往过程中可以理解甚至使用其他民族的语言，但是在教育语言的选择上，每一个民族都愿意使用自己的母语来授课和学习。[1]

第二，乡村特色文化保留。乡村学校在传承优秀乡土文化上意义非凡，乡村文化是一种"地方性"文化，需要个体长时间浸润其中，才能领悟到该文化的深刻内涵和精神要义，乡村儿童要汲取当地文化的精髓，须在时间和空间两方面得到满足。[2] 这就要求在学校布局调整过程中考虑到学校对于乡村文化传承的价值，谨慎撤并村落中的学校，恰当处理好乡村文化推广的后续工作。尤其是小规模学校和教学点，它们常常处于偏远贫困的农村地区，当地的特色文化对乡村儿童的成长和乡村文化的延续具有不可估量的重要意义。

第三，城市百年老校文化传承。城市中的学校布局调整同样面对文化传承的需要，一些百年老校、文化特色校不仅仅包含宝贵的物质遗产、文化古迹，更是一种文化历史积淀。校园的物质文化、制度文化、精神文化具有不可估量的教化和启迪作用。此种类型的学校在城市改扩建规划和教育布局调整中需要被格外关注和谨慎对待。2014 年，苏州有百年老校 150 多所，但是目前仍在原址办学的学校仅占 18.5%，绝大多数学校在百年办学历程中，经历改建、扩建或易地新建等过程，原有的老校园、老建筑和老树木等荡然无

---

① 邬志辉：《中国农村学校布局调整标准问题探讨》，《东北师大学报（哲学社会科学版）》2010 年第 5 期。

② 唐开福：《城镇化进程中乡村文化的传承困境与学校策略》，《湖南师范大学教育科学学报》2014 年第 2 期。

存，办学文物资料普遍遗失，百年办学历史只剩下简单的文字记载，甚至一些老校易地新建后，在学校建筑风格、办学理念等方面已与其他学校日趋相同。① 据调查，被誉为"世界客都"和"文化之乡"的梅州百年老校数量多达 130 多所，涵盖大、中、小学，这些百年老校通过培养人才成就了梅州的"院士文化""将军文化""大学校长、教授文化"等蜚声海内外的客家文化品牌。② 然而，在过去的撤点并校中，梅州这些地标式的百年老校有不少消失，还有许多学校在经过标准化建设、危房改造之后，原来极具标志意义的建筑、场馆、树木、甚至历史资料等都被毁掉。③

五、 教育因素

学校布局调整不仅仅是"要建多少学校"和"在什么地方建学校"的问题，更是"要建成什么学校"的问题。④ 而学校规模、班级规模和师生比是衡量学校"建得如何"的关键指标。

第一，学校规模是影响学校布局调整的重要变量。学校规模一般体现在班级数量和学生人数两个要素上，学校规模通过直接或间接的方式影响教育经费、教学资源、学校数量、学校分布以及学生上学距离。一是学校规模越大意味教育经费投入的边际成本越小，即可以节省教育经费。如果学校规模较大，则可以通过建设较高教学楼来容纳更多的学生，从而减少土地支出，节省出来的教育经费可投入到其他教学设备上，从而为学生提供更好的教学设备。二是学校规模越大意味学生能获得更多更好的教育资源，进而影响教学效果。学校规模越大，那么可服务的学生越多，也可集中更多资源使学生

① 陆文:《苏州现有百年老校 178 所，26 所中小学成首批传承实验校》，http：//job.025ct.com/rencaishouye/422784.html。

② 何尚武、赖志超:《梅州百年老校的生存状态与保护对策探讨——基于世界客都梅州市的系统调查与思考（一）》，《嘉应学院学报（哲学社会科学）》2015 年第 7 期。

③ 赖志超、何尚武:《梅州百年老校的文化传承与发展——基于世界客都梅州市的系统调查与思考（二）》，《嘉应学院学报（哲学社会科学）》2015 年第 10 期。

④ 刘善槐:《我国城镇义务教育学校布局调整研究》，《教育研究》2015 年第 11 期。

获得更多更好的教育资源和服务，从某种程度上来说，将教育资源分散到各个学校不利于整体教学质量的提高，因而在一定范围内学校规模越大越好。三是学校规模还会影响学校的数量、分布、学生上学的平均距离和学校形态。在其他因素不变的情况下，更大的学校规模意味着更少的学校，学生平均到校距离也越长，有些地区需要建成寄宿制学校。当然，学校规模大也会带来一些管理上的不便和麻烦。

第二，班级规模是影响学校布局调整的重要变量。班级规模是指以班级作为基本教学单位所对应的学生人数。[①] 班级规模的大小实质上意味着课上和课外每个学生平均获得的教师关注程度和指导时间。在以班级为基本教学单位的背景下，班级规模越大，课上和课后作业中生均获得教师的关注就越少，在这种情况下教师往往只会关注到排名成绩靠前的学生。例如，有些老师由于班级规模过大而个人精力有限，无暇顾及班级上的所有学生，所以在批改作业的时候往往不管成绩靠后的学生，只改前 20 名学生的作业，对学生的反馈也会减少。班级规模小的学校甚至可以对学生进行一对一的辅导，从而产生更好的教学效果。

第三，师生比也是影响学校布局调整的重要变量。师生比实质上反映的是每个学生所能获得的指导教师的服务有多少。一个学校师生比的大小通过影响学生平均受关注度进而影响教学效果。师生比高意味着一个学生能得到更多老师的指导，反过来说，师生比低则意味着一个老师需要指导更多学生。理论上师生比越高，每个教师需要照顾的学生越少，提供给每个学生的教学时间越长。师生比低意味着本应一个教师教一个课堂的课可能变成一个教师需要教两个课堂的课，教师压力变大，备课时间压缩，同时每个学生平均受关注减少，从而影响教学效果。学校布局调整的过程中如果要提高师生比，应加大师范院校招生，拓展教师的补充渠道，从源头保证教师数量的充足。

---

① 刘善槐：《我国城镇义务教育学校布局调整研究》，《教育研究》2015 年第 11 期。

第三节　学校布局调整的底线标准

城市规划建设的滞后性与城镇人口激增之间的矛盾，致使学校布局调整与学龄人口变动并不匹配，教育资源供给的更新速率跟不上学龄人口变化速度。这将使得部分群体的受教育权利受损，无法享受优质的教育资源，甚至无法获得平等的受教育机会。为避免此类情况的发生，需要基于多重价值目标的协调，建立以综合教育用地、学校服务半径、学校学位、学校规模和班级规模、软硬件教育配套为核心指标的布局调整底线标准体系，在调整过程中不能突破底线要求，客观评估城镇义务教育资源承载力，实时监测、预测学龄人口变化，完善教育资源配置方式。[1]

一、教育用地规划标准

充足的教育用地供给是保证人口聚集地在学龄人口集聚阶段能够新建和扩建学校的基础。教育资源承载力满足最小因子限制原理——最稀缺的资源要素决定着教育资源的承载力，特定区域能够建多少学校取决于资金、土地和师资组合中最为稀缺的资源。[2] 近年来我国城镇人口急剧增加，学龄人口总量和密度显著加大，但相应的教育用地供给却十分有限。人口大量涌入后，城镇原有规划的教育用地已不能满足学龄人口的受教育需求，而预留的教育用地又不足。与此同时，城镇高层高密的居住格局与相对扁平化的学校布局很难匹配。为了保证学龄人口的就学要求，各地在进行城市规划时必须保证提供充足的教育用地。

教育用地的增加受城市土地资源承载力的制约，而城市整体的土地资源

---

①　刘善槐：《我国城镇义务教育学校布局调整研究》，《教育研究》2015 年第 11 期。

②　石忆邵、尹昌应、王贺封等：《城市综合承载力的研究进展及展望》，《地理研究》2013 年第1 期。

承载力实际上并没有绝对意义上的承载极限，它可以通过提高土地利用率和向城郊扩展的方式得以提高。提升教育用地资源承载力的关键在于城市土地资源如何在分配过程中向教育倾斜。如果能够在优先发展教育的理念指导下，在城市土地资源分配过程中适当向教育倾斜，就能够提高城镇的教育资源承载力，保证教育用地的有效供给。

由于城镇在早期规划过程中，未能充分预测人口变化对教育用地的需求变动，导致教育用地供给缺乏弹性。随着城镇的不断建设，教育用地也未充分预留。为此，亟待建立教育用地的底线域，划定教育用地红线，保证人口变动背景下城镇义务教育土地资源的充足供给。第一，结合人口变化的总体趋势，以县（区）为单位，整体预测规划教育用地面积标准，并设定一定的弹性比例。第二，城镇在新建居住空间时，应具体根据建筑特点和人口居住密度，科学预测可容纳的学龄人口，并据此充分预留教育用地。

二、 学校服务半径标准

学校服务半径的确定应基于科学和人本的理念，既要方便学生就近入学，也要兼顾学校办学成本。服务半径确定的底线是不能让学生因教育成本增加或路途遥远而辍学。作为一项基本的公共教育服务，义务教育学校应该实现区域内常住学龄人口的全覆盖。[①] 对于城镇来说，确定适当的服务半径旨在节约城市土地资源的同时，满足更多区域内学龄儿童的受教育需求。对于农村地区来说，适当的服务半径不仅有利于学生就近入学，也有利于提高教育资源使用效率。

在确定服务半径的过程中，城镇地区交通基础设施建设较为完善，校车可以作为上学距离较远的城镇学校学生采用的交通工具。而农村在确定服务半径时更为复杂，需要综合考虑交通便利程度、地形地貌、办学成本、学生有无家长接送和是否适合寄宿等因素。对办学成本的考虑甚至要让位于学生

---

① 刘善槐：《我国城镇义务教育学校布局调整研究》，《教育研究》2015 年第 11 期。

上学便利程度，因为农村学生在上学距离过远时，往往只能被迫辍学。由于不同的学生上学所使用的交通工具各不相同，且不同地区路况各异，因此以时间距离确定学校的服务半径较物理距离更为合理。① 有研究表明，交通时间对学业成绩、学生健康的影响吻合"S形曲线"变化规律，当交通时间较短时，其对学生健康、学业成就等方面的影响并不敏感，当其达到一定数值后，其不利影响将逐渐显现。交通时间过长，将挤压休息时间、与教师和同学的交流时间以及与父母的相处时间，路途疲惫感必会增强，影响学生的身心健康和学业成绩。结合大部分学者的实证研究，小学合理的单程交通时间应不超过 30 分钟，初中合理的单程交通时间应不超过 45 分钟。②

三、 公办学校学位供给标准

充足的公办学校学位是保证全体适龄儿童接受义务教育的基础。目前我国的义务教育阶段教育任务主要是由公办学校承担，绝大多数的学位也是由公办学校提供的。城镇化背景下，人口大量涌入城镇，导致城市的公办学校学位供不应求。大量学龄人口在非户籍所在地就学、升学时面临着严峻的挑战。因此，如何在公办学校学位有限的情况下，保证非户籍所在地的学生能够获得与本籍学生同等的入学机会，就成为亟待解决的问题。

城镇公办学校学位在分配过程中，难免陷入两难的困局。是要优先保障非城镇户籍学生的平等受教育权利，还是要优先保障城镇户籍学龄儿童享受公办教育资源？一方面，对于非城镇户籍的外来学生来说，部分城镇实施划片就近入学的学区制管理，公办学校对于非本地户籍的随迁子女而言门槛较高，大部分外来学生都无法符合公办学校就读的条件，只能进入民办学校就读。而民办学校无论在师资、教学质量还是配套设施方面都难以达到公办学

---

① 刘善槐：《我国城镇义务教育学校布局调整研究》，《教育研究》2015 年第 11 期。

② Spence Beth, *Long School Bus Rides：Stealing the Joy of Childhood*，Charleston，WV：Covenant House，2000，p. 5.

校的水平。此外，随迁子女在升学过程中，还会遇到重重阻碍，无法继续在城市接受下一个学段的教育。另一方面，对于城镇户籍的本地学生来说，外来学生的涌入影响了他们正常享受原本就有限的城镇公办教育资源。教室和学校拥挤现象日益突出，也会对本地学生的身心健康造成影响。

对此，城镇公办学校可以通过以下方式，适当为外来学生增加学位。第一，在保证本地学生受教育权利不受损害的前提下，尽可能接收外来学生，从制度上保证户籍与非户籍学生的平等受教育机会。第二，通过规定部分公办学校接纳非户籍学生的最低比例作为底线，保证对非户籍学生的接纳，并根据流动学龄人口的涌入情况，实时更新调整公办学校户籍与非户籍学生比例。在不断促进"钱随人走"逐步落实的同时，有条件的地区可以设置专项资金，对接收非户籍学生达到一定比例的学校给予适当的奖励性补助。

四、 学校和班级规模标准

学校规模对教育成效的影响主要表现为学业成绩、学校氛围、学生参与度、归属感和人际关系等，适度的学校规模有利于改善以上方面，提升教育质量。[1] 在教育效用上，从 20 世纪 90 年代后，关于学校规模的五十多项研究表明，适当缩小学校规模有助于促进教育公平和教师发展，即适当缩小学校规模可以融洽师生关系、提高教学质量并有利于促进教育公平。[2] 在社会效用上，小规模学校容易建立更加和谐的师生关系和生生关系，更有利于不同家庭背景的学生融合，易于形成稳定的学校文化。适切的学校规模是教育效用、经济效用和社会效用三者的调适。[3] 结合学者的实证研究以及校长的实践经验，小学班额少于 45 人，每个年级少于 4 个班级，全校学生少于

---

[1]　和学新：《班级规模与学校规模对学校教育成效的影响——关于我国中小学布局调整问题的思考》，《教育发展研究》2001 年第 1 期。

[2]　沈健美、刘丽娟、王鑫：《学校规模大好，还是小好？——西方学校规模实证研究及其思考》，《世界教育信息》2010 年第 6 期。

[3]　傅维利、刘伟：《学校规模调控的依据与改进对策》，《教育研究》2013 年第 1 期。

1080 人是学校规模的合理区间；当学生数达到上述人数的 1.5 倍即 1620 人时，应拆分成两个学校。初中班额少于 50 人，每个年级少于 8 个班级，全校学生少于 1200 人是学校规模的合理区间；当学生数达到上述人数的 1.5 倍即 1800 人时，应该拆分成两个学校。①

　　班级规模是指以班级作为基本教学单位所对应的学生人数。班级规模会直接影响教师的教学方式、工作效能、班级管理和教学互动以及学生可获得的关注度和学业成就等。实证研究显示，当教师数量和质量一定的条件下，教学效果与班级规模呈现"格拉斯—史密斯曲线"变化趋势，教学效果随着班级人数的增加而降低。② 在实地调研中，我们就班级规模的实际教学体验分别访谈了城镇大班额和农村小规模学校的教师。城镇教师表示，班级规模过大会增加教师的课堂管理难度和课后作业的批改负担。基于以上综合分析，小学阶段每个班级少于 45 人是班级规模的合理区间，如果学生数达到上述标准的 1.5 倍即 68 人时，应折分成两个班级；初中阶段每个班级少于 50 人是班级规模的合理区间，如果学生数达到标准的 1.5 倍即 75 人时，应拆分成两个班级。③

五、 教育资源配置标准

　　无论是城市还是农村都需要有相关的教育配套作为保障。教育配套资源主要包括教师、硬件设施、教育经费等，其中教师是保障教育质量的核心要素。其一，师资的充足及均衡配置对于农村学生而言是关乎底线的大事。如果师资难以满足需求，城市学生尚且可以选择到其他学校就读，但对于农村学生而言，没有专任教师授课、教师教学水平较差、没有专门的生活教师辅助学生生活，都很可能导致学生辍学。其二，学校配套设施中影响学生能否

---

① 刘善槐：《我国城镇义务教育学校布局调整研究》，《教育研究》2015 年第 11 期。
② 冯建华：《小比大好，还是大比小好——班级规模与教学效果的实验研究》，《教育实验研究》1995 年第 4 期。
③ 刘善槐：《我国城镇义务教育学校布局调整研究》，《教育研究》2015 年第 11 期。

上学的主要因素是班车和寄宿条件。如果没有校车或者校车存在安全隐患，那么在上学距离较为遥远的情况下，农村学生的辍学概率就会提升。如果寄宿条件较差，可能会导致学生因无法照料自己而辍学。并且在缺乏父母和农村学校有效协作的情况下，学生之间的霸凌事件屡屡发生，在影响学生心理健康的同时，也增加了辍学的可能。其三，经费的充足供给与否会通过影响小规模学校的撤留，进而导致学生被迫辍学。

　　为保证教育配套资源的充足供给，保证义务教育"最后一公里"的教育质量。首先，遵循一个"自下而上"的生成过程，而不是"自上而下"的分配过程，保证教师充足。① 一所学校需要多少教师并不是简单地运用生师比、班师比和科师比确定，师资配置的核心价值取向应是保障不同规模学校的学生享受的教育服务均等化，这就要求每所学校教师的工作量应该一致化，而一所学校的教师常规工作量取决于课程设置、学生的年级和班级分布，基于以上参数及教师的日均合理工作时间，可以构建每所学校教师编制测算的科学化模型。② 其次，通过加强省级统筹的方式，提升地方的教育财政能力，保证有必要保留的边远地区小规模学校免于撤并。对于已撤并的农村校舍应以适当形式予以保留，以保证在学生回流时可以恢复学校正常运转。并通过统一的指标体系进行度量城乡学校的标准化硬件配置，在区域内以统一的标准考核各个学校，保证硬件设施能够满足学生的学习、生活、活动需要和教师的工作需要。③

第四节　学校布局调整决策的理论模型

　　学校布局调整决策是教育资源重新规划布局的过程，关系着公共利益分

---

　　① 刘善槐：《我国城镇义务教育学校布局调整研究》，《教育研究》2015 年第 11 期。

　　② 刘善槐、邬志辉、史宁中：《我国农村教师编制测算模型研究》，《教育研究》2014 年第 5 期。

　　③ 刘善槐：《我国城镇义务教育学校布局调整研究》，《教育研究》2015 年第 11 期。

配及再分配结果的公平性。在多重因素制约作用下，学校布局调整决策需要通过协调相关主体利益冲突、避免可预见性风险以及合理补偿利益受损者等方式，使决策效用实现价值目标的最大化，从而满足相关主体的利益诉求。因此，构建普适于各地区学校布局调整的理论模型，科学判定多因素作用下决策模型的综合效用，成为有效解决当下各地区学校布局调整中现实问题的重要理论依据。

受多重因素叠加作用影响，不同地区面临的现实问题各不相同，学校布局调整决策模式因而存在较大差异。在学龄人口流入端，大量新增教育需求使区域内教育资源配置面临巨大挑战。扩大教育资源供给、保证随迁子女异地就学成为这类地区学校布局调整决策的核心命题。以新建或改扩建为主的学校布局调整决策模式能够在一定程度上满足部分学龄人口异地就读的教育诉求，但同时受到诸多外部条件制约。对于学校师资和硬件设施配置，需要地方政府投入充足的财政资金予以保障，但在教育规划用地不足的地区，学校布局调整往往面临较大阻碍。因此，在学龄人口高度集中的主城区，教育规划用地不足，难以保证新建学校需求，改扩建学校必然成为这类地区扩大学位供给的重要途径；而在学龄人口不断聚集的城郊区，教育规划用地相对充足，新建学校成为这类地区扩大学位供给的必然举措。（见图6-1）

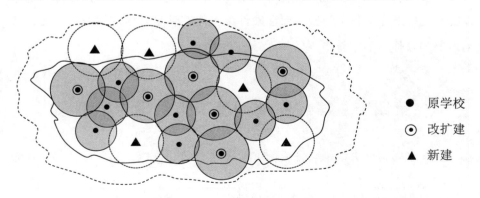

图 6-1　人口流入地新建、改扩建学校布点示意图

在学龄人口流出端，人口向城性流动使乡村学龄人口日益稀疏化，而乡村学校分布广且规模小，如何提高教育质量、达成办学规模效益成为这类地区学校布局调整决策的重要议题。以整合、撤并为主的学校布局调整能够使高度分散的乡村校点生源集中到中心学校，并通过规模化办学模式提高教育教学质量。但如果未能充分考虑相关主体的损益情况，则可能使部分群体面临学校布局调整带来的诸多风险。如在某一固定区域内，撤并部分校点并将其生源纳入中心学校的服务范围后，似乎能够使撤并学校的学生享受到更高质量的教育。然而，在地理环境和交通不便的地区，学校撤并可能导致学生上学路途安全风险加大、学生家庭教育成本增加等；而寄宿制学校不仅可能使低龄学生难以尽快适应，也容易因长期与父母分离造成亲情关爱缺失。因此，对于能够提高教育教学质量且未对相关主体造成利益损害的决策方案，可以通过整合与撤并学校的方式进行学校布局调整；但对于提高教育教学质量作用甚微或者对某一相关主体造成严重损失的决策方案，应谨慎决策，保留部分必要的学校。（见图6-2）

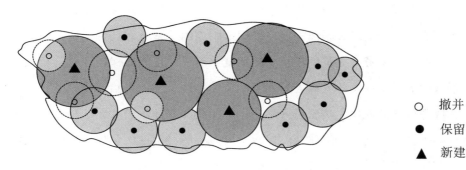

图6-2 人口流出地整合与撤并学校示意图

为了使学校布局调整决策实现价值目标最大化，应综合考量不同决策模式对相关主体损益的影响，而能够实现效用最大化的方案即为学校布局调整最优决策 M_i。如果将区域内学校布局调整方案记为 M_i，学校布局调整决策效用记为 $U(M_i)$，则：

$$U(M_t) = \sum_{k=1}^{n} \lambda_k U_k(M_i)$$

其中，$U_k(M_k)$ 为学校布局调整决策在各维度产生的效用，λ_k 为学校布局调整决策在各维度效用的价值定位，其权重值可由民主化程序确定。

学校布局调整决策效用体现在教育、社会和经济多维度的价值追求。教育效用的价值追求表现为扩大优质教育资源供给，实现区域内教育资源均衡配置；经济效用的价值追求则为在学校布局调整中充分兼顾相关主体的经济利益；社会效用的价值追求表现为合理布局教育资源，实现城市居住空间优化。

1. 教育损益

学校布局调整的教育损益体现为这一决策对学龄人口接受高质量教育所产生的正向或负向的影响。这也就意味着，相比于区域内学校布局现状，理想化的学校布局调整决策应更能够保证学生"有学上""上好学"的价值追求。

学校布局调整决策应使每个学生家庭到学校的平均距离最短，且使单个学生家庭到学校的最大距离控制在合理范围之内。学校布局调整决策应既能够满足城市外来务工人员随迁子女异地就学需求，也能够保证乡村适龄人口就近入学需求。在学龄人口大量涌入的城镇地区，学位供给严重紧缺，这不仅造成部分学龄人口无法就近入学，也可能使部分随迁子女无法享有在城市就学的机会。因此，以新建或改扩建学校为主的城市地区学校布局调整决策应能够通过扩大学位供给解决部分随迁子女异地就学的难题。在学龄人口流出的农村地区，地理地貌复杂多样、交通路况条件较差，且不少地区易发生泥石流、山体滑坡等自然灾害，学生上下学途中安全隐患较大。因此，以整合与撤并为主的农村学校布局调整应使每个学生家庭到学校的最远距离在合理范围之内，避免因学校布局调整决策加大安全风险和辍学风险。如果在某一固定区域内，每个学生的上学距离分别为 $l_1, l_2, \cdots, l_n$，那么该区域学生平均上学距离为：

$$\bar{l} = \frac{\sum_{i=1}^{n} l_n}{n}$$

若该区域以方案进行学校布局调整后，每个学生的上学距离分别变化为 l'_1，l'_2，$\cdots$，l'_n，平均上学距离为 $\bar{l}'$，则应有：

$$\bar{l}' \leqslant \bar{l}$$

$$\max\{l'_1,\ l'_2,\ \cdots,\ l'_n\} \leqslant \Delta_0$$

为了保证学生能够获得均等化的教育服务，学校布局调整决策应使学校规模控制在合理范围，且保证师资配置充足。城市地区大量新建或改扩建学校能够使部分学生因上学距离缩短而获得增益，但是如果新建或改扩建学校的硬件设施或师资配置未能达标，即使能够使随迁子女获得在城市学校就读的机会，也无法保证其接受高质量的教育服务。而农村地区在进行大规模学校撤并后，不少乡村学校生源不得不进入县镇学校就读。尽管相对于乡村小规模学校，县镇学校硬件设施和师资配置水平普遍较高，但"大班大校"不仅使部分学生个体难以适应局促的校园环境，也容易因个体关注度降低影响其学业成绩。因此，学校布局调整决策应在保证学校硬件设施和师资配置充足的同时，合理控制学校规模和班级规模，使每个学生个体能够获得均等化的高质量教育服务。若在某一固定区域内每个学校规模分别为 c_1，c_2，$\cdots$，c_n，以 M_i 方案进行学校布局调整后每个学校规模 c'_1，c'_2，$\cdots$，c'_n，则应保证最大学校规模控制在合理范围之内，即：

$$max\{c'_1,\ c'_2,\ \cdots,\ c'_n\} \leqslant \Delta_0$$

2. 经济损益

经济损益是指学校布局调整决策对政府和个体等相关利益主体造成的直接或间接经济成本的增减。对于地方政府而言，学校布局调整可能产生的教育财政投入需求主要集中在基建、硬件设施、师资配置以及公用经费等方面，其中基建和硬件设施配置所需经费多为一次性支出或阶段性支出，而师资配置和公用经费所需经费则为长期性稳定支出。由于农村小规模学校相对分散且数量庞大，全面实现学校标准化建设使地方政府长期面临投入大量资金的压力，而尽管新建、改扩建学校之初需要投入大量资金，但随着基建完工、硬件设施和师资配足配齐，地方政府财政投入应较学校布局调整之前有所减少，并逐步稳定在能够维持学校正常运转的硬件设施和师资配置等支出水平。（见图6-3）而如果学校布局调整一段时期后，地方政府在师资配置、硬件设施维护和修缮、日常水电及办公消耗品等方面的教育投入有所减少，那么则可以认为达成了一定的经济效益。

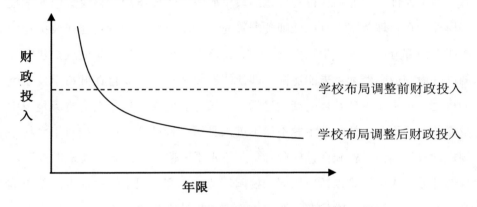

图6-3　学校布局调整决策中政府财政投入变化情况

地方教育财政投入也与学校规模紧密相关。在教育资源配置过程中，规模较大的学校能够达成一定的规模效益，降低地方政府财政负担；而维持并保障小规模学校高质量运转，则需要地方政府投入大量人力、物力和财力。学校布局调整决策应充分考虑区域内学龄人口变动情况，科学测算以新建或改扩建为主的城镇学校布局调整决策所需的财政投入，同时也应避免乡村学校因学龄人口大量流失而造成不必要的资源浪费。若设 E_t 为 t 时间地方政府的财政投入，则有：

$$E_t = f(\gamma_t, p_t, t_t, m_t) + \varepsilon$$

其中，γ_t，p_t，t_t，m_t 分别为 t 时间该地区的学龄人口规模、硬件设施配置需求、师资配置需求以及教育财政投入能力，ε 为随机扰动项。

如果地方政府对于新建或改扩建学校所需的资金缺乏长期规划，师资配置和办学经费等成本将可能直接转嫁学生家庭。对于部分学生家长而言，学校布局调整使其不仅需要承担因子女上学距离增加而产生的交通费用，还需要承担因子女寄宿在校产生的额外生活开支。作为理性决策个体，部分家庭经济薄弱的家长往往会综合考量其子女的教育期望和其所需承担的经济成本和机会成本。如果对子女的教育期望低于其所能承担的各项成本的心理预期且未能获得应有补偿，则极有可能选择让其子女辍学。因此，学校布局调整决策应科学测算学校布局调整决策对个体家庭可能造成的教育成本支出，并通过一定方式给予部分利益受损者一定的经济补偿。

3. 社会损益

学校布局调整的社会损益主要是指这一决策对城市居住空间、乡村文化建设等方面的影响。由于城市中心城区人口分布密度较大、上下班高峰期交通不畅，学校服务半径扩大导致学生上学时间增加。而中心城区学龄人口分布高度集中，不仅使教育资源配置面临巨大挑战，也容易影响城市交通路况和居民生活质量。因此，在城市教育资源供给有限的条件下，学校布局调整决策应慎重考虑学龄人口分布密度、学校服务半径、学校周边环境等因素，进行合理布点，通过学校布局调整引导部分中心城区学龄人口向外流动，充分发挥优化城市居住空间的作用。学校布局调整决策对乡村文化建设同样具有不可忽略的影响。2018年，《中共中央 国务院关于实施乡村振兴战略的意见》提出，按照产业兴旺、生态宜居、乡风文明、治理有效、生活富裕的总要求，统筹推进农村经济建设、政治建设、文化建设、社会建设、生态文明建设。乡村学校对于实现乡风文明具有不可忽视的作用。作为一种特殊的文化符号，乡村学校始终是村庄的文化聚集地，也是村民们的情感寄托地。整合与撤并学校决策直接关系到每个学生和家长的切身利益，因而决策应充分考虑相关主体的意愿。如果盲目地进行学校整合与撤并，不仅可能忽视村民的合理价值诉求，也可能使乡村文化建设陷入根基缺失的尴尬局面。在部分少数民族地区，整合与撤并学校可能面临更大的风险。由于文化存在较大差异，如果盲目地将所属不同宗教文化的学校进行整合，容易引发村民的冲突。因此，学校布局调整决策应以民主化程序进行，避免因相关主体利益受损而遭到抵制。

综上，若以 $U_1(M_i)$、$U_2(M_i)$、$U_3(M_i)$ 分别表示学校布局调整决策在教育、经济和社会三个维度的效用，λ_1、λ_2、λ_3 分别为教育效用、经济效用和社会效用的权重值，则以 M_i 方案进行学校布局调整能够产生总效用为：

$$U(M_i) = \lambda_1 U_1(M_i) + \lambda_2 U_2(M_i) + \lambda_3 M_3(M_i)$$

学校布局调整决策同时受到一定的条件约束，一旦学校布局调整决策触碰任意底线标准，应无条件予以否决。设 $f(A)$ 为学校布局调整决策是否触碰底线标准的示性函数，则有：

$$f(A) = \begin{cases} 1, & A \in \mu(B_1 \cup B_2 \cup B_3) \\ 0, & A \notin \mu(B_1 \cup B_2 \cup B_3) \end{cases}$$

其中，A 为决策的否决条件，$B_1 \cup B_2 \cup B_3$ 为包括上学距离、学校和班级规模、抵制和冲突风险底线标准，如果决策触碰到了 $B_1 \cup B_2 \cup B_3$ 中的任意底线标准，则学校布局调整决策方案应予以否决。

基于上述学校布局调整决策效用的分析框架，可构建决策的理论模型如下：

$$U(M_i) = \left[\lambda_1 U_1(M_i) + \lambda_2 U_2(M_i) + \lambda_3 U_3(M_i) \right] \left[1 - f(A) \right]$$

由于不同决策方案对于相关主体造成的损益不同，决策的综合效用也存在差异。若某一区域学校布局调整决策方案的效用分别为 $U_1(M_i)$，$U_2(M_i)$，…，$U_n(M_i)$ 决策方案可行性的判定值为 y，则决策综合效用值越大，y 值越大，也即方案实施的可行性越高，最终能够使效用最大化的方案即为最优决策方案。

$$y = \max\left[U_1(M_i), U_2(M_i), \cdots, U_n(M_i) \right]$$

第五节 农村学校布局调整的 GIS 检验与优化
——以 Y 县为例

学校布局调整受经济、社会、地理等多重因素的影响，这些因素在农村地区表现得更为多样。地理信息系统（Geographic Information System，GIS）作为一种空间信息系统，可以将影响学校布局调整的多重因素诸如学校位置、人口密度、道路情况、地形等要素作为不同图层进行整合，并以可视化的形式呈现出来，通过呈现结果可以直观地反映当前学校布局存在的问题。GIS 工作原理是将与学校布局相关的多层信息导入系统平台，运用数据转化（Geo-Referencing、Digitize）和统计分析功能（Buffer、Calculation 等），将多层信息建立空间联系，导出可视化的学校/村庄位置、交通等空间信息。[①]

为此，课题组选取了 Y 县对其学校布局进行 GIS 检验，Y 县位于江西省东北部，县域形状呈南北狭长状，地势为南北高、中间低。地形以平原为主，占总面积的 42.65%，丘陵占总面积的 34.42%，山地占总面积的 22.93%。南部的中低山和北部低山均属丘陵地带，中部属于低丘和平原地带，构成了小盆地，盆地内有信江和饶河水系穿过。通过实地调研收集到的基本信息包括：Y 县学校分布平面图；各乡镇面积、人口和学龄人口[②]数量；各学校的学生数量、教师数量、班级数量；学校布局调整的相关文件等。

一、 Y 县学校布局分布现状

将收集到的 Y 县学校分布图配准后进行矢量化操作，创建相应的点、

---

① 赵丹、吴宏超、Bruno Parolin：《农村学校撤并对学生上学距离的影响——基于 GIS 和 Ordinal Logit 模型的分析》，《教育学报》2012 年第 8 期。

② 学龄人口数据源于全国第六次人口普查的 0—14 岁人口。

线、面要素，得出乡镇边界、道路、河流、中小学等基本要素，图 6-4 是根

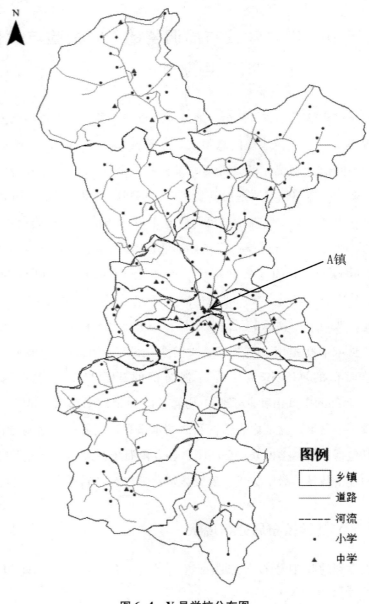

A镇

图例

☐ 乡镇
— 道路
--- 河流
· 小学
▲ 中学

图 6-4　Y 县学校分布图

据收集到的 Y 县学校分布图运用 ArcGis 软件做出的学校分布图。该县共有 15 个乡镇，119 所小学，28 所中学。受地势地形分布的影响，位于中部地区的县政府所在地——A 镇附近聚集了大量的学校，而地势高的南北乡镇则随着学生数量的减少呈现了分散的学校布局。从道路要素的分布也可以看出，Y 县的道路网络比较健全，几乎覆盖县域。

二、　Y 县学校布局的 GIS 检验

学校布局是否合理的检验标准应包括教育、社会、经济等不同维度的因素，限于数据收集的有限性，此处从学校布局与学龄人口分布是否一致、学校的服务范围（服务半径和服务人口）、学校的资源配置状况（班级规模、教师资源配置）方面进行验证。

（一）学校布局与学龄人口分布的一致性检验

学校布局调整应该满足学龄人口的就读需求，也就是说学龄人口密集的地区应按需设置更多的学校。城镇化背景之下，大量的学龄人口向城镇聚集，Y 县也不例外。理论上讲，学校布局情况与学龄人口的疏密程度应该成正比，它是学校布局合理与否的一个重要维度。因此，根据各乡镇学龄人口数量与面积可以得出各乡镇的学龄人口密度，运用 GIS 属性中的符号系统即可得出该县学龄人口密度图。（见图 6-5）从图中可以看出，A 镇的学龄人口密度最高，为 9.82，K 乡的学龄人口密度最低，为 0.21，其他 12 个乡镇的学龄人口密度集中在 0.22—0.66 之间。从地域分布来看，学龄人口多集中在该县的中北部，北部的两个乡镇和南部的四个乡镇人口密度相对偏低。将其与现有的学校布局对比可以发现，学校的布局与学龄人口分布几乎一致，人口密度高的乡镇学校数量也比较多，但对于南部人口密度低的乡镇而言，学校数量少且分散。

图6-5　Y县各乡镇学龄人口密度

（二）学校的服务半径检验

学校的服务半径是布局调整过程中必须要考量的因素，如若服务半径过大，难免会造成学生上学距离远、成本高，甚至会导致学生辍学。《江西省人民政府办公厅关于进一步规范农村义务教育学校布局调整的实施意见》（赣府厅发〔2012〕87号）规定，"农村小学1至3年级学生原则上不寄宿，就近走读上学；小学高年级学生以走读为主，确有需要的可以寄宿；初中学生根据实际可以走读或寄宿。不能提供校车服务或没有公交专线的地区，非寄宿制学校学生上下学原则上步行时间单程不超过30分钟；能够提供校车服务或设有公交专线的地区，非寄宿制学校学生上下学原则上行车时间单程不超过30分钟，采取其他交通方式上下学的学生，原则上单程不超过40分钟。"有文献指出，一般成人的步行速度约为5km/h，故对于小学生和初中生的步行速度，可以分别取3km/h和4.5km/h。[①] 按此标准计算，小学的非寄宿制学校学生的服务半径不超过1.5km，最远不超过2km；初中的非寄宿制学校学生的服务半径不超过2.25km，最远不超过3km。GIS的buffer工具将学校的服务半径以直观的画面显现出来。按照上述所说，在GIS中将小学的服务半径定义为1.5km和2km，将中学的服务半径定义为2.25km和3km，可以分别得出小学和中学服务半径的辐射范围。

从图6-6中可以看出，中部乡镇几乎全部被小学服务半径所覆盖，而位于北部和南部的乡镇仍有部分地区未包含在小学服务半径之内。

---

① 陆梦秋：《撤点并校背景下农村义务教育服务半径分析》，《经济地理》2016年第1期。

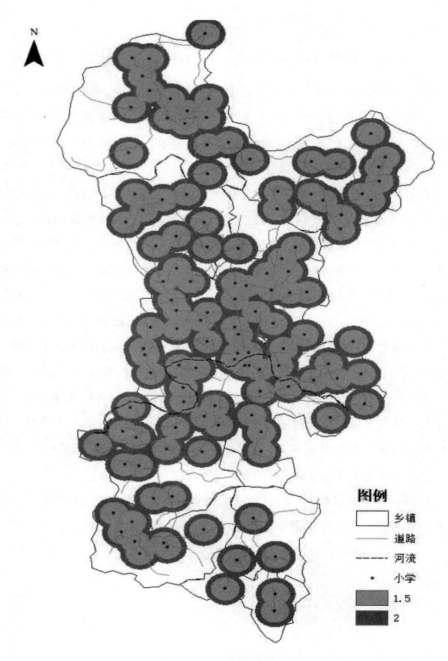

图例

乡镇
道路
河流
小学
1.5
2

图6-6　Y县小学的服务范围

而中学多集中在人口密集的中部地区，服务半径涵盖了所有乡镇。但中部镇区的中学相对集中，多所学校的服务半径出现了重合，可能造成教育资源的重复布局；位于最北部的镇人口密度相对较低，却布局了四所中学，这种布局可能会造成教育资源的浪费。（见图6-7）

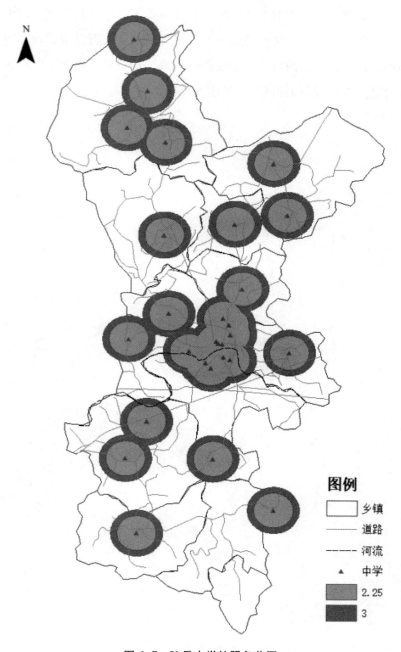

图例

乡镇

道路

河流

▲ 中学

2.25

3

图 6-7　Y 县中学的服务范围

（三）学校的服务人口检验

《江西省人民政府办公厅关于进一步规范农村义务教育学校布局调整的实施意见》（赣府厅发〔2012〕87 号）指出服务人口也是学校布局调整的标准之一。文件明确指出"原则上每个乡镇都应设置初中，人口相对集中的村要设置村小学或教学点，人口稀少、地处偏远、交通不便的地方保留或设置教学点。原则上按每万人布局 1 所完全小学、每 3.5 万人布局 1 所初中，确保每个孩子都方便上学"。从表中可以看出，县政府所在地——A 镇的小学数量虽然多，但是若按平均服务人口计算，每所小学的服务人口仍远远超过文件的要求；各乡镇中学的服务人口虽然都控制在 3.5 万人以内，但 E 镇、L 乡的服务人口相对较多。

表6-1　各乡镇小学、中学平均服务人口数量（人）

乡镇	服务人口		乡镇	服务人口	
	小学	初中		小学	初中
A 镇	14429	8657	K 乡	3723	7445
B 镇	3284	9031	L 乡	3150	34645
C 镇	3316	13262	M 乡	2592	15553
D 镇	3134	12537	N 乡	2166	7221
E 镇	2454	22090	O 乡	1886	15091
F 镇	2354	16480			
G 镇	2093	16742			
H 镇	2037	13239			
I 镇	3089	12356			
J 镇	2183	8730			

（四）班级规模检验

国内外研究表明，班级规模过大会带来教师工作压力大、学生学习积极性低等负面影响。我国中小学的标准班额分别为 50 人、45 人，超过 56 人的是大班额，超过 66 人的是超大班额。根据现有数据将各学校的学生数量除以班级数量可知每所学校的平均班级规模，运用 GIS 属性中的符号系统即可得出该县小学和中学平均班级规模分布图。

数据显示，Y 县有 89.08% 的小学平均班级规模小于标准班额。有 3 所小学的平均班级规模超过 66 人，属于超大班额，均位于县城的 A 镇。（见图 6-8）

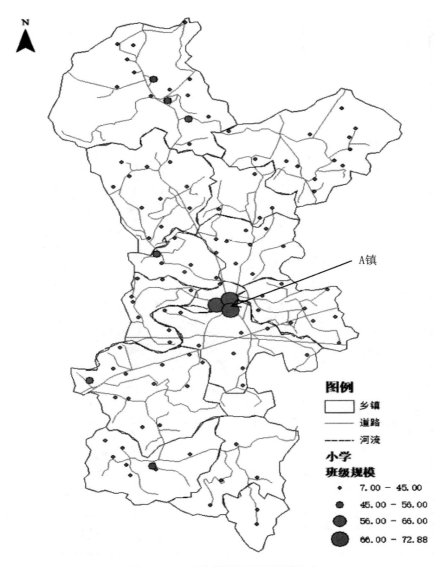

图6-8　Y县小学平均班级规模分布

Y县有75.00%的中学平均班级规模小于标准班额。有3所中学的平均班级规模在56—66人之间，属于大班额，其中有两所中学位于县城的A镇，一所位于县城附近的乡镇。（见图6-9）

图 6-9 Y县中学平均班级规模分布

（五）师资配置检验

《中央编办 教育部 财政部关于统一城乡中小学教职工编制标准的通知》将县镇、农村中小学教职工编制标准统一到城市标准，即初中生师比为13.5∶1、小学为19∶1。根据现有数据将各学校的学生数量除以教师数量可知每所学校的生师比，运用 GIS 属性中的符号系统即可得出该县义务教育阶段生师比分布图。

结合数据可知，Y 县仅有一半小学（51.26%）的生师比达到国家要求，有 9 所小学的生师比在 19∶1，最高的生师比达到 38.80∶1。（见图 6-10）

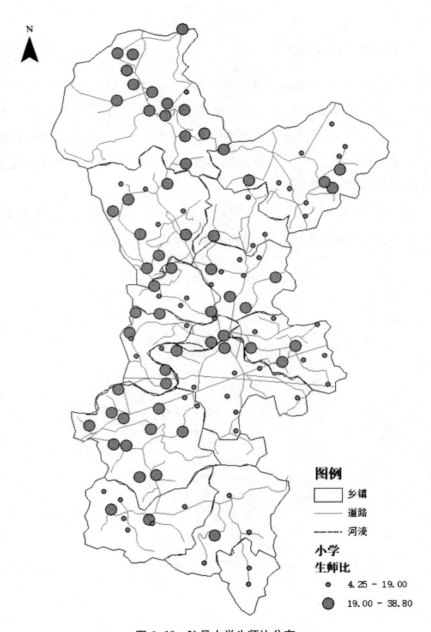

图 6-10 Y 县小学生师比分布

　　Y县有75.00%的中学生师比符合国家要求，高于中学教职工编制标准的学校分别位于县政府所在地的A镇和人口相对稀少的D镇。（见图6-11）

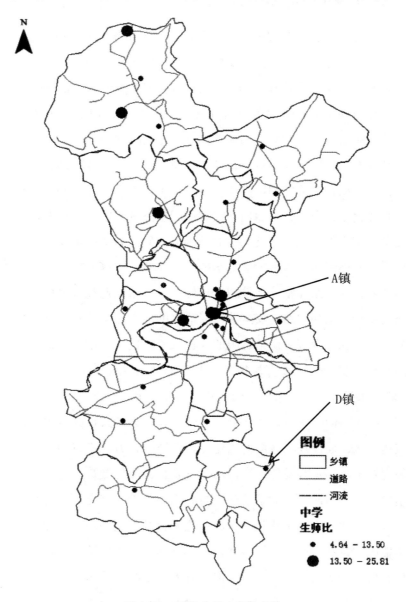

图6-11　Y县中学生师比分布

三、 Y县学校布局的优化建议

进入"后撤点并校"时期，全国各地学校布局调整得以规范化，Y县的整体学校布局也趋向合理化。从学校布局与学龄人口分布一致性来看，当前Y县学龄人口主要集中在中部地区，而中部地区也是学校布局的高度聚集区，其学校布局基本与学龄人口分布相匹配。然而，随着城镇化进程的推进，Y县也面临着乡村学龄人口不断外流、县镇学龄人口高度聚集的形势。如何使学校布局适应变动中的学龄人口分布成为优化学校布局的核心命题。基于学校布局调整决策的理论模型，可综合考虑教育、经济和社会等效用维度进一步优化学校布局，从而使学校布局调整决策实现综合效用的最大化。

在基本实现保证学生就近入学的基础上，Y县的学校布局调整决策的教育效用重心应逐渐转向为保障适龄学龄人口能够获得高质量的教育服务。由于地理环境、交通路况整体条件相对较好，学校布局调整决策所面临的学生上学路途安全风险和因路途安全等因素造成的辍学风险相对较低。但在学龄人口分布不均和教育资源供给有限的双重因素作用下，学校布局调整决策对于提高教育质量、促进教育均衡发展仍有较大作为空间。基于学校布局的GIS检验结果发现，Y县域内面临师资配置不足和"大班大校"难以消解的问题。学龄人口向城性流动使区域内同时存在着学龄人口高度集聚地区和相对稀疏化地区，而以规模取向的固化教育资源配置方式不仅使乡村小规模学校资源配置不足，也容易使县镇地区学校教育资源配置难以与处于动态变化中的学龄人口分布匹配。为了使学校布局调整决策能够充分考虑相关主体的教育诉求，应通过不断优化教育资源配置来提高决策的教育效用。第一，严控县镇地区学校和班级规模，合理扩大部分学校学位供给。学校和班级规模是学校布局调整决策的底线标准，但学龄人口不断向县镇地区聚集使这一底线标准不断受到冲击。为此，地方政府可通过新建或改扩建等方式，扩大县镇地区教育资源供给，使学校和班级规模控制在合理范围之内，保证每个学生能够获得均等化的教育服务。第二，统筹调配教育资源，实现教师编制动态管理。为了保证师资配置充足，应通过盘活事业单位编制等方式加大教师编制供给，同时建立合理的教师编制动态管理机制，使师资配置既能满足当前不同规模学校的教育教学需求，也能够通过动态管理应对未来学龄人口分布变化。第三，进一步加强乡村学校建设，补齐教育发展"最短板"。发展乡村学校不仅能够使更多学龄人口"在家门口"接受高质量教育，也能够引导部分县镇地区学龄人口回流，打破"城镇挤、乡村弱"的教育发展格局。为此，地方政府应积极落实《乡村教师支持计划（2015—2020 年）》《关于全面加强乡村小规模学校和乡镇寄宿制学校建设的指导意见》等政策文件，多措并举助力乡村学校发展。

　　为了使学校布局调整决策能够兼顾经济效用，地方政府应科学预测学龄人口变化趋势，提前对学校布局进行合理规划。从当前 Y 县的学校分布情况来看，小学学校分布基本实现了区域内全覆盖，初中学校分布相对集中于县镇地区。随着学龄人口持续向县镇地区流动，乡村学龄人口将不断减少，而县镇地区学龄人口聚集程度将持续增加。而如果盲目地保留乡村学校，必然造成一定的教育资源浪费，缺乏科学规划地大量新建或改扩建学校，也存在一定的教育财政投入风险。因此，学校布局调整决策应综合学龄人口出生率、死亡率、城镇化率以及教育城镇化率等多维指标，对学龄人口规模及其分布进行科学测算，保证学校布局调整决策能够获得完全信息，避免未来乡村学校过度撤并或保留、县镇学校学位供给短缺或超额等情况发生。在学校布局调整决策中，既要全面测算乡村学校特别是乡村小规模学校维持正常运转、实现标准化建设以及充足的师资配置等各项财政支出，也应精准测算县镇学校新建、改扩建所需的各项教育财政投入成本，以及包括校车运行、食堂运转等相关配套措施所需的财政投入。为了避免因学校布局调整对家庭造成额外的教育支出负担，地方教育部门应针对相关学生家长开展家庭教育支出的调研，掌握学校布局调整决策对相关主体造成的损益情况，并通过建立合理的补偿机制，最大程度降低利益受损者的损失。

对于尊师重教社会风气浓厚的 Y 县而言，学校布局调整决策的社会效用不仅体现在避免冲突和抵制的现象发生，更重要的是建立学校与社区互利互助的共生发展模式。学校布局调整决策应充分尊重相关主体特别是弱势群体的利益诉求，对于学生流失严重但因宗教、民族原因不能撤并或者一旦撤并容易遭到群众抵制的乡村学校，地方政府不仅应予以保留，而且应通过加强学校与社区的联结，强化乡村学校的主体地位。地方政府应组织乡村学校定期开放学校图书室、提供培训教室场地，充分利用寒暑假时间对社区农民进行多样化的职业培训。同时，县级政府应统筹建立社区活动中心，提供丰富健康的休闲活动场地，定期组织乡村教师和学生参与社区活动。为了使乡村学校能够助力于乡风文明建设，学校布局调整决策在充分考虑其服务人口和服务半径的同时，也应兼顾乡村学校的文化功能，把学校建设为乡村的文化中心。

附录　美国人口聚集背景下的学校布局调整

随着城镇化的不断推进和生育政策的逐步放宽，我国城镇人口数量显著增加，乡村人口持续减少，人口分布呈现由乡村向城镇大规模集中的趋势。2000—2020 年我国城镇人口数量从 45906 万人增加至 90220 万人，同期乡村人口则由 80837 万人减少至 50992 万人。[1] 城市人口快速增多，人口集聚效应更加明显。[2] 人口向城性迁移给城镇带来大量新增学龄人口，对城镇的教育资源承载能力提出了严峻挑战，亟待通过学校布局调整进行化解。美国在城市人口大量聚集的历史阶段，也曾面临与我国相似的发展困境。因此，研究美国人口聚集背景下的学校布局调整，有助于我国在面对此类问题时做到有的放矢。

第一节　美国学龄人口聚集的背景与动因

美国近代发生过几次大规模的人口变动，其表现形式多为以家庭为单位的向城聚集，城市学龄人口一度出现激增。但在不同的历史发展时期，城市

---

① 中华人民共和国国家统计局：年度总人口数据（2000－2020），https：//data. stats. gov. cn/easyquery. htm？cn＝C01。

② 中华人民共和国中央人民政府网：《改革开放以来我国城镇化水平显著提高》，http：//www. gov. cn/xinwen/2018－09/10/content_ 5320844. htm。

学龄人口聚集的原因有所不同。

一、 城市化导致学龄人口规模膨胀

城市化带来的城市人口激增，是学龄人口在城市大规模聚集的重要历史原因。城市发展的虹吸效应吸引了大量青壮年劳动力，为今日美国城市的人口规模打下基础。城市人口规模随着城市化进程加深而不断扩大，以家庭为单位在城市定居的迁移模式，导致了城市学龄人口的膨胀并一直延续至今。

19世纪的两次工业革命，开启并促进了美国的城市化。在第一次工业革命中，蒸汽机被正式引入工厂。大批新型工厂陆续出现，促进了一些城市规模的扩大，也催生了匹兹堡、底特律等新工业城市的出现。正如恩格斯在《反杜林论》中写到的，由于蒸汽力是自由的，它不像水力一样必然存在于乡村。因此蒸汽机的出现使工业生产摆脱了地方的局限性，把许多工厂乡村转变成了工厂城市。① 这种城市规模扩大和数量增加的现象，在第二次工业革命中表现得更为明显。两次工业革命期间，人口的城镇化包括就地城镇化和人口迁移型城镇化。美国人口统计数据显示，1890年6300万总人口中城市人口约占30%；1920年1.06亿人口中城市人口约占一半以上，1950年1.51亿人口中城市人口占将近三分之二；而到1980年2.27亿人中城市人口达到了四分之三之多。② 世界银行的估算数据显示，美国城镇人口数量从1960年的126百万人增长到2019年的270百万人。（见附图1）直到今天，城镇人口数量仍然保持增长趋势，这种城镇人口基数的增长势必带来城镇学龄儿童的增长。1990—2001年，初等教育学生入学人数呈现总体增长趋势，1990年初等教育入学人数为2227.9万人，到2001年达到了2529.76万人。

---

① ［德］恩格斯：《反杜林论》，中共中央马克思、恩格斯、列宁、斯大林著作编译局编译，人民出版社2018年版，第319页。

② ［美］劳伦斯·A. 克雷明：《美国教育史3 城市化时期的历程1876—1980》，朱旭东等译，北京师范大学出版社2002年版，第4页。

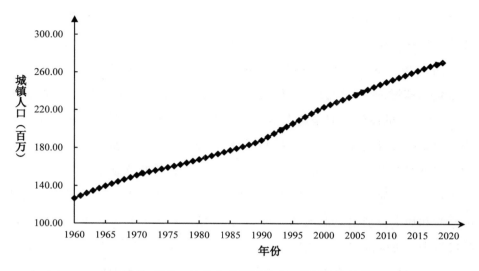

附图 1　1960—2019 年美国城镇人口数量变化趋势

数据来源：世界银行官网 https：//data. worldbank. org. cn/indicator/SP. URB. TOTL。

二、　婴儿潮及其回声带来学龄人口激增

　　婴儿潮（Baby Boom）是指人口自然增长率激增带来的新生婴儿数量膨胀，其发生会在几年后出现学龄人口数量的爆炸式增长。美国历史上曾出现两次大规模的婴儿潮。第一次是在二战后，士兵返乡和美国经济复苏共同导致了人口出生率的急剧增加。[①] 此前的 15 年间，美国新生婴儿数量基本维持在每年 200 万人左右。婴儿潮开始后，仅 1946 年一年内新生婴儿数量就达到了 340 万，并于翌年再创新高，达到了 380 万之多。[②] 1957 年新生婴儿增加到 430 万并达到婴儿潮顶峰，此后开始逐渐下降。在持续了 19 年之后，1964 年第一次婴儿潮宣告结束。第二次婴儿潮发生在 1977 年，被称为婴儿潮回声（Baby Boom Echo）。与第一次婴儿潮不同的是，此次婴儿潮回声并

---

　　① Landon Y. Jones, *Great Expectations*: *America and The Baby Boom Generation*, New York: Coward, McCann and Geoghegan, 1980, p. 397.

　　② 王旭：《美国城市发展模式——从城市化到大都市区化》，清华大学出版社 2006 年版，第 202 页。

没有随着时间的推移而出现出生人口数量的下降。数据显示，1990 年新生婴儿数量达到 410 万，此后一直维持在 400 万左右，并在 2010 年增加至 420 万，到 2020 年时这一数字有望达到 460 万。① 第一次婴儿潮导致城市学龄人口数量迅速增加，美国公立和私立中小学的总入学人数在 1971 年秋季达到了 5130 万人的高峰。但是这次学龄人口增加给城市教育系统带来的巨大压力，因城市人口大批外迁至郊区得到缓解。而对当前美国城市教育仍有影响的人口增长是从 1977 年持续至今的婴儿潮回声。大部分该年出生的新生儿分别在 6 年后的 1984 年和 13 年后的 1991 年进入小学和初中。也就是说美国的小学和初中分别在 1984 年和 1991 年，开始出现了入学人数激增的现象并持续至今。美国国家教育统计中心曾在 1997 年发布预测数据，显示当年中小学公立和私立学校的总入学人数将达 5220 万，2006 年增加到 5440 万人，2007 年全美仅高中阶段的公立和私立学校入学人数将达到 1640 万人，比 1997 年增加 13%。1997—2007 年，学龄人口数量的显著增长集中体现在 6—12 年级阶段。② （见附图 2）当时还有学者指出，学龄人口持续增加甚至填满教室将成为美国教育下一阶段必须面临的挑战。③

三、 流动人口带来学龄人口区域性聚集

美国的人口流动，可根据流动路径的差异分为外来移民涌入和境内迁徙两类，流动目的地以大城市或粮食产区为主。两种流动均以家庭为单位，因此大规模的人口流动间接导致了学龄人口在迁移目的地的区域性聚集。

---

① Mid-Atlantic Lab for Student Success, *What Do We Know*：*The Impact of The Baby Boom Echo*, Washington DC：Office of Educational Research and Improvement, 1997, p. 3.

② John Bare, "The Impact of The Baby Boom Echo on U. S. Public School Enrollments", *Education Statistics Services Institute*, 1997, p. 1.

③ Mid-Atlantic Lab for Student Success, *What Do We Know*：*The Impact of The Baby Boom Echo*, Washington DC：Office of Educational Research and Improvement, 1997, p. 3.

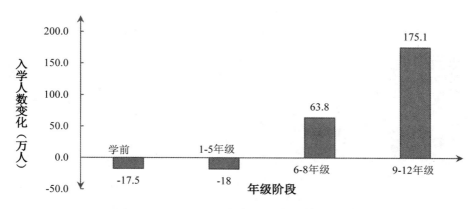

附图 2　1997—2007 学年各年级阶段入学人数变化

数据来源：U. S. Department of Education，*National Center for Education Statistics*，*Projection of Education Statistics to* 2008 *and special tabulations*。

（一）外来移民涌入城市

美国作为一个移民国家，接纳了大量来自全球各地的移民。这些移民大多从事非农产业工作，主要流向城市。美国的净移民数量总体呈现增加的趋势，因移民政策的变化曾出现移民数量的阶段性减少。数据显示，1962 年的净移民人口为 1.83 百万人，1997 年增加至 8.86 百万人，于 2017 年降至 4.77 百万人。（见附图 3）

纽约作为移民流入的主要城市之一，其移民呈现出以下几个特征：第一，移民数量持续增加。据统计，20 世纪八九十年代，每年都有来自 160 多个国家的近 100 万移民迁入纽约，仅在 1992 年就有 120600 名合法移民在纽约市定居，且纽约市教育委员会（New York City Board of Education）的移民教育普查数据显示，移民数量还在不断增加。[1] 第二，移民呈现低龄化倾向。这些移民的特点是比较年轻，其中的学龄儿童比例较高，且大多需要在公立学校就读。从学校中移民学生所占的比例来看，1990 年纽约城市学校中有多

① Gary Burnett，"Enrollment Growth and Overcrowding in New York City Schools"，*IUME Briefs*，No. 6（May 1996），pp. 1–6.

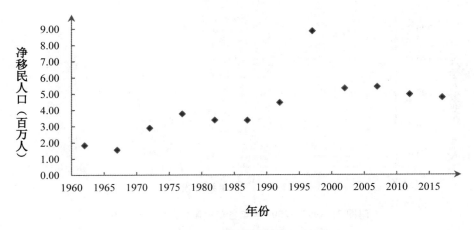

附图3　美国净移民人数变化散点图

数据来源：世界银行 https：//data. worldbank. org. cn/indicator/SM. POP. NETM？ locations＝US。

达22%的学生在国外出生。而且移民学生的数量还在不断攀升中，2010 年
10 月纽约市接受的移民学生数量是 1989 年 10 月的两倍多。第三，移民来源
国多样。流入城市的新移民学生主要包括多米尼加共和国、俄罗斯（苏联）、
中国、圭亚那、海地、墨西哥、特立尼达和多巴哥、厄瓜多尔和哥伦比
亚等。

（二）农业劳动者向粮食产区季节性聚集

美国的加利福尼亚州是农业密集地区，需要大量劳动力从事农业劳作。
加州的农业生产早期主要雇用白人，而后逐渐过渡到雇用外国移民。这些外
来移民多数文化水平较低，因此只能从事技术含量较低的农业体力劳动。并
且他们通常居无定所，哪里有农业相关工作就迁移到哪里。此外，美国一些
农业人口采取季节性迁移的模式，即农忙期在农村从事农业生产、农闲期则
居住在城市。到了 20 世纪 20 年代末，伴随着美国的大萧条，加州失业人数
陡增，这些失业者也逐渐加入了季节性流动人群。因此，美国季节性流动者
具有两点特征。第一，美国的季节性流动者构成相对更为丰富。这些流动者

包括本国的农业劳动者，也包括参与农业生产的外来移民。第二，美国的季节性流动者大多在流动时携带子女。这就意味着美国这些季节性流动者携带的流动儿童既需要接受普通教育，也需要接受英语语言教育。这些流动儿童主要随其作为流动农业工人和渔民的监护人一起，沿着三个主要的河流迁移，覆盖了美国东部、中部和西部若干个州。东部河流地区包括南部和东部沿海各州；中部大陆河流始于德克萨斯州，向北延伸穿过粮食带，向西延伸至加利福尼亚州；西海岸河流始于加利福尼亚州南部并向北延伸。①（见附表1）

附表1　移民潮流入地分布

东部		中部	西部
阿拉巴马州	南卡罗莱纳州	阿肯色州	阿拉斯加州
康乃迪克州	田纳西州	伊利诺伊州	亚利桑那州
特拉华州	佛蒙特州	印第安纳州	加利福尼亚州
佛罗里达州	弗吉尼亚州	爱荷华州	科罗拉多
乔治亚州	西弗吉尼亚州	堪萨斯州	爱达荷
肯塔基州	华盛顿哥伦比亚特区	路易斯安那州	蒙大纳州
缅因州	波多黎各州	密歇根州	内华达州
马里兰州		明尼苏达州	新墨西哥
马萨诸塞州		密苏里州	俄勒冈州
密西西比州		内布拉斯加州	犹他州
新罕布什尔州		北达科他州	华盛顿州
新泽西州		俄亥俄州	怀俄明州
纽约州		俄克拉荷马州	

---

① Anneka L. Kindler, "Education of Migrant Children in the United States", *Directions in Language and Education*, Vol. 1, No. 8（Fall 1995）, pp. 3-14.

续表

东部		中部	西部
北卡罗莱纳州		南达科他州	
宾法尼西亚州		德克萨斯州	
罗德岛州		威斯康星洲	

资料来源：Anneka L. Kindler, "Education of Migrant Children in the United States", Directions in Language and Education, Vol. 1, No. 8 (Fall 1995), pp. 3-14。

为确保移民学生能享有充分、适当的教育机会以达到高质量的学业标准，美国于 1966 年实施了移民教育项目（Migrant Education Program，以下简称"MEP"）。① 这个项目把在过去六年中经历过迁移的儿童界定为流动儿童，符合该条件的儿童有资格获得相应的流动儿童教育服务。1990 年，美国教育部（U. S. Department of Education）使用这一标准统计确定了 597000 名流动儿童有资格获得 MEP 服务。② 尽管近年来的流动人口中学龄前儿童数量和比例有所增长，但满足 MEP 标准的学生大多数都就读于中小学阶段。③（见附表 2）

附表 2　不同学段中流动儿童所占比例

年龄组	年龄范围	占比
幼儿阶段	2—6 岁	14%
小学阶段	7—12 岁	47%
中学阶段	13—18 岁	35%

资料来源：Anneka L. Kindler, "Education of Migrant Children in the United States", Directions in Language and Education, Vol. 1, No. 8 (Fall 1995), pp. 3-14.

---

① 武芳、刘善槐：《如何跨越"高位波动陷阱"——提高义务教育巩固率的国际比较研究》，《比较教育研究》2018 年第 8 期。

② Allison Henderson, Julie Daft, Christina Yen, et al., *State Chapter 1 Migrant Participation and Achievement Information*, 1992 - 93, Washington DC：U. S. Department of Education, 1994, p. 6.

③ Allison Henderson, Julie Daft, Christina Yen, et al., *State Chapter 1 Migrant Participation and Achievement Information*, 1992 - 93, Washington DC：U. S. Department of Education, 1994, p. 9.

在 MEP 统计标准下，1992—1993 学年间移民学生最多的六个州和地区分别为加利福尼亚、德克萨斯、佛罗里达、波多黎各、密歇根、俄勒冈。[①]（见附表 3）

附表 3　移民最多六个州流动儿童数量和比例

州名	符合 MEP 标准的流动儿童数量（人）	占比（%）
加利福尼亚	166793	30.8
德克萨斯	95703	17.6
佛罗里达	33068	6.1
波多黎各	21224	3.9
密歇根	19167	3.5
俄勒冈	18494	3.4

第二节　学龄人口聚集给教育带来的挑战

多种因素共同作用，导致人口聚集，使学龄人口呈现阶段性、区域性和向城性的变动特征。作为佛罗里达州新移民门户城市的纽约，在 1985—1995 年间学龄人口增长高达 41%。[②] 这种激增不仅出现在加利福尼亚、德克萨斯和佛罗里达这样的人口大州，还出现在人口总量相对较少的其他州。内华达州克拉克县学区 1996 年新入学人数为 176000 人，到 1998 年达到 202388

---

① Allison Henderson, Julie Daft, Christina Yen, et al., *State Chapter 1 Migrant Participation and Achievement Information*, 1992–93, Washington DC：U.S. Department of Education, 1994, pp. 3–5.

② Richard W. Riley, *A Back to School Special Report on the Baby Boom Echo：America's Schools Are Overcrowded and Wearing Out*, Washington DC：U.S. Department of Education, 1998, p. 7.

人。① 教育需求迅速增加但教育系统学位供给能力却十分有限，二者之间的矛盾成为学龄人口大规模聚集带来的重大教育难题。尽管 19 世纪末以来，美国的很大一部分城市教育工作者一直在为妥善应对学龄人口激增导致的学位紧张问题而不懈努力。② 但在解决问题过程中，仍然难以避免地出现了班额过大和学校规模过大的情况，给教育行政部门、教师和学生等相关主体带来一系列挑战。

一、 教育资源供给总量紧缺

无论是城市化、婴儿潮还是人口流动所导致的学龄人口聚集，都具有非预期性，并呈现出特定区域内、短时间爆发式增加的特征。而教育资源配置需要一定的时间周期，难以及时应对学龄人口变动带来的教育需求激增。

第一，学位供给数量不足。美国国家教育统计中心（NCES）对学校过度拥挤的定义为"入学学生人数大于学校计划容纳的学生人数"。2000 年的 NCES 研究报告显示，美国有 14% 的公立学校过于拥挤，有 8% 甚至达到严重拥挤的程度，有三分之一的学龄儿童没有入学。③ 以纽约市为例，1989—1993 年纽约市学校新增的学生数量就达到了 77082 名。然而，该阶段内全市仅为新生提供了 13412 个学位，还有 63670 名学生的教育需求难以得到满足。对此，为了缓解学位紧张，越来越多的学校不得不扩大班级和学校规模，导致"大班大校"问题凸显。据统计，1993—1994 学年，纽约市有 56% 的小学实际容纳学生数量超出了标准容量，有 28% 的初中超出容量，而

---

① Richard W. Riley, *A Back to School Special Report on the Baby Boom Echo: America's Schools Are Overcrowded and Wearing Out*, Washington DC: U. S. Department of Education, 1998, p. 8.

② William Welsh, Erin Coghlan, Bruce Fuller, et al., "New Schools, Overcrowding Relief, and Achievement Gains in Los Angeles-Strong Returns from a $ 19. 5 Billion Investment", *Policy Analysis for California Education*, (August 2012), pp. 1-12.

③ Laurie Lewis, Kyle Snow, Elizabeth Farris, et al., *Condition of America's public school facilities: 1999*, Washington DC: U. S. Department of Education, 2000, p. 36.

高中超出容量的比例则达到了 82%。①

第二，合格教师数量不足。教师是学校教育教学工作正常运转过程中不可或缺的主体，充足的教师资源也是教育事业长期发展的必备条件。面对婴儿潮回声带来的学龄人口增长和大批教师退休或辞职，美国曾有预测数据显示 1999—2009 年 K12 阶段约需要增加 220 万名教师，但若保持招聘速度不变，十年内的实际新增教师数量只能达到 220 万需求的一半到三分之二。②此外，美国还存在着教师合格率不高的情况，有 27% 的新聘教师在进入教师行业时并没有获得教师资格，有 36% 的公立学校主要学科教师没有本科及以上学历。③

第三，经费不足。充足的经费是教育事业赖以发展的基础，然而不断增加的受教育需求要通过新建或改扩建学校来满足，大量的经费需求给教育发展造成巨大的压力和挑战。据美国教育部 1998 年报告显示，面对学龄人口激增，丹佛郊区的科罗拉多州杰斐逊学区自 1990 年以来已建成 13 所新学校，此外还需要大约 42.55 亿美元完成对一些学校的现代化改造，加利福尼亚州的弗雷斯诺区、埃尔克格罗夫区、圣地亚哥区、莫雷诺区四个区据预测在 1985—1995 年需要增加 30000 间教室和 40 亿美元预算来满足新增受教育需求。④

二、 教育资源承载力不足

教育资源供给与适龄儿童受教育需求之间的矛盾，导致了部分学校的整

---

① Gary Burnett,"Enrollment Growth and Overcrowding in New York City Schools", *IUME Briefs*, No. 6（May 1996）, pp. 1-6.

② Richard W. Riley, *A Back to School Special Report on the Baby Boom Echo: America's Schools Are Overcrowded and Wearing Out*, Washington DC: U. S. Department of Education, 1998, p. 10.

③ National Institution on Student Achievement, Curriculum, and Assessment（ED/OERI）, *Reducing Class Size: What Do We Know*, *Washington DC: Department of Education*, 1998, p. 7.

④ Richard W. Riley, *A Back to School Special Report on the Baby Boom Echo: America's Schools Are Overcrowded and Wearing Out*, Washington DC: U. S. Department of Education, 1998, p. 6.

体规模过大，教室人满为患。教育资源承载能力不足制约了学校教育教学工作，无论对教师工作还是学生学习都产生了负面作用。

第一，阻碍学生学业成绩提高。许多一线教师认为，班级或学校规模过大，会影响教与学的效果。[①] 有学者就学校或班级规模过大对学生学习成绩的影响问题，选取一所因教育水平较高而吸引大量学生导致规模过大的学校进行研究。其中判断一所学校是否规模过大的标准，是通过建筑物的空间、光线等物理条件和班级规模来确定。而学生学业成绩是否受影响，则是通过学生阅读能力和数学测试成绩来判断。在控制了社会经济背景等影响学业成绩的干扰变量基础上，研究表明这些学校学生的阅读和数学测试成绩低于规模相对合理学校的学生，由此得出学校或班级规模过大对学生成绩有负面影响的结论。[②] 与之类似，有学者针对小班的教学效果进行研究，发现小班学生的学习成绩优于其他学生。[③]

第二，增加师生互动和纪律管理难度。学校和班级规模过大，对课堂活动的开展、教师教学技能的使用都会产生负面影响。[④] 在这样的环境中，师生互动的效率和频率相对较低，不利于学生，尤其是弱势群体和少数族裔儿童的发展。[⑤] 同时，班级规模大、学生多，会导致班级纪律的难以管理。如果需要在拥挤的课堂不断努力维持秩序，则会更容易引发教师的职业倦怠。[⑥]

① R. R. Fernandez & P. M. Micael Timpane, *Bursting at the Seams: Report of The Citizens' Commission on Planning for Enrollment Growth*, New York: Brooklyn, 1995, p. 75.

② Francisco L. Rivera-Batiz & Lilian Marti, *A School System at Risk: A Study of The Consequences of Overcrowding in New York City Public Schools* (*IUME Research Report No. 95-I*), New York: New York City Citizens' Commission on Planning for Enrollment Growth, 1995, pp. 4-17.

③ Jeremy D. Finn & Charles M. Achilles, "Tennessee's Class Size Study: Findings, Implications, Misconceptions", *Educational Evaluation & Policy Analysis*, Vol. 21, No. 2 (January 1999), pp. 97-109.

④ Gary Burnett, "Enrollment Growth and Overcrowding in New York City Schools", *IUME Briefs*, No. 6 (May 1996), pp. 1-6.

⑤ National Institution on Student Achievement, Curriculum, and Assessment (ED/OERI), *Reducing Class Size: What Do We Know*, Washington DC: Department of Education, 1998, p. 4.

⑥ Gary Burnett, "Overcrowding in Urban Schools. ERIC/CUE Digest Number 107", *New York: Eric Clearinghouse in Urban Education*, (July 1995), pp. 1-6.

纽约市公共代言人在 2000 年 12 月调查学区之后发现，小班额能够提升师生互动质量，让学生受到更多的个体关注，从而促使学生提出更多的问题，并让更多的学生参与讨论。美国政府部门也指出，减少班级规模有助于提高学生成绩，有助于教师更好地维持班级纪律。①

第三，影响学生学习和教师工作积极性。入学人数过多，导致学校空间严重不足。与此同时，办学经费紧缺导致资源供给能力有限，无法同步提高教育设施设备的更新速率。这就出现了一些学校规模过大、人员过密、设施设备相对陈旧的情况。这种拥挤的环境、陈旧的教育配套设施会影响在其中学习和工作的学生和教师的积极性，给他们带来不好的心理体验。IUME 研究人员调查了纽约市拥挤学校的 599 名学生和 213 名教师。结果显示，62.6% 的学生认为学校的学生太多了；50% 的学生感觉班级的空间太小太拥挤；40% 的学生觉得在这样的课堂上难以集中注意力学习新知识，也很难找到相对安静的地方学习；75% 的教师认为学校人员密度过大，严重影响了学校教育教学工作的开展质量。②

三、 教育资源配置水平不高

美国作为一个多种族移民国家，大规模的移民涌入对教育提出了更加多元化、个性化的要求。移民儿童有一定的语言障碍和文化差异，需要为他们培养和分配大量具备相应能力和资质的教师。在教育资源整体紧缺的情况下，如何优化布局，保证全体儿童享有公平而有质量的教育则更为艰难。

每年都有大量的非英语母语移民进入美国，这些来自不同国家的移民学生说着大约 120 种不同的语言。"英语能力有限"（Limited English proficient，

---

① N. Bascia, *Reducing Class Size: What Do We Know*, Ontario Institute for Studies in Education, 2010, p. 4.

② Gary Burnett, "Enrollment Growth and Overcrowding in New York City Schools", *IUME Briefs*, No. 6 (May 1996), pp. 1-6.

LEP）的学生数量增加，对移民流入地学校带来了一定的挑战。① 美国教育部 1992—1993 年的数据显示，满足 MEP 项目的学生中大约有 24% 的学生不太精通英语，有 90% 的学生并没有完整的英语语言环境，他们在家里往往不使用英语交流。② 迁徙农业工人和渔民的生活方式给其子女的教育带来多重障碍，如教育的不连续性、社会和文化的孤立、极端贫困和健康状况不佳等因素都导致这些学生更容易成为"学困生"。③ 为了给他们提供高质量的教育，提升英语水平是移民儿童首先应该解决的问题。④ 要充分配置具备语言教育能力的教师，帮助他们突破语言关，且给予更多的关注，确保他们跟上课程免于辍学。

此外，种族问题带来的优质教育资源分布不均，也是美国教育系统始终面临的未解难题。城市人口聚集背景下，美国的白人中产阶级大规模外迁，带走了大量的优质教育资源。纽约市的非白人人口从 1920 年的 2% 上升到 1970 年的 13%，总数由 160585 人上升到 1846021 人，占市总人口的 1/4。其中黑人占非白人人口的绝大多数。⑤ 由此导致城市出现少数族裔聚居区，这些聚居区域因教育资源配置水平较低而教育质量堪忧，存在大量亟待改善的薄弱学校。

---

① Gary Burnett,"Enrollment Growth and Overcrowding in New York City Schools", *IUME Briefs*, No. 6（May 1996），pp. 1-6.

② Willian E. Strang, Carlson E., Hoppe M. E., *Services to Migrant Children: Synthesis and Program Options for the Chapter 1 Migrant Education Program. Supplementary Volume of the Final Report of the National Assessment of the Chapter 1 Program*, Washington DC: Department of Education, 1993, pp. 11-20.

③ David Strang & Patricia Mei Yin Chang,"The International Labor Organization and The Welfare State: Institutional Effects on National Welfare Spending, 1960-80", *International Organization*, Vol. 47, No. 2（Spring 1993），pp. 235-262.

④ M. Henderson, J. Brown & M. Paine,"Injuries to Restrained Children", *Proceedings of The Thirty-Eighth Annual Conference of The Association for The Advancement of Automotive Medicine*, Vol. 38,（1994），pp. 75-87.

⑤ 吴佳妮:《大都市郊区化进程中的人口变迁与义务教育均衡政策探析——以纽约市为例》,《比较教育研究》2014 年第 7 期。

第三节　学校布局调整的应对措施

学龄人口聚集带来的受教育需求激增，对学校的空间布局、硬件配套设施建设、教师资源供给、教育经费供给等方面都提出了更高的要求。对此，美国采取了一系列兼具预见性、科学性和灵活性的学校布局调整举措，一方面解决当前学位紧张问题，另一方面也为人口持续增长产生的教育需求提供配套保障。

一、"整体圈层+内部网格" 规划教育布局

美国学校布局调整的科学性很大程度得益于早期的城区规划，合理规划为人口聚集阶段的需求提供了一定的空间弹性。美国的早期城市布局规划基本上遵循了"整体圈层化，内部网格化"的模式，这种布局模式结合了不同圈层学龄人口的分布密度特点，使得位于城市不同区域的儿童都能实现步行距离内的就近入学。

美国在早期布局阶段，逐渐形成了圈层化的城市布局模式。从城市中心到乡村分成了五个区域，分别为第一圈层——核心城区（Urban Core Zone）、第二圈层——中心城区（Urban Center Zone）、第三圈层——综合城区（General Urban Zone）、第四圈层——郊区（Suburban Zone）和第五圈层——乡村（Rural Zone）。[①] 其中的第一圈层核心城区，又被称为市中心（Downtown），主要是以商务和办公用地为主，居民楼较少。这一区域通常是城市的交通枢纽，有地铁线从这里往四方的郊区放射；位于第二圈层的中心城区特点是居民楼比较密集、楼层较高，建筑多为公寓。这里人口密度较大，但不适合家

---

① Andres Duany & Emily Talen，"Transect planning"，*American Planning Association. Journal of the American Planning Association*，Vol. 68，No. 3（Summer 2002），pp. 245-266.

庭居住，多为未婚的年轻白领集结于此；与核心城区和中心城区的商住混合用地不同的是，位于第三圈层的综合城区仅限居住用地，不建商店，但商住距离步行可达，方便居民生活和学生步行上学。但这一区域的房价较高，美国除少数高薪群体外难以购买；第四圈层是郊区，居民区密度较低。

基于不同圈层学龄人口的分布特点，美国开始探索城市内部的布局模式——"网格式"布局，这种布局主要经历了三个阶段。第一阶段，"邻里单位"（Neighbourhood unit）阶段。1929年，科拉伦斯佩里（Clarence Perry）在《纽约区域规划与它的环境》（Regional Planning of New York and Its Environs）一书中提出"邻里单位"理论，系统地阐述了"邻里单位"社区规划设计思想，他指出"邻里单位"设计要考虑规模（Size）、边界（Boundaries）、开放空间（Open Spaces）、公共设施区位（Institution Site）、地方商店（Local Shops）和内部街道系统（Internal Street System）6个要素。[①] 从此开始逐渐出现了针对网格内部更为详细的规划，以保证各网格内的学生可以更加便捷地就近入学。佩里还提出："小学应该是社区的首都，所有活动均需分布于半径800m的范围内围绕小学来进行。"[②] "邻里单位"规模由小学合理规模确定，"邻里单位"的规模约为5000人，小学的合理规模约400人，并使小学生上学不穿过城市道路。[③] 佩里将家庭作为建立社区的导向，旨在推动邻里中心建设。[④] 以开发独立式住宅为例，一所小学大概要容纳由5000人组成的社区中的全部小学生，如果开发公寓式住宅，那么小学容纳的人数可能要更多。这种规划模式的好处在于小学生家校距离较

① 李强：《从邻里单位到新城市主义社区——美国社区规划模式变迁探究》，《世界建筑》2006年第7期。

② William M. Rohe & Lauren B. Gates, *Planning with neighborhoods*, North Carolina：UNC Press Books，1985，p. 26.

③ 李强：《从邻里单位到新城市主义社区——美国社区规划模式变迁探究》，《世界建筑》2006年第7期。

④ 许皓、李百浩：《思想史视野下邻里单位的形成与发展》，《城市发展研究》2018年第4期。

近，且主要交通干道环绕"邻里单位"而建，内部没有汽车穿行，学生步行上学的交通安全有了更好的保障。

第二阶段，传统邻里开发模式。这一模式是在 20 世纪二三十年代"邻里单位"社区规划模式基础上提出的，但在规划思想上已与"邻里单位"有了根本性的区别。具体来说，小学从位于邻里中心变为可以由几个邻里共享的邻里边缘，邻里规模从由小学规模确定变为由步行尺度确定，公共设施从布置在邻里中心到邻里边缘，交通路口从布置商店变为布置大容量的停车场，同时更加强调建立步行以及公交友好的交通模式。①

第三阶段是 20 世纪八九十年代兴起的新城市主义社区规划模式。② 该模式旨在创造一个步行友好的、利于公共交往、高密度、紧凑的社区来应对战后席卷全美的城市蔓延及其伴生的经济、社会以及环境等问题，促进公共领域的生活、为多类型交通创造公平的环境、倡导不同阶层的融合，以用紧凑的高密度发展模式替代传统蔓延式城市空间扩展模式是其核心理念。③

二、　郊区化模式拓展教育空间

伴随着城市人口数量的大幅增加，城市内部出现了一种特殊的空间迁移现象——郊区化，即市民以家庭为单位从城市中心迁往位于城市外层的郊区居住生活。20 世纪 20—60 年代，美国中心城区人口占城市人口比例逐年下降，郊区人口比例逐年上升，至 1963 年郊区人口与城区人口比例持平。（见附表 4）

①　李强：《从邻里单位到新城市主义社区——美国社区规划模式变迁探究》，《世界建筑》2006 年第 7 期。

②　Susan S. Fainstein & James DeFilippis, *Readings in Planning Theory*, Wiley：Blackwell, 2012，pp. 1-2.

③　李强：《从邻里单位到新城市主义社区——美国社区规划模式变迁探究》，《世界建筑》2006 年第 7 期。

附表 4   1900~1960、1963 年城区与郊区人口占城市总人比例口变化情况

年份	总人口（人）	城区人口（人）	占比（%）	郊区人口（人）	占比（%）
1900	31895	19825	62.2	12070	37.8
1910	42094	27175	64.6	14919	35.4
1920	52631	34725	66.0	17907	34.0
1930	66915	43207	64.6	23708	35.4
1940	72834	45652	62.7	27182	37.3
1950	89317	52386	58.7	36931	41.3
1960	112885	58004	51.4	54881	48.6
1963	118761	—	50.0	—	50.0

资料来源：U. S. Bureau of the U. S. Census of Population：1960. Selected Area Reports. Standard Metropolitan Statistical Areas. Final Report（PC（3）—2D）。

美国郊区化迁移现象的出现是政府引导和市民自主选择的共同结果，由郊区化带来的郊区人口激增主要分为三个阶段。第一阶段，20 世纪 30 年代的政策引导促进了无力在城市购房的美国人迁往郊区定居。为刺激经济复苏，罗斯福上台后于 1934 年成立了联邦住宅管理机构，鼓励居民在郊区购买房产，规定购买者只需提供 10% 的首付款。这一措施极大地促进了美国城市的郊区化。第二阶段，二战后的婴儿潮导致城市日趋拥挤，且难以提供足以适应需求的教育资源，促使原本生活在城市中心的中产阶级自愿选择迁往郊区。第三阶段，1977 年开始的婴儿潮回声中郊区人口与城市一样迎来了新一轮的新生儿激增，而且这种数量的增加是持续性的，短时间内没有规模收缩的趋势。再加上移民的增加加剧了这种现象，导致成千上万的学区面临学龄人口的全面增长。许多郊区学区面临着超出以往任何时候的学位压力。1996—1998 年，堪萨斯州欧弗兰帕克的蓝谷学区入学人数从 14403 名增加到 15900 名，明尼苏达州罗斯蒙特的苹果学区入学人数增加了 1713 名，密苏里

州尤里卡洛克伍德学区的入学人数也增加了 1000 多名。[①]

郊区相对中心城区有较为充裕的土地资源，可以建立新学校以容纳不断迁入郊区的城市学龄人口。因此在郊区新建学校就成为缓解入学人数压力的应对之策。位于亚特兰大郊区的富尔顿县学区，在新建学校缓解入学压力方面位居全美前列。富尔顿县在十年间新建了 18 所学校，另有 17 所学校待建（其中包括 14 所小学和 3 所中学），并计划再用五年满足学生入学需求。[②]

三、　高效整合有限教育资源

在经历了早期布局和向郊区扩展阶段后，学龄人口仍持续攀升，入学人数只增不减。但是当时的美国无论是城市还是郊区都几乎没有更多的教育用地，加之教育经费紧张导致新建学校困难重重。美国的学校布局逐步过渡到内部调整阶段，即通过提高现有资源的利用效率来应对学位紧张的问题。

（一）全面扩展空间保证学校运转

教室是学校开展教育教学活动的场所，是一所学校必备的硬件设施，充足的教室是学校正常运转的基础。由于现有学校教室数量有限，美国尝试通过使用临时性场所作为周转教室。

1. 搭建校内便携式教室

美国有许多公司提供便携式教室（Portable Classroom）工程的建设服务，可以根据学校的空间大小、形状、班级规模提供合适规格和数量的便携式教室。便携式教室可以根据资金和实际需求配备相关的配套设施，包括粉笔

---

① Richard W. Riley, *A Back to School Special Report on The Baby Boom Echo：America's Schools Are Overcrowded and Wearing Out*, Washington DC：U. S. Department of Education, 1998, p. 10.

② Richard W. Riley, *A Back to School Special Report on The Baby Boom Echo：America's Schools Are Overcrowded and Wearing Out*, Washington DC：U. S. Department of Education, 1998, p. 10.

板、白板、多媒体投影、课桌、椅子、中央空调等。（如附图 4）

附图 4　便携式教室外景

图片来源：https：//www. willscot. com/portable—classrooms/**49**-x-**14**-classroom-**41**。

　　20 世纪 90 年代初，加利福尼亚州的便携式教室已经非常普遍。有 72%
的加州公立学校使用便携式教室，使用该教室的学生数量占该州公立学校学
生数量的 27%。全州约有 48 万个便携式教室，有 120 万名学生使用这些教
室上课。截至 1999 年，有 216 万（超过 35%）的加州公立学校学生使用便
携式教室上课。①

　　佐治亚州的富尔顿县学区是亚特兰大郊区的一部分，是美国发展最快的
学区之一，该区使用了 327 个拖车（Trailers）作为教室。佛罗里达州的布劳
沃德县学区在 1990 年到 1995 年之间建造了 21 所学校，并成为美国的"便

---

　　① Douglas D. Ready, Valerie E. Lee & Kevin G. Welner, "Educational Equity and School
Structure：School Size, Overcrowding, and Schools-Within-Schools", *Teachers College Record*, Vol.
106, No. 10 (January 2004), pp. 1989-2014.

携式首府"，拥有多达 2000 个便携式教室。[①]（如附图 5）

附图 5　便携式教室内景

图片来源：https：//www. willscot. com/portable-classrooms/49-x-14-classroom-41。

2. 校外租赁其他场所用于教学

许多学校租用体育馆等非教育教学场所作为教室，以应对入学人数激增导致的学位供给不足。这种方式的优势在于：第一，租赁所消耗的时间成本远远少于建设新学校，因此可以快速解决学龄人口涌入的问题，用较短的时间为学生提供更多的学位。第二，租赁的方式相比新建学校而言可以节约更多的建筑成本，而且灵活性较强。一旦学生入学人数减少或趋于稳定，可以随时停止或减少租赁数量。[②]

但是租赁教室也有弊端。这些租赁的场所原本并非用于教育教学工作，

[①]　Richard W. Riley, *A Back to School Special Report on The Baby Boom Echo*：*America's Schools Are Overcrowded and Wearing Out*, Washington DC：U. S. Department of Education, 1998, p. 10.

[②]　Gary Burnett,"Enrollment Growth and Overcrowding in New York City Schools", *IUME Briefs*, No. 6（May 1996）, pp. 1-6.

在最初建设时不是依照教室的建造标准予以规范和进行相关配套。因此其硬件设施比如电气、照明、安全、取暖系统、地面建设以及其他基础设施建设方面往往不能适应教育需求。

（二）提高现有学校资源利用效率

使用便携式教室需要满足的条件是校园内或者其他地方有充足的空地放置便携式教室，租赁其他场所的前提则是需要有符合条件的场所处于闲置状态，可以被租赁。随着城市人口密度不断增加，城市土地资源日益紧张，可用于发展教育的空间更为有限。因此，除向外扩展新空间外，还需要探索创新模式充分提高现有资源的利用效率。

1. 适度扩大班级规模

提供更多学位最直接的办法就是扩大班级规模，一些学校通过这种方式使班级容纳更多的学生，从而迅速缓解学龄人口激增的压力。但是班级规模过大也会影响教育教学效果，因此确定合适的标准是理性扩大班级规模的前提。学术界对于标准的班级规模始终存在争议。有研究证明班级规模大并不会降低学生成绩，甚至有积极的影响。[1] 实际上，合适班级规模的确定受师资、生源和硬件设施等多个因素的影响，很难进行统一的具体规定。基于此，有学者在提出一个教室最多可以容纳 35 名学生的同时，附加了对生均面积的限制条件，提出生均面积应为 25—28 平方英尺。[2]

2. 调整学校运转时间表

使用多轨时间表，错峰安排不同组别的学生使用同一学校场地进行教育教学活动也可以提升学校的空间利用效率。美国有将近 5% 的学校使用这种方法来缓解学位紧张的压力，具体的时间错峰方案在设计上有所不同。第一

---

① Gary Burnett, "Enrollment Growth and Overcrowding in New York City Schools", *IUME Briefs*, No. 6（May 1996）, pp. 1–6.

② U. S. Department of Health, *Education & Welfare Office of Education*, *Preliminary Guide for Planning A Secondary School Building Program*, Texas：Texas Education Agency, 1969, p. 24.

种是使用学校全天运转时间表。一部分学生使用早七点到中午的上午时间段上课，一部分学生使用中午到下午 5 点的下午时间段上课，这样可以保证在同一空间内有可容纳原来两倍的学生接受教育。但有研究显示，这样的上课时间安排会对学生成绩和学校氛围产生负面影响，因此这一方案仅作为解决入学人数过多、学位不足的应急预案，而非常规的做法。① 第二种是使用学校全年运转时间表。许多学校把学生分成 3—4 组，不放寒暑假的全年开放运转，在一年的不同时间段使用教室。② 2000—2001 学年期间，有超过 3000 所美国学校录取了 200 多万名学生，这些学校就是采用全年式的运转模式。③ 加利福尼亚州有近 25% 的学校（超过 100 万学生）使用全年制。④ 这种方式短期来讲可能比新建学校成本低，但是长远来看可能成本更高。为了维持这种方式长期正常运转，学校在公共事业、交通、维护和员工工资方面可能花费更多。尤其对于较古老的学校而言，夏季因不放暑假而增配空调也会增加运营成本。⑤

3. 创建"校中校"

美国为了缩小学校规模，为学生提供更好的教育服务，创新采用了"校中校"模式。早在 1964 年的时候就有学者提出了这样一种高中的特殊校园模式。⑥ 到了 1995 年，雷威德（Raywid）提出这是一种类似于"迷你学校"

---

① Gary Burnett, "Enrollment Growth and Overcrowding in New York City Schools", *IUME Briefs*, No. 6 (May 1996), pp. 1-6.

② Gary Burnett, "Enrollment Growth and Overcrowding in New York City Schools", *IUME Briefs*, No. 6 (May 1996), pp. 1-6.

③ Douglas D. Ready, Valerie E. Lee & Kevin G. Welner, "Education Equity and School Structure: School Size, Overcrowding, and Schools-Within-Schools", *Teachers College Record*, Vol. 106, No. 10 (January 2004), pp. 1989-2014.

④ Ross E. Mitchell & Douglas E. Mitchell, "Student Segregation and Achievement Tracking in Year-Round Schools", *Teachers College Record*, Vol. 107, No. 4 (April 2005), pp. 529-562.

⑤ Gary Burnett, "Overcrowding in Urban Schools. ERIC/CUE Digest Number 107", *New York*: *Eric Clearinghouse in Urban Education*, (July 1995), pp. 1-6.

⑥ Roger G. Barker & Paul V. Gump, *Big School*, *Small School*: *High School Size and Student Behavior*, *Stanford CA*: *Stanford University Press*, 1964, p. 30.

（Minischool）的组织单位，单位里面的学校在行政上都是彼此独立的，各自直属于学区。在 2001 年有学者在全国范围内寻找"校中校"模式的学校时，发现它们大多都位于纽约市。① 曼哈顿的朱莉娅里奇曼教育中心由六所小型自治学校组成，这些学校都位于一栋大楼内。② 现在这种"校中校"模式的学校开办实例并不多，而且学者们只是在着力证明这种办学模式的优势，但尚没有明确的结论证明效果很好。同时还有学者发现，学校在分校的过程中可能会根据学生的种族和社会阶层、学业基础以及发展需求等状况对生源进行筛选。③ 由此可见，"校中校"模式在促进学生个性化发展的同时，也易加剧阶层分化和种族隔离等问题，不利于实现教育公平。

4. 学区内重新调配生源分布

美国学校也存在学区内教育资源分布不均的现象，对于一些名校而言，学生人满为患、学位难求，但薄弱学校却经常有空余学位。为了缓解部分学校规模过大、学生过多的情况，美国有些学区采取了在学区内整体调配生源的方式保证各学校的学生数量相对均衡。通常这种疏散有三种方式：

第一，重新划分入学区域。在学生分布较密集的地区，一些学校往往因教学质量较高而人满为患，但相对薄弱学校却有较多空余学位。根据家校距离等因素重新划分学生就近入学的指定学校，通过行政手段改变区域范围和边界，保证学区各学校的利用率尽可能相等，并鼓励学生自愿分散入学。这种改变地区边界的方式可以平衡整个地区的建筑利用率，在减轻大规模学校

---

① Valerie E. Lee, Douglas D. Ready & David J. Johnson, "The Difficulty of Identifying Rare Samples to Study: The Case of High Schools Divided into Schools-Within-Schools", *Educational Evaluation and Policy Analysis*, Vol. 23, No. 4 (December 2001), pp. 365–379.

② Evans Clinchy, *Creating New Schools: How Small Schools Are Changing American Education*, New York: Teachers College Press, 2000, pp. 101–120.

③ Douglas D. Ready, Valerie E. Lee & Kevin G. Welner, "Educational Equity and School Structure: School Size, Overcrowding, and Schools-Within-Schools", *Teachers College Record*, Vol. 106, No. 10 (January 2004), pp. 1989–2014.

招生负担的同时，更有效地利用入学率不高的学校。①

　　第二，通过"磁石学校"（Magnet School）和特殊学校计划，吸引优质学生进入尚未招满的学校，反向吸引优秀师资和其他生源进入。"磁石学校"是为改善学业质量以及为特长学生提供一系列计划，允许父母在几所提供特色课程主题或教学方法的学校间进行选择。② 这种方式既优化了学区内各学校的学生分布，也改进了薄弱学校。③

　　第三，重新调配生源。将学校实际招生的学位数量设置为容量上限的92%，留下8%的机动额。使用线性规划的方法，综合考虑种族隔离、学生上学距离和上学交通问题，在一定区域内重新调配生源，将规模过大学校的学生分配到学位余量相对充足的学校。让他们均衡地在不同学校就读，保证学区内每所学校的入学率达到该校可容纳学生数量的92%。在美国除了考虑学生上学距离之外，还要考虑同一学校不同类型学生的比例，以保证教育公平。因此在入学率的指标分配上，对学生种族构成的要求通常为66%的白人和34%的黑人。这样规划既可解决短期的学位紧缺问题，也可以更清楚地明确学区内不同位置学校的学位需求，为新建扩建学校的选址提供依据。④ 到20世纪90年代，洛杉矶联合学区（LAUSD）有将近2.5万名儿童从高密度地区分散到拥有足够空间的远距离学校。⑤

---

　　① Gary Burnett,"Overcrowding in Urban Schools. ERIC/CUE Digest Number 107", *New York*: *Eric Clearinghouse in Urban Education*,（July 1995），pp. 1-6.

　　② 贺武华、李承先：《美国"磁石学校"的特色创新及其成效分析》，《比较教育研究》2009年第6期。

　　③ Gary Burnett,"Overcrowding in Urban Schools. ERIC/CUE Digest Number 107", *New York*: *Eric Clearinghouse in Urban Education*,（July 1995），pp. 1-6.

　　④ Donald W. Maxfield,"Spatial Planning of School Districts", *Annals of the Association of American Geographers*, Vol. 62, No. 4（December 1972），pp. 582-590.

　　⑤ William Welsh, Erin Coghlan & Bruce Fuller, et al. ,"New Schools, Overcrowding Relief, and Achievement Gains in Los Angeles-Strong Returns from a ＄19. 5 Billion Investment", *Policy Analysis for California Education*,（August 2012），pp. 1-12.

（三）保证相关配套资源及时供给

在保证学位充足的同时，相关配套资源的齐备也是教育教学工作顺利开展的重要条件。

1. 吸引优秀教师

学龄人口激增的现象在加利福尼亚、内华达、佛罗里达和德克萨斯等州格外明显，其中一些经济发展水平较为落后的城市由于原本师资储备不足，因此对师资的需求骤增。为应对这一问题，美国各州采取了若干措施。如，有的州在新教师开始教学生涯时，给予强有力的专业发展支持，以便使教师留在教学行业内，同时促进教育均衡。[1] 也有的州根据学生成绩的进步情况，为优秀教师提供奖金。2007 年 10 月 22 日，纽约市长布隆伯格在每周电台广播中讨论了具有里程碑意义的公立学校教师奖金计划。当年向多达 200 所"高需求"学校的教师提供新的全校奖金，每名教师可获得相当于 3000 美元的津贴，有资格获得奖金的学校数量将在下一学年达到 400 所。[2]

2. 多渠道筹措办学资金

为了缓解学位紧张，洛杉矶联合学区在 2002—2012 年间投入超过 190 亿美元建设了 130 所新学校。2002—2008 年，有学者对经历了过度拥挤时期和新设施完成建设时期的学生与教师流动率进行了跟踪调查，发现新建学校在稳定生源和师资方面具有一定促进作用。[3]

---

[1] Richard W. Riley, *A Back to School Special Report on The Baby Boom Echo: America's Schools Are Overcrowded and Wearing Out*, Washington DC: U. S. Department of Education, 1998, p. 6.

[2] The Official Website of the City of New York, Mayor Bloomberg Discusses Landmark Public School Teacher Bonus Plan In Weekly Radio Address, https://www1. nyc. gov/office-of-the-mayor/news/382-07/mayor-bloomberg-landmark-public-school-teacher-bonus-plan-weekly-radio-address, 2007-10-22.

[3] William Welsh, Erin Coghlan & Bruce Fuller, et al., "New Schools, Overcrowding Relief, and Achievement Gains in Los Angeles - Strong Returns from a \$ 19. 5 Billion Investment", *Policy Analysis for California Education*, (August, 2012), pp. 1-12.

　　无论是新建学校、扩建学校还是对学校进行硬件修缮以容纳更多的学生，都需要大量的资金。1996 年的预测数据显示，近十年间公立中小学的年度经常性总支出预计增加 22%。① 为了解决资金不足的问题，美国联邦政府协同各地方相关部门采取了一系列举措。第一，政府增加财政投入建设新学校。1990 年，加利福尼亚州圣地亚哥的波威市因入学率增加 28% 而新建了 8 所学校。其中 5 所学校完全由国立学校建设计划资助，3 所由国家和地方联合资助，建设的成本和现代化项目经费总计超过 8200 万美元。第二，提高税收或发放教育债券。1997 年 3 月，富尔顿县选民投票通过了地方选项销售税，用于当地学校进行现代化建设。温哥华学区是华盛顿州历史最悠久的学区，在 1988—1998 年间学龄儿童增加了 31%，因此面临着学龄人口增加而学校容量有限的问题。温哥华学区对选民进行了两次民意调查最终通过了发行大量债券的决议，并使用这笔资金新建了 8 所学校，改造或扩建了 11 所学校。② 内华达州克拉克县学区也通过发行债券的方式，建造新学校和改造旧学校。③ 加利福尼亚州通过国家和地方学校建设债券来筹措资金，大约 67 亿美元的债券将用于建设或修复小学和中学。洛杉矶统一学区从 24 亿美元债券中拿出近 10 亿美元进行学校建设计划。④ 还有一些州如佐治亚州和北卡罗来纳州支持同时发行债券和增加税收，但也有一些州如阿拉巴马州和伊利

---

①　National Institution on Student Achievement, Curriculum, and Assessment (ED/O-ERI), *Reducing Class Size: What Do We Know*, U. S. Department of Education, 1998, p. 7.

②　Richard W. Riley, *A Back to School Special Report on The Baby Boom Echo: America's Schools Are Overcrowded and Wearing Out*, Washington DC: U. S. Department of Education, 1998, p. 7.

③　Richard W. Riley, *A Back to School Special Report on The Baby Boom Echo: America's Schools Are Overcrowded and Wearing Out*, Washington DC: U. S. Department of Education, 1998, p. 7.

④　Richard W. Riley, *A Back to School Special Report on The Baby Boom Echo: America's Schools Are Overcrowded and Wearing Out*, Washington DC: U. S. Department of Education, 1998, p. 7.

诺伊州的选民却并不支持。① 第三，基金会等社会组织增加教育投入。如安嫩伯格基金会投资 5 亿美元连续数年用于缩小城市学校规模，旨在创建"更小、更亲密的学习社区"。盖茨基金会也曾向纽约的学校捐助 5120 万美元，用于创建 67 所小型主题学校。②

---

① National Institution on Student Achievement, Curriculum, and Assessment (ED/O–ERI), *Reducing Class Size*: *What Do We Know*, U. S. Department of Education, 1998, p. 7.

② D. M. Herszenhorn, "Gates Gives Money to New York City to Start 67 Schools", *New York Times*, Vol. 26 (September 2003), p. 1.

参 考 文 献

著作类 (含报告、 年鉴):

[德]恩格斯:《反杜林论》,中共中央马克思、恩格斯、列宁、斯大林著作编译局编译,人民出版社 2018 年版。

[美]菲利普·H·库姆斯等著:《教育规划基础》,丁笑炯等译,上海教育出版社 2009 年版。

[美]劳伦斯·A·克雷明:《美国教育史 3 城市化时期的历程 1876—1980》,朱旭东等译,北京师范大学出版社 2002 年版。

[美]约翰·罗尔斯:《正义论》,何怀宏等译,中国社会科学出版社 1988 年版。

高等院校函授教材编写组编:《政治经济学》,人民出版社 1984 年版。

甘肃省教育委员会办公室编:《甘肃教育年鉴 2000》,甘肃文化出版社 2000 年版。

黄藤:《学校教育基本功能研究》,陕西人民教育出版社 2006 年版。

吉林省第六次人口普查领导小组办公室、吉林省统计局编:《吉林省 2010 年人口普查资料》,中国统计出版社 2012 年版。

李金河、徐锋:《当代中国公众政治参与和决策科学化》,人民出版社 2009 年版。

联合国教科文组织总部中文科译:《教育——财富蕴藏其中》,教育科学出版社 1996 年版。

刘英杰主编:《中国教育大事典(1949-1990)(上)》,浙江教育出版社 1993 年版。

毛礼锐、沈灌群主编:《中国教育通史》,山东教育出版社 1989 年版。

彭佩云主编:《中国计划生育全书》,中国人口出版社 1997 年版。

石鸥主编:《中国基础教育 60 年(1949-2009)》,湖南师范大学出版社 2009 年版。

苏林、张贵新主编:《中国师范教育十五年》,东北师范大学出版社 1996 年版。

孙培青主编:《中国教育史》,华东师范大学出版社 2000 年版。

王旭:《美国城市发展模式——从城市化到大都市区化》,清华大学出版社 2006 年版。

张乐天等:《新中国成立以来农村教育政策的回顾与反思》,北京师范大学出版社 2016 年版。

《中国教育年鉴》编辑部编:《中国教育年鉴(1949-1981)》,中国大百科全书出版社 1984 年版。

《中国教育年鉴》编辑部编:《中国教育年鉴(地方教育)1949-1984》,湖南教育出版社 1986 年版。

中华人民共和国国家统计局编:《中国统计年鉴 1984》,中国统计出版社 1984 年版。

中央教育科学研究所编:《中华人民共和国教育大事记(1949-1982)》,教育科学出版社 1983 年版。

朱洪法主编:《环境保护辞典》,金盾出版社 2009 年版。

论文类:

《34 亿?国务院调查显示全国新城新区规划人口严重失控》,《领导决策信息》2015 年第 42 期。

白亮、万明钢:《城乡义务教育一体化发展中县域学校布局优化的原则与路径》,《教育研究》2018 年第 5 期。

白亮、张竞文:《农村学校布局变化三十年的制度原因分析——基于农村基础教育投入管理体制的观察》,《教育发展研究》2014 年第 10 期。

白亮:《城乡义务教育学校布局统筹政策三十年:价值路向与定位》,《社会科学战线》2018 年第 6 期。

包蕾萍:《"马赛克化"半整合:城市外来务工子弟精神价值研究》,《当代青年研究》2010 年第 5 期。

曹海:《学龄人口变化对基础教育可持续发展的影响研究》,《辽宁教育》2006 年第 12 期。

曹浩文:《超大城市人口与教育互动关系中的新挑战与新影响——以北京为例》,《当代教育论坛》2017 年第 5 期。

陈进:《上海义务教育阶段家长择校意向调查》,《上海教育科研》2013 年第 1 期。

陈良雨、陈建:《教育督导现代化:制度逻辑、现实挑战与行动策略——基于教育治理能力提升的视角》,《四川师范大学学报(社会科学版)》2017 年第 5 期。

程红艳:《区域内学校非均衡发展与社会阶层分化——以中部省会城市 W 区为例》,《教育研究与实验》2008 年第 3 期。

褚宏启、贾继娥:《新型城镇化与教育管理改革》,《教育发展研究》2015 年第 23 期。

崔红艳、徐岚、李睿:《对 2010 年人口普查数据准确性的估计》,《人口研究》2013 年第 1 期。

单丽卿、王春光:《"撤点并校"的政策逻辑》,《浙江社会科学》2015 年第 3 期。

党志平:《关于农村义务教育阶段学校布局调整问题的思考》,《教学与管理》2016 年第 15 期。

邓丰、朱凯:《上海高层住宅被动式超低能耗设计策略研究》,《住宅科技》2018 年第 2 期。

丁学森、邬志辉:《新型城镇化下对城市义务教育资源承载力的省思》,《现代教育管理》2015 年第 3 期。

段茹宏:《农村义务教育学校布局调整标准之理性思考》,《教学与管理》2017 年第 15 期。

范铭、郝文武:《对农村学校布局调整三个"目的"的反思——以陕西为例》,《北京大学教育评论》2011 年第 9 期。

范先佐、付卫东:《农村义务教育新机制:成效、问题及对策》,《华中师范大学学报(人文社会科学版)》2009 年第 4 期。

范先佐、郭清扬:《我国农村中小学布局调整的成效、问题及对策——基于中西部地区 6 省区的调查与分析》，《教育研究》2009 年第 1 期。

范先佐：《义务教育均衡发展与农村教育难点问题的破解》，《华中师范大学学报（人文社会科学版）》2013 年第 2 期。

范先佐：《布局调整与城乡教育一体化》，2017 年农村教育国际学术研讨会论文集。

傅维利、刘伟：《学校规模调控的依据与改进对策》，《教育研究》2013 年第 1 期。

甘琼英：《义务教育阶段农村寄宿制学校管理的现状与思考——基于 G 省 23 所农村寄宿制学校的调查》，《上海教育科研》2014 年第 5 期。

葛新斌：《农村教育投入体制变迁 30 年：回顾与前瞻》，《华南师范大学学报（社会科学版）》2008 年第 6 期。

郭凯：《我国农村学校布局调整政策执行偏差的主要原因及对策》，《广东第二师范学院学报》2017 年第 4 期。

郭岚、张祥建、李远勤：《人口红利效应、产业升级与长三角地区经济发展》，《南京社会科学》2009 年第 7 期。

郭清扬：《农村学校布局调整与教育资源合理配置》，《教育发展研究》2008 年第 7 期。

郭文选：《国家地理百年大发现》，《贵阳文史》2009 年第 6 期。

国务院发展研究中心农村部课题组、叶兴庆、徐小青：《从城乡二元到城乡一体——我国城乡二元体制的突出矛盾与未来走向》，《管理世界》2014 年第 9 期。

何尚武、赖志超：《梅州百年老校的生存状态与保护对策探讨——基于世界客都梅州市的系统调查与思考（一）》，《嘉应学院学报（哲学社会科学）》2015 年第 7 期。

赖志超、何尚武：《梅州百年老校的文化传承与发展—基于世界客都梅州市的系统调查与思考（二）》，《嘉应学院学报（哲学社会科学）》2015 年第 10 期。

何双梅：《农村学校布局调整要关注学生安全问题》，《中国教育学刊》2009 第 5 期。

和学新：《班级规模与学校规模对学校教育成效的影响——关于我国中小学布局调整问题的思考》，《教育发展研究》2001 年第 1 期。

贺武华、李承先：《美国"磁石学校"的特色创新及其成效分析》，《比较教育研究》2009 年第 6 期。

胡焕庸：《中国人口之分布——附统计表与密度图》，《地理学报》1935 年第 2 期。

胡永、罗德红:《基础教育学校的"大班额"现状、原因与出路——基于广西玉林市和贵港市的调研》,《现代教育科学》2014年第10期。

黄建辉:《城区义务教育学校大班额问题成因及其化解》,《教学与管理》2014年第31期。

黄建辉:《城市中小学教育用地问题探析》,《教学与管理》2014年第1期。

金祥荣、赵雪娇:《中心城市的溢出效应与城市经济增长——基于中国城市群2000—2012年市级面板数据的经验研究》,《浙江大学学报(人文社会科学版)》2016年第5期。

赖斯捷、李新宇:《与城市扩容同频共振——长沙市岳麓区普及普惠学前教育》,《湖南教育(C版)》2017年第10期。

雷万鹏、张婧梅:《构建公正的学校撤并程序——对民众参与度和满意度的实证调查》,《全球教育展望》2011年第7期。

雷万鹏:《义务教育学校布局:影响因素与政策选择》,《华中师范大学学报(人文社会科学版)》2010年第5期。

雷万鹏:《义务教育学校布局调整——研究进展与难题破解》,《华中师范大学学报(人文社会科学版)》2014年第5期。

李彬彬、葛文怡、吴玲:《农村幼儿园布局调整的原则及路径》,《教育研究》2017年第4期。

李汉东、李流:《中国2000年以来生育水平估计》,《中国人口科学》2012年第5期。

李汉学:《"腾笼换鸟":城区中小学布局调整的一种模式探索》,《教育理论与实践》2016年第7期。

李浩:《城镇化率首次超过50%的国际现象观察——兼论中国城镇化发展现状及思考》,《城市规划学刊》2013年第1期。

李玲、杨顺光:《"全面二孩"政策与义务教育战略规划——基于未来20年义务教育学龄人口的预测》,《教育研究》2016年第7期。

李敏、叶昌东:《高密度城市的门槛标准及全球分布特征》,《世界地理研究》2015年第1期。

李强:《从邻里单位到新城市主义社区——美国社区规划模式变迁探究》,《世界建筑》2006 年第 7 期。

李廷洲、薛二勇、赵丹丹:《中小学教职工编制的政策分析与路径探析》,《教育研究》2016 年第 2 期。

李颖:《从辽宁"新民模式"看农村校车发展之路》,《中国教育学刊》2012 年第 9 期。

厉以宁:《论教育在经济增长中的作用》,《北京大学学报(哲学社会科学版)》1980 年第 6 期。

梁勇、马冬梅:《现阶段我国城市流动人口变动的新特点及服务管理创新》,《理论与改革》2018 年第 1 期。

廖其发:《论我国基础教育学校布局调整的基本原则与主要策略》,《河北师范大学学报(教育科学版)》2018 年第 1 期。

刘冬:《县域中小学校布局调整模式的构建性研究》,《现代教育管理》2015 年第 3 期。

刘建银、黄淑柯:《我国小学教师需求与培养规模的变动趋势分析》,《教育科学》2011 年第 2 期。

刘静、解光穆:《基于中小学生视角的学校布局调整的实证分析与建议——以宁夏回族自治区为例》,《现代中小学教育》2014 年第 1 期。

刘蓉、李建荣、符丽园:《城乡结合部学校布局调整与资源配置研究——以湖南省株洲县为例》,《中国教育学刊》2010 年第 4 期。

刘善槐、王爽、武芳:《我国农村小规模学校教师队伍建设研究》,《教育研究》2017 年第 9 期。

刘善槐、韦晓婷、朱秀红:《农村学校公用经费测算标准研究》,《中国教育学刊》2017 年第 8 期。

刘善槐、邬志辉、史宁中:《我国农村学校教师编制测算模型研究》,《教育研究》2014 年第 5 期。

刘善槐、邬志辉:《农民工随迁子女普惠性民办校发展的困境与政策应对》,《华中师范大学学报(人文社会科学版)》2015 年第 5 期。

刘善槐、邬志辉:《我国农村教师编制的关键问题与改革建议》,《人民教育》2017 年第 7 期。

刘善槐、朱秀红、李畇赟:《农村教师编制制度改革研究》,《中国教育学刊》2019 年第 1 期。

刘善槐、王爽:《我国义务教育资源空间布局优化研究》,《教育研究》2019 年第 12 期。

刘善槐:《科学化·民主化·道义化——论农村学校布局调整决策模型的三重向度》,《教育研究》2012 年第 9 期。

刘善槐:《我国农村地区学校撤并的问题与对策研究——基于东中西六地的调查分析》,《湖南师范大学教育科学学报》2011 年第 5 期。

刘善槐:《我国城镇义务教育学校布局调整研究》,《教育研究》2015 年第 11 期。

刘善槐:《新城镇化、"单独二孩"政策与学校布局调整新走向》,《东北师大学报(哲学社会科学版)》2015 年第 4 期。

刘善槐:《我国农村教师编制结构优化研究》,《教育研究》2016 年第 4 期。

鲁静芳、左停:《乡镇撤并的城镇化效应的实证研究——以苏北地区的城镇化改革》,《城市发展研究》2006 年第 6 期。

陆梦秋:《撤点并校背景下农村义务教育服务半径分析》,《经济地理》2016 年第 1 期。

罗兴才:《建立健全农村教育经费的投入保障机制》,《湖北教育(政务宣传)》2003 年第 14 期。

马佳宏、王贤:《城市中小学布局结构调整问题探讨——以桂林市为例》,《教育发展研究》2008 年第 21 期。

马佳宏:《城乡义务教育教师队伍结构性失衡的问题与对策——基于广西情况的分析》,《广西师范大学学报(哲学社会科学版)》2013 年第 2 期。

孟庆瑜:《当前我国农村义务教育面临的突出问题和对策建议》,《教育理论和实践》2008 年第 5 期。

孟兆敏、吴瑞君:《上海市基础教育资源供需的现状、问题及对策研究》,《上海教育科学》2013 年第 2 期。

苗运全:《优化机构编制资源配置的探索与思考》,《机构与行政》2018 年第 2 期。

明庆华、王传毅:《亟待关注的中心城市城区义务教育发展不均衡问题》,《教育理论与实践》2013 年第 7 期。

聂留军:《合理增加教师编制 发展鲁山教育事业》,《教育现代化》2015 年第 11 期。

庞丽娟:《当前我国农村中小学布局调整的问题、原因与对策》,《教育发展研究》2006 年第 4 期。

祁占勇、王君妍、司晓宏:《我国西北地区义务教育均衡发展的现实困境与政策选择——基于国家教育督导〈反馈意见〉的研究》,《中国教育学刊》2017 年第 10 期。

秦玉友:《中国城镇教育扩容压力传递机制与应对策略研究》,《教育研究》2017 年第 1 期。

邵泽斌、张乐天:《化解义务教育择校矛盾为什么这么难》,《教育研究》2013 年第 4 期。

申美云、张秀琴:《教育成本、规模效益与中小学布局结构调整研究》,《教育发展研究》2004 年第 12 期。

沈健美、刘丽娟、王鑫:《学校规模大好,还是小好? ——西方学校规模实证研究及其思考》,《世界教育信息》2010 年第 6 期。

石人炳:《我国人口变动对教育发展的影响及对策》,《人口研究》2003 年第 1 期。

石人炳:《国外关于学校布局调整的研究及启示》,《比较教育研究》2004 年第 12 期。

石人炳:《"单独二孩政策"实施初期的出生堆积及其特点》,《人口与经济》2014 年第 5 期。

石忆邵、尹昌应、王贺封登:《城市综合承载力的研究进展及展望》,《地理研究》2013 年第 1 期。

史成礼、王健:《我国计划生育政策变化过程的探讨》,《西北人口》1983 年第 3 期。

谈松华:《农村教育:现状、困难与对策》,《北京大学教育评论》2003 年第 1 期。

汤兆云:《建国以来中国共产党人口政策的演变与创新》,《科学社会主义》2010 年第 3 期。

唐开福:《城镇化进程中乡村文化的传承困境与学校策略》,《湖南师范大学教育科学学报》2014 年第 2 期。

唐荣德:《论学校生活中学生发展的实现》,《广东师范大学学报》2009 年第 6 期。

田宝军、穆冬雨:《小学阶段"大班额"问题及其对策》,《教学与管理》2017 年第 2 期。

万昆:《基础教育设施布局规划实施制度探讨》,《规划师》2011 年第 2 期。

万明钢、白亮:《"规模效益"抑或"公平正义"——农村学校布局调整中"巨型学校"现象思考》,《教育研究》2010 年第 4 期。

王北生:《教育的人性基础与人性化教育》,《教育科学》2010 年第 4 期。

王丰、安德鲁·梅森、沈可:《中国经济转型过程中的人口因素》,《中国人口科学》2006 年第 3 期。

王广州、胡耀岭:《我国生育政策的历史沿革及发展方向》,《中国党政干部论坛》2012 年第 11 期。

王广州:《生育政策调整研究中存在的问题与反思》,《中国人口科学》2015 年第 2 期。

王继倩:《为新乡教育均衡发展上一道"法律保险"》,《人大建设》2017 年第 11 期。

王金营、戈艳霞:《2010 年人口普查数据质量评估以及对以往人口变动分析校正》,《人口研究》2013 年第 1 期。

王小龙:《义务教育"两免一补"政策对农户子女辍学的抑制效果——来自四省(区)四县(旗)二十四校的证据》,《经济学家》2009 年第 4 期。

王帅,王祈然:《农村学校布局调整政策:背景、形成、实施与启示》,《湖南师范大学教育科学学报》2015 年第 3 期。

王岩:《北京城市圈层结构研究》,《中国商贸》2014 年第 23 期。

魏海政:《抓住三要素,山东省将用两年时间解决大班额》,《人民教育》2016 年第 12 期。

邬志辉、李静美:《农民工随迁子女在城市接受义务教育的现实困境与政策选择》,《教育研究》2016 年第 9 期。

邬志辉、史宁中:《农村学校布局调整的十年走势与政策议题》,《教育研究》2011 年第 7 期。

邬志辉、王存:《农村被撤并学校资产处置的政策选择》,《教育发展研究》2009 年第

21 期。

邬志辉:《中国农村学校布局调整标准问题探讨》,《东北师大学报(哲学社会科学版)》2010 年第 5 期。

吴宏超、赵丹:《农村学校合理布局标准探析——基于河南省的调查分析》,《教育发展研究》2008 年第 17 期。

吴佳妮:《大都市郊区化进程中的人口变迁与义务教育均衡政策探析——以纽约市为例》,《比较教育研究》2014 年第 7 期。

吴玲、汪秋萍、葛文怡:《农村幼儿园布局调整的挑战、评价与策略——基于安徽省各地市学前教育的调查分析》,《安徽师范大学学报(人文社会科学版)》2016 年第 6 期。

吴培乐:《教育资源承载力及其测评研究》,《陕西教育学院学报》2010 年第 3 期。

吴遵民、沈俊强:《论择校与教育公平的追求——从择校政策的演变看我国公立学校体制变革的时代走向》,《清华大学教育研究》2006 年第 6 期。

武芳、刘善槐:《如何跨越"高位波动陷阱"——提高义务教育巩固率的国际比较研究》,《比较教育研究》2018 年第 8 期。

肖六亿:《劳动力流动与地区经济差距》,《经济体制改革》2007 第 3 期。

熊淳、魏体丽:《日本义务教育学校布局调整的背景、特点及其启示》,《教育经济》2012 年第 2 期。

熊向明:《对当前农村中小学布局调整的反思——河南中原地区农村中小学布局调整调查分析》,《教育与经济》2007 年第 2 期。

许皓、李百浩:《思想史视野下邻里单位的形成与发展》,《城市发展研究》2018 年第 4 期。

杨锦兴:《从教育行政的角度看"以县为主"的农村教育管理体制面临的问题——广西贵港市实施农村义务教育管理新体制的调查》,《现代教育管理》2009 年第 1 期。

杨清溪、王燕敏:《基础教育学校布局调整的合理性审视》,《东北师大学报(哲学社会科学版)》2014 年第 6 期。

杨卫安:《当前我国城市义务教育承载力现状与解困之策》,《现代教育管理》2016 年第 4 期。

杨颖、孙亚玲:《国外学校布局合理性研究综述》,《外国中小学教育》2017 年第

7 期。

杨玉春:《山东省农村义务教育学校布局调整的实证调查分析》,《当代教育科学》2010 年第 13 期。

杨兆山、姚姿如:《农村寄宿制学校生活教师队伍建设研究》,《教育探索》2012 年第 6 期。

姚琳、张亚楠:《美国学校布局调整的制度保障及经验启示》,《外国中小学教育》2015 年第 4 期。

姚松:《农村教育布局调整政策转型的多源流理论探究》,《教育科学研究》2017 年第 8 期。

易富贤、苏剑:《从单独二孩实践看生育意愿和人口政策 2015—2080 年中国人口形势展望》,《中国发展观察》2014 年第 12 期。

袁桂林、宗晓华、陈静漪:《中国分城乡学龄人口变动趋势分析》,《教育科学》2006 年第 1 期。

张纯元:《中国人口生育政策的演变历程》,《市场与人口分析》2000 年第 1 期。

张国清:《和谐:一种提倡兼容的公共哲学》,《哲学研究》2005 年第 6 期。

张国胜、陈明明:《我国新一轮户籍制度改革的价值取向、政策评估与顶层设计》,《经济学家》2016 年第 7 期。

张辉蓉、盛雅琦、宋美臻:《我国义务教育均衡发展的实践困境与应对策略——以重庆市为个案》,《西南大学学报(社会科学版)》2018 年第 2 期。

张坤:《中国农村人口流动的影响因素与实施对策——基于推拉理论的托达罗修正模型》,《统计与信息论坛》2014 年第 7 期。

张黎、余志君:《城镇化进程中县域教育资源整合新探》,《教育发展研究》2007 年第 12 期。

张旭:《北京市"指标到校"政策实施的问题与对策》,《上海教育科研》2015 年第 3 期。

张翼:《中国人口控制政策的历史变化与改革趋势》,《广州大学学报(社会科学版)》2006 年第 8 期。

张玉盛:《浅谈"人民教育人民办"》《教育理论与实践》1990 年第 5 期。

张源源、邬志辉:《美国学校布局调整的标准、结果及其改进原则》,《外国教育研究》2011 年第 3 期。

张源源、邬志辉:《我国农村地区义务教育阶段学生乘车状况研究——基于全国 11 省的调查分析》,《湖南师范大学教育科学学报》2013 年第 6 期。

赵丹、吴宏超:《"一千米"、"半小时":农村教学点撤并的政策期待——以对西部某县的实证研究为基础》,《中小学管理》2011 年第 11 期。

赵丹、吴宏超、Bruno Parolin:《农村学校撤并对学生上学距离的影响——基于 GIS 和 Ordinal Logit 模型的分析》,《教育学报》2012 年第 8 期。

赵丹、于晓康:《农村小学低龄寄宿生学校适应性及影响因素研究——基于陕西省两县的实证分析》,《教育科学研究》2017 年第 5 期。

赵丹:《农村学校布局调整的过程、问题及结论——基于 GIS 的分析》,《教育与经济》2012 年第 1 期。

赵新亮、张彦通:《新型城镇化进程中城乡学校均衡布局的战略研究》,《教育理论与实践》2015 年第 11 期。

赵梓渝、王士君:《2015 年我国春运人口省际流动的时空格局》,《人口研究》2017 年第 3 期。

郑立坤、赵东方、黎骊等:《城镇化进程中县城城区小学"大班额"问题调查研究——以河南省信阳市为例》,《信阳师范学院学报(哲学社会科学版)》2017 年第 1 期。

郅庭瑾:《人的城镇化:教育何为》,《人民教育》2015 年第 09 期。

周春山、罗仁泽、代丹丹:《2000-2010 年广州市居住空间结构演变及机制分析》,《地理研究》2015 年第 6 期。

周霖、邹红军:《县域义务教育学校硬件配置状态及改进对策》,《东北师大学报(哲学社会科学版)》2017 年第 6 期。

周海涛、朱玉成:《教育督导的国际共性特征和我国变革动向》,《社会科学战线》2018 年第 6 期。

朱永辉、周雅婷、周婷婷:《新中国义务教育发展历程及其评价》,《现代教育科学》2004 年第 2 期。

冯建华:《小比大好,还是大比小好——班级规模与教学效果的实验研究》,《教育实验研究》1995 年第 4 期。

陕西省榆林市流动人口计生服务管理办公室:《对典型"空壳村"人口生存发展状况的调查与分析》,《人口与计划生育》2014 年第 5 期。

中央编办事业单位改革司:《贯彻落实中央全面深化改革精神加快推进事业单位分类改革》,《中国机构改革与管理》2017 年第 10 期。

陈昌盛:《城镇化背景下城市义务教育供给侧结构性改革研究》,硕士学位论文,东北师范大学,2017 年。

丁学森:《大城市义务教育资源承载能力指标体系建构及应用研究》,博士学位论文,东北师范大学,2017 年。

李艳萍:《农村中小学校车管理问题研究》,硕士学位论文,曲阜师范大学,2014 年。

刘佳:《义务教育寄宿制学校生活教师管理问题研究》,硕士学位论文,西南大学,2015 年。

刘善槐:《农村学校布局调整决策的科学化、民主化与道义化研究》,博士学位论文,东北师范大学,2012 年。

秦元刚:《农村中小学布局调整与县域内教育移民的关系研究——以四川省仁寿县为例》,硕士学位论文,四川师范大学,2014 年。

徐璐:《农村中小学校车发展政策研究》,硕士学位论文,华中师范大学,2012 年。

杨令平:《西北地区县域义务教育均衡发展进程中的政府行为研究》,博士学位论文,陕西师范大学,2012 年。

张源源:《义务教育教师职业城乡分层问题研究》,博士论文,东北师范大学,2011 年。

报刊类:

毕全忠,李曜明:《国家教育扶贫工程向"三片"地区推进》,《中国教育报》1997 年 8 月 19 日。

陈强:《河南周口破解"大班额"》,《中国教育报》2014 年 1 月 24 日。

陈少远:《义务教育城镇化率 5 年升至 72.55%》,《中国教育报》2015 年 12 月 21 日。

邓晖、晋浩天:《随迁子女异地就学,难在哪儿?》,《光明日报》2016 年 3 月 8 日。

洪曙光:《安徽实行教育用地联审联批》,《中国国土资源报》2017年4月11日。

洪曙光、许礼华、赵无名:《教育用地,该省一定要省》,《中国国土资源报》2015年3月2日。

胡佳佳、吴海鸥:《"教育2030行动框架"描画全球未来教育的模样》,《中国教育报》2015年11月15日。

胡孙华:《2049年武汉人口或达2500万》,《长江日报》2013年11月30日。

黄斌:《基层渴望更加灵活的转移支付》,《中国教育报》2016年4月12日。

黄桦:《聚焦关键精准发力 促进区域协调发展》,《经济日报》2017年12月1日。

蒋廷玉:《江苏省统一城乡义务教育学校生均公用经费基准定额》,《扬子晚报》2016年5月3日。

李冰:《城市啥变化 数据来说话》,《洛阳日报》2016年10月31日。

马晖、张雯闻:《那些废弃的希望小学》,《21世纪经济报道》2010年8月2日。

潘志贤:《教育部:力争2019年秋季开学前两类学校基本办学条件达到省定标准》,《中国青年报》2018年5月14日。

孙亚斐:《今年我市建立城区教育用地储备制度》,《兰州日报》2014年2月17日。

三九木:《乐见招聘无编制教师》,《中国教育报》2016年1月15日。

唐益:《我市将为随迁子女购买民办学校学位》,《中山日报》2017年6月14日。

汪明:《"钱随人走"利好随迁子女》,《中国教育报》2017年3月10日。

王海川:《甘肃实行教育用地联审联批制度》,《中国国土资源报》2017年2月13日。

王慧、郭文君、何建文等:《东莞102家民办学校齐涨价》,《南方日报》2017年6月14日。

魏海政:《淄博张店区弹性编制解培训难题》,《中国教育报》2012年11月28日。

吴秋婷:《学籍鸿沟:另类"上学难"正在上演》,《经济观察报》2018年6月1日。

熊丙奇:《临聘教师一夜下岗谁来负责》,《中国教育报》2015年9月16日。

徐光明:《教育应对城镇化的有效"答卷"》,《中国教育报》2011年4月30日。

尹萍:《济南高新区打响中国教师编制改革第一枪》,《济南日报》2017年9月11日。

俞路石:《安徽务工人员子女有了电子教育券》,《中国教育报》2011年12月6日。

榆林市流动人口计划生育服务管理办公室:《对我市"空壳村"人口生存发展状况的调查》,《榆林日报》2014年7月26日。

袁桂林:《布局调整应充分考虑服务半径》,《中国教育报》2011年8月29日。

张凡、吉哲鹏、王甄言:《"冰花男孩"背后的问题如何解决》,《中国教育报》2018年1月15日。

张婷、魏海政:《跳出编制的"框"——山东省教师队伍建设调查》,《中国教育报》2017年2月20日。

张晓冰:《教育经费"钱随人走"值得商榷》,《中国县域经济报》2015年2月9日。

周祖臣:《义务教育工程向西部推进》,《中国教育报》1997年3月28日。

周位彬:《高职教育应树立包容性人才观》,《河南科技学院学报》2018年第4期。

文件、网站类:

东莞市教育局:《关于印发〈东莞市异地务工人员随迁子女积分制入学民办学位补贴暂行办法〉的通知》(东教〔2017〕8号)。

东莞市教育局:《关于组织申报2018年东莞市民办中小学扶持专项资金的通知》(东教策函〔2018〕11号)。

广东省编办省教育厅省财政厅省人事厅:《广东省中小学教职员编制标准实施办法》(粤机编办〔2008〕73号)。

河南省人民政府:《关于优化城乡基础教育资源配置解决城镇基础教育资源不足问题的意见》(豫政〔2014〕78号)。

济南市人才工作领导小组办公室:《关于深化人才发展体制机制改革促进人才创新创业的实施意见实施细则(试行)》(济人才办发〔2018〕1号)。

辽宁省人民政府办公厅转发省教育厅、财政厅:《辽宁省"十五"期间农村中小学教育结构布局调整工作实施方案》(辽政办发〔2001〕47号)。

宁夏回族自治区人民政府批转自治区教育厅:《关于调整农村中小学布局优化教职工队伍的意见的通知》(宁政发〔2001〕94号)。

陕西省人民政府:《关于加快中小学布局调整和优化教职工队伍确保农村义务教

育投入的意见》(陕政发〔2002〕45 号)。

中共烟台市委、烟台市人民政府:《关于进一步加快创新驱动发展的意见》(烟发〔2017〕13 号)。

中华人民共和国教育部:《关于政协十二届全国委员会第五次会议第 0031 号(教育类 010 号)提案答复的函》(教提案〔2017〕第 200 号)。

中华人民共和国教育部:《关于政协十二届全国委员会第五次会议第 2721 号(教育类 270 号)提案答复的函》(教提案〔2017〕第 32 号)。

中华人民共和国教育部:《教育部办公厅关于中小学教职工编制管理创新工作案例的通报教师厅函》(教师厅函〔2017〕8 号)。

中华人民共和国人民政府:《国务院关于进一步做好农村税费改革试点工作的通知》(国发〔2001〕5 号)。

中华人民共和国中央人民政府:《国务院关于进一步完善城乡义务教育经费保障机制的通知》(国发〔2015〕67 号)。

21 世纪教育研究院:《一天消失 16 所村小,谁会在意农村孩子的未来》,https://mp.weixin.qq.com/s/Xkco_JB3EDwPVGWGCQgq2g。

宝鸡人民政府:《凤翔:扶贫搬迁搬出群众幸福生活》,https://baoji.gov.cn/art/2016/7/19/art_50_263384.html。

东莞市教育局:《东莞市 2018 年教育工作报告》,http://zwgk.dg.gov.cn/007330133/0805/201801/78fc4eddacf6406180aef2bfc8b0f68c.shtml。

凤凰网:《规划居住 1920 户居住人口约 6200 人》,http://news.ifeng.com/a/20160614/48990472_0.shtml。

凤翔区人民政府:《2018 年凤翔县人民政府工作报告》,http://www.fengxiang.gov.cn/art/2020/11/30/art_10362_1238896.html。

福建省卫生健康委员会:《2014 年福建省流动人口结构情况表》,http://wjw.fujian.gov.cn/xxgk/zfxxgkzl/zfxxgkml/jgzn/wsjstj/201412/t20141205_2368184.htm。

广东省统计局、国家统计局广东调查总队:《广东统计年鉴 2017 年》,http://tjnj.gd-stats.gov.cn:8080/tjnj/2017/。

广州市教育局:《关于进一步加强民办义务教育分类扶持和管理的实施意见》,http://jyj.gz.gov.cn/yw/tzgg/content/post_5694563.html。

广州市教育研究院、广州市教育局规划建设处:《2017 年广州市教育统计手册》,ht-tp://jyj.gz.gov.cn/gk/sjtj/content/post_5293845.html。

广州市人民政府:《2016 年广州市国民经济和社会发展统计公报》,https://www.gz.gov.cn/zfjgzy/gzstjj/xxgk/tjxx/tjgb/content/post_2976069.html。

国家卫生健康委流动人口数据平台:https://chinaldrk.org.cn/wjw/#/home。

国务院:《国家新型城镇化规划(2014—2020 年)》,http://www.gov.cn/xinwen/2014-03/17/content_2639873.htm。

国务院:《一图看懂中国城市群》,http://www.gov.cn/xinwen/2016-05/12/content_5072822.htm。

联合国开发计划署、中国社会科学院城市发展与环境研究所:《2013 中国人类发展报告》,http://www.cn.undp.org/content/china/zh/home/library/human_development/china-human-development-report-2013.html。

陆文:《苏州现有百年老校 178 所,26 所中小学成首批传承实验校》,http://job.025ct.com/rencaishouye/422784.html。

民进河源市基层委员会:《关于实施"全面二孩"政策后增加中小学临聘教师数量及配套资金的提案》,http://www.gdhyzx.gov.cn/hyzx/zxta/20180313/2082265.html。

全国人民代表大会:《中华人民共和国城乡规划法》,http://www.npc.gov.cn/npc/c198/200710/e0cf2aa82e6b4a7592b9e304b2c6a3f4.shtml。

人民网:《流动儿童上学难:非京籍儿童北京念书需办 28 个证》,http://edu.people.com.cn/n/2015/0615/c1053-27155342.html。

人民网:《女教师扎堆生二孩 学校发愁"产假式"缺员》,http://edu.people.com.cn/n1/2017/1211/c1053-29698312.html。

人民网:《中共中央关于制定国民经济和社会发展第七个五年计划的建议》,http://www.people.com.cn/GB/shizheng/252/4465/4466/20010228/405424.html。

厦门市统计局:《厦门市 2014 年国民经济和社会发展统计公报》,http://tjj.xm.gov.cn/tjzl/ndgb/201807/t20180718_2091031.htm。

陕西机构编制网:《汉中市编办用创新思路引进高层次人才》,http://www.sxbb.gov.

cn/info/1664。

上海市统计局：《2017年上海市国民经济和社会发展统计公报》，https://tjj.sh.gov.cn/tjgb/20180309/0014-1001690.html。

苏州市人民政府：2018年苏州市实事项目专题，http://www.suzhou.gov.cn/zt/2018nszsssxm/index.shtml。

香港特别行政区政府规划署：《香港规划标准与准则》，https://www.pland.gov.hk/pland_sc/tech_doc/hkpsg/full/pdf/ch3.pdf。

中国指数研究院：《高铁的推拉之力：速度改变城市人口迁移格局》，https://report.cih-index.com/detail/21508.html。

中华人民共和国教育部：2010—2013年教育统计数据，http://www.moe.gov.cn/jyb_sjzl/jytjsj_btlj/。

中华人民共和国教育部：《2010年全国教育事业发展统计公报》，http://www.moe.gov.cn/srcsite/A03/s180/moe_633/201203/t20120321_132634.html。

中华人民共和国教育部：《山东省教育概况：基础教育综述》，http://www.moe.edu.cn/jyb_sjzl/moe_364/moe_302/moe_399/tnull_4608.html。

中华人民共和国教育部：《全面改善贫困地区义务教育薄弱学校基本办学条件工作专项督导报告》，http://www.moe.gov.cn/jyb_xwfb/gzdt_gzdt/s5987/201702/t20170215_296262.html。

中华人民共和国教育部：《2017年全面改善贫困地区义务教育薄弱学校基本办学条件工作专项督导报告》，http://www.moe.gov.cn/jyb_xwfb/gzdt_gzdt/s5987/201805/t20180510_335564.html。

中华人民共和国教育部：《打赢全面改善薄弱学校基本办学条件的"攻坚战"——刘延东副总理在全面改善贫困地区义务教育薄弱学校基本办学条件工作现场推进会上的讲话》，http://www.moe.gov.cn/jyb_xwfb/xw_zt/moe_357/s7865/s8513/s8515/201610/t20161024_286060.html。

中华人民共和国教育部：《规范农村义务教育学校布局调整的意见（征求意见稿）》，http://www.moe.gov.cn/jyb_xwfb/s248/201207/t20120722_139757.html。

中华人民共和国教育部：《国家教育督导检查组对河南省33个县（市、区）义务教育均衡发展督导检查反馈意见》,http://www.moe.gov.cn/s78/A11/s8393/s7657/201712/t20171208_320924.html。

中华人民共和国教育部:《国家教育督导检查组对陕西省 30 个县(区)义务教育均衡发展督导检查反馈意见》,http://www.moe.gov.cn/jyb_xwfb/moe_2082/zl_2017n/2017_zl79/201712/t20171208_320923.html。

中华人民共和国教育部:《把促进教育公平作为国家基本教育政策》,http://www.moe.gov.cn/jyb_xwfb/gzdt_gzdt/moe_1485/tnull_27673.html。

中华人民共和国教育部:《全面改善贫困地区义务教育薄弱学校基本办学条件工作专项督导报告》,http://www.moe.gov.cn/jyb_xwfb/gzdt_gzdt/s5987/201702/t20170215_296262.html。

中华人民共和国国家统计局:《中国统计年鉴(2011-2017)》,http://www.stats.gov.cn/tjsj/ndsj/2017/indexch.htm。

中华人民共和国国家统计局:《中华人民共和国 2020 年国民经济和社会发展统计公报》,http://www.stats.gov.cn/tjsj/zxfb/202102/t20210227_1814154.html。

中华人民共和国国家统计局年度人口基本情况表:http://data.stats.gov.cn/easyquery.htm? cn=C01。

中华人民共和国国家统计局:年度总人口数据(2000-2020),https://data.stats.gov.cn/easyquery.htm? cn=C01。

中华人民共和国审计署:《2013 年第 2 号公告:1185 个县农村中小学布局调整情况专项审计调查结果》,http://www.audit.gov.cn/n5/n25/c63610/content.html。

中华人民共和国统计局:《第六次人口普查数据》,http://www.stats.gov.cn/tjsj/pcsj/rkpc/6rp/indexch.htm。

中华人民共和国统计局:《第七次全国人口普查公报解读》,http://www.stats.gov.cn/tjsj/sjjd/202105/t20210512_1817336.html。

中华人民共和国中央人民政府:《1185 个县农村中小学布局调整情况专项审计调查结果》,http://www.gov.cn/zwgk/2013-05/03/content_2395337.htm。

中华人民共和国中央人民政府:《全国人大常委会专题询问目击记:追问校车校园安全》,http://www.gov.cn/jrzg/2011-12/30/content_2034347.htm。

中华人民共和国中央人民政府:《陕西两年易地扶贫搬迁入住安置人员超 40 万人》,http://www.gov.cn/xinwen/2018-01/04/content_5253206.htm。

中华人民共和国中央人民政府:《习近平:决胜全面建成小康社会夺取新时代中国特色社会主义伟大胜利——在中国共产党第十九次全国代表大会上的报告》,http://www.gov.cn/zhuanti/2017-10/27/content_5234876.htm。

中华人民共和国中央人民政府:《中共中央关于全面深化改革若干重大问题的决定》,http://www.gov.cn/jrzg/2013-11/15/content_2528179.htm。

中华人民共和国中央人民政府:《中国农村扶贫开发纲要(2011-2020 年)》,http://www.gov.cn/jrzg/2011-12/01/content_2008462.htm。

中华人民共和国中央人民政府:《改革开放以来我国城镇化水平显著提高》,http://www.gov.cn/shuju/2018-09/10/content_5320844.htm。

中华人民共和国住房和城乡建设部:《2016 年城乡建设统计年鉴》,https://www.mohurd.gov.cn/gongkai/fdzdgknr/sjfb/tjxx/jstjnj/index.html。

中华人民共和国住房和城乡建设部:《关于发布国家标准〈城市居住区规划设计标准〉的公告》,https://www.mohurd.gov.cn/gongkai/fdzdgknr/tzgg/201811/20181130_238590.html。

周济:《教育的基础性先导性全局性地位更加突出》,http://www.edu.cn/zhong_guo_jiao_yu/zong_he/zong_he_zhuan_ti/beijingforum/news/200711/t20071103_263071.shtml。

周济:《学习贯彻科学发展观总结"十五"教育工作推进"十一五教育发展"——在教育部 2006 年度工作会议上的讲话》,http://www.moe.gov.cn/jyb_zzjg/moe_187/moe_410/moe_458/tnull_13582.html。

外文类:

Allison Henderson, Julie Daft, Christina Yen, et al. *State Chapter 1 Migrant Participation and Achievement Information*, 1992-93, Washington DC: U.S. Department of Education, 1994.

Andres Duany & Emily Talen, "Transect planning", American Planning Association. Journal of the American Planning Association, Vol.68, No.3(Summer 2002), pp.245-266.

Anneka L Kindler, "Education of Migrant Children in the United States", *Directions in*

Language and Education, Vol.1, No.8(Fall 1995), pp.3–14.

D.M.Herszenhorn, "Gates Gives Money to New York City to Start 67 Schools", *New York Times*, Vol.26(September 2003), p.1.

David Strang & Patricia Mei Yin Chang, "The International Labor Organization and The Welfare State: Institutional Effects on National Welfare Spending, 1960–80", *International Organization*, Vol.47, No.2(Spring 1993), pp.235–262.

Donald W.Maxfield, "Spatial Planning of School Districts", *Annals of the Association of American Geographers*, Vol.62, No.4(December 1972), pp.582–590.

Douglas D.Ready, Valerie E. Lee & Kevin G. Welner, "Education Equity and School Structure: School Size, Overcrowding, and Schools-Within-Schools", *Teachers College Record*, Vol.106, No.10(January 2004), pp.1989–2014.

Evans Clinchy, *Creating New Schools: How Small Schools Are Changing American Education*, New York: Teachers College Press, 2000.

Francisco L.Rivera-Batiz & Lilian Marti, *A School System at Risk: A Study of The Consequences of Overcrowding in New York City Public Schools (IUME Research Report No.95–1)*, New York: New York City Citizens' Commission on Planning for Enrollment Growth, 1995.

Gary Burnett, "Enrollment Growth and Overcrowding in New York City Schools", *IUME Briefs*, No.6(May 1996), pp.1–6.

Gary Burnett, "Overcrowding in Urban Schools. ERIC/CUE Digest Number 107", *New York: Eric Clearinghouse in Urban Education*, (July 1995), pp.1–6.

Jeremy D.Finn & Charles M.Achilles, "Tennessee's Class Size Study: Findings, Implications, Misconceptions", *Educational Evaluation & Policy Analysis*, Vol. 21, No. 2 (January 1999), pp.97–109.

John Bare, "The Impact of The Baby Boom Echo on U.S.Public School Enrollments", *National Center for Education Statistics*, 1997, p.1.

L.Wirth, "Urbanism as a Way of Life", *The American journal of sociology*, Vol.44, No.1 (July 1938), pp.1–24.

Landon Y.Jones, *Great Expectations: America and The Baby Boom Generation*, New York:

Coward, McCann and Geoghegan, 1980.

Larry S. Bourne, A. M. Baker, W. Kalbach, et al., *Canada's ethnic mosaic: characteristics and patterns of ethnic origin groups in urban areas*, Centre for Urban & Community Studies, University of Toronto, 1986.

Laurie Lewis, Kyle Snow, Elizabeth Farris, et al., *Condition of America's public school facilities: 1999*, Washington DC: U.S.Department of Education, 2000.

Lu Yao-Chi & Tweeten Luther, "The Impact of Busing on Student Achievement", *Growth and Change*, Vol.4, No.4(October 1973), pp.44-46.

M.Henderson, J.Brown & M.Paine, "Injuries to Restrained Children", *Proceedings of The Thirty-Eighth Annual Conference of The Association for The Advancement of Automotive Medicine*, Vol.38, (1994), pp.75-87.

Mid-Atlantic Lab for Student Success, *What Do We Know: The Impact of The Baby Boom Echo*, Washington DC: Office of Educational Research and Improvement, 1997.

N.Bascia, *Reducing Class Size: What Do We Know*, Ontario Institute for Studies in Education, 2010.

National Institution on Student Achievement, Curriculum, and Assessment (ED/OERI), *Reducing Class Size: What Do We Know*, U.S.Department of Education, 1998.

R.E.Park, "The city: Suggestions for the investigation of human behavior in the city environment", *The American Journal of Sociology*, Vol.20, No.5(March 1915), pp.577-612.

R.R.Fernandez & P.M.Micael Timpane, *Bursting at the Seams: Report of The Citizens' Commission on Planning for Enrollment Growth*, New York: Brooklyn, 1995.

Richard W.Riley, *A Back to School Special Report on the Baby Boom Echo: America's Schools Are Overcrowded and Wearing Out*, Washington DC: U. S. Department of Education, 1998.

Roger G.Barker, *Paul V. Gump, Big School, Small School: High School Size and Student Behavior*, Stanford CA: Stanford University Press, 1964.

Ross E.Mitchell & Douglas E.Mitchell, "Student Segregation and Achievement Tracking in Year-Round Schools", *Teachers College Record*, Vol.107, No.4(April 2005), pp.529-562.

Spence Beth, *Long School Bus Rides: Stealing the Joy of Childhood*, Charleston, WV: Covenant House, 2000.

Susan S. Fainstein & James DeFilippis, *Readings in Planning Theory*, Wiley: Blackwell, 2012.

Ta Ngoc Chau, *Demographic Aspects of Educational Planning*, Paris: UNESCO, International Institute for Educational Planning, 2003.

The Official Website of the City of New York, Mayor Bloomberg Discusses Landmark Public School Teacher Bonus Plan In Weekly Radio Address, https://www1.nyc.gov/office-of-the-mayor/news/382-07/mayor-bloomberg-landmark-public-school-teacher-bonus-plan-weekly-radio-address, 2007-10-22.

U.S.Department of Health, Education & Welfare Office of Education, *Preliminary Guide for Planning A Secondary School Building Program*, Texas: Texas Education Agency, 1969.

Valerie E.Lee, Douglas D.Ready & David J.Johnson, "The Difficulty of Identifying Rare Samples to Study: The Case of High Schools Divided into Schools-Within-Schools", *Educational Evaluation and Policy Analysis*, Vol.23, No.4(December 2001), pp.365-379.

Willian E.Strang, Carlson E., Hoppe M E, Services to Migrant Children: Synthesis and Program Options for the Chapter 1 Migrant Education Program. *Supplementary Volume of the Final Report of the National Assessment of the Chapter* 1 *Program*, Washington DC: Department of Education, 1993.

William M.Rohe & Lauren B.Gates, *Planning with neighborhoods*, North Carolina: UNC Press Books, 1985.

William Welsh, Erin Coghlan & Bruce Fuller, et al., "New Schools, Overcrowding Relief, and Achievement Gains in Los Angeles - Strong Returns from a $19.5 Billion Investment", *Policy Analysis for California Education*, (August 2012), pp.1-12.

后　记

　　我自 2007 年开始关注义务教育学校布局调整相关问题。当时，我关注的重点在农村地区。随着学龄人口的大量外流，广袤的农村地区出现了大量的小规模学校。在教育资源总量有限的条件下，各地按照生均投入公平的方式配置教育资源，导致农村小规模学校未能获得充足的教育资源，教育质量难以保证。为了提高教育资源的规模效益，许多地区撤并了大量小规模学校，但这引发了偏远地区学生上学远、上学成本增加等问题。针对这些问题，许多学者开展了大量深入细致的学术研究。在这些研究的基础上，我构建了基于科学化、民主化和道义化三重价值向度的农村学校布局调整决策模型，以解决农村学校布局调整决策的方法科学化、程序合理化、价值及利益协调和弱势群体社会关照等相关问题，以期为农村学校布局调整提供依据。2012 年，随着《国务院办公厅关于规范农村义务教育学校布局调整的意见》的发布，各地盲目撤并农村学校的现象基本得以杜绝。但是，随着农村大量学龄人口向城镇聚集，城镇地区教育资源出现供需矛盾，"大班大校"问题逐渐凸显。这促使学校布局调整的重心发生转移，焦点地区将由偏远农村地区逐渐过渡到城镇地区。随着 2014 年"单独二孩"政策、2016 年"全面二孩"政策以及"三孩"政策的实施，义务教育学龄人口又有了新的增长预期，教育资源供给面临新的挑战。在学龄人口剧烈变动的背景下，"如何调整义务教育学校布局"是我们必须回应的时代命题。为了回应这一重大命题，我们进行了系统研究并形成了书稿。

这本书是 2014 年国家社会科学基金青年项目《"单独二孩"政策实施后学校布局调整研究》（课题批准号：14CSH067）的最终研究成果。这本书由研究团队共同完成。刘善槐设计了全书的框架并撰写了书稿，王爽、朱秀红、李畇赟、李梦琢、武芳、秦田田、殷美娜、吉慧、郑鹏娟、韦晓婷、武佳丽、赵丹、王涛、房婷婷、刘飞飞、薛芳芳、赵垣可、贾罗钰参与了资料整理和书稿撰写，朱秀红、李畇赟、武芳、毋锶锶参与了统稿和格式调整，李畇赟、朱秀红、赵垣可、武佳丽、郑鹏娟、殷美娜、王涛、毋锶锶、王令芳、白茹、白维、闫淼淼参与了文稿校对。刘善槐进行了最后的校对、把关。本书的顺利出版，还要特别感谢人民出版社领导和编辑老师严谨认真的工作，对书稿的格式和文字表达提出了许多完善建议，在此表示衷心的感谢和敬意！

在新城镇化的背景下，义务教育学校布局调整涉及诸多复杂的问题，一本专著难以全面回应，还有许多重要的问题有待学者进一步深入研究。限于研究能力和研究的数据资料，本书还有许多不足之处，敬请批评指正！

作 者

2022 年 8 月于东北师范大学田家炳教育书院

责任编辑:陈寒节

封面设计:石笑梦

版式设计:胡欣欣

图书在版编目(CIP)数据

人口变动与学校布局调整研究/刘善槐等著.—北京:人民出版社,
   2023.2

ISBN 978-7-01-024444-0

Ⅰ.①人…　Ⅱ.①刘…　Ⅲ.①义务教育-区域布局-研究-中国
   Ⅳ.①G637

中国版本图书馆 CIP 数据核字(2022)第 012942 号

人口变动与学校布局调整研究

RENKOU BIANDONG YU XUEXIAO BUJU TIAOZHENG YANJIU

刘善槐　等著

人 民 出 版 社　出版发行

(100706　北京市东城区隆福寺街 99 号)

北京盛通印刷股份有限公司印刷　新华书店经销

2023 年 2 月第 1 版　2023 年 2 月北京第 1 次印刷

开本:710 毫米×1000 毫米 1/16　印张:21

字数:329 千字

ISBN 978-7-01-024444-0　定价:85.00 元

邮购地址:100706　北京市东城区隆福寺街 99 号

人民东方图书销售中心　电话:(010)65250042　65289539